De Metallicis Libri Tres

hunc ingenij mei foeuum quanquam exiguum munuſcu-
lum hilari fronte excipias. Quod ex animi tui magnitudine impetraturum ſpero: Non enim minus erga ſtudio-
ſos Clemens oſtenderis, quam in coercendis hominum fla-
gitijs terribilis. Faxit autem Deus Optimus Maximus, vt te Principe Optimo dominante vniuerſa Reſpu-
blica Chriſtiana quemadmodum intrinſecus pacata redditur, ſic ab externis incurſibus liberetur: Tibiq. vitam
longeuam, ac feliſſimam tribuat:

Perlegi

Erlegi hoc opus de Metallicis meæ difcuffioni à Reuerendiffimo Patre Magiftro Sacri Palatij commiffum, & pręter hoc quòd nihil aduerfum noftræ fidei, aut bonis moribus continet, vifum eft mihi fuo Auctore dignum, qui diligentiffimus femper fuit Peripatetici dogmatis fectator, habet enim loca Ariftotelis difficilia mira perfpicuitate donata, continetq. etiam multam & variam Auctorum lectionem. dignus eft ergo liber qui imprimatur, vt prodeffe poffit bonarum arctium ftudiofis. Datis in conuentu S. Mariæ fuper Mineruam. 2. Sept. 1596.

Frater Vincentius Guerra Magifter.

INDEX.

A

Aquæ

INDEX.

Cala-

INDEX.

b   Exhala-

INDEX.

INDEX.

b 2   Metal-

Plum-

I N D E X.

INDEX.

INDEX.

F I N I S.

DE METALLICIS
LIBER PRIMVS.
ANDREA CAESALPINO
AVCTORE.

CAP. I.

NFIMVM genus mixtorum, quod corpora continet inanimata, etiam infimum fere gradum fubftantiæ obtinere videtur. Cum enim fint veluti duo extrema materia fcilicet, & ratio cuius gratia, quæ forma eft & finis: fupremus fubftantiæ gradus in hoc confiftit: nam finis optimi rationem habet, cuiufmodi in folis animatis reperitur, anima enim nihil eft præftantius: infimus autem in ipfa materia, hæc enim eft alterius gratia: intermedia porro funt plura: alia enim accedunt magis ad rationem fubftantiæ quæ in fine confiftit: alia ad naturam materiæ, vt tradit Arift. 4. Meteo. cap. vltimo. Cum præterea triplex fit compofitio ex 2. de Part. an cap. 1. Vna primarũ qualitatum calidi fcilicet, frigidi, humidi, & ficci, ex quibus confurgunt quatuor prima corpora vocata elementa. Secunda mixtorum, quæ fimilaria dicuntur ex ipfis elementis: Ter-

A   tia

tia diffimilarium, quæ organica vocantur, ex fimilaribus, in qua vltima perfectio eft finem tenens numero ternario, vt in multis natura fert: Patet elementa ad materiam magis accedere quam mixta: & mixtorum quæ animata funt, ad id cuius gratia: quæ autem anima carent, imperfectiora effe, & accedere magis ad naturam elementorum: & iure mixta imperfecta a plerifque vocari, non enim adepta funt perfectionem, cuius gratia & elementa facta funt, & fimilaria. Nec tamen putandum omnino fine priuari: nam primum non defunt elementorum formæ ordinatæ ad vlteriorem finem: præterea & fi multa metallica ad animam participandam inepta funt, vt inferius oftendemus, inferuiunt tamen omnia quibufdam, qui finis, cui, appellatur. Nam montes lapidei ad fluctus arcendos inter cætera faciunt: terra nuda ad ftirpes ferendas: pluuia ad augendas fegetes: & tandem omnia ad vfum hominum, fumus enim quodammodo omnium finis. 2. Phy. te. 24. Merito igitur Aristoteles 1. Meteo, cap. 1. dixit. Quæ tractantur in Meteorologia, paffiones effe elementorum, vt quæ communes funt aeris, & aquæ, & terræ fpecies & partes, & paffiones partium: innuens lapides, metalla, & reliqua foffilia, de quibus in fine tertij libri agit. Horum autem omnium duas tantum caufas effe teftatur 1. Meteo cap. 2. materiam fcilicet, & efficientem vbi inquit. Accidentium circa ipfum, ideft, mundum inferiorem, ignem & terram & congenea his vt in materiæ fpecie eorum quæ fiunt, caufas oportet putare, fubiectum enim & patiens appellamus hoc modo: Quod autem fic caufa eft, vt vnde motus principium, eorum quæ femper mouentur, caufandum virtutem. Et iterum cap. 4. inquit: Quod fub ea quæ furfum eft circumlatione corpus velut materia quædam exiftens, & potentia calida & frigida, & ficca, & humida, & quæcumque aliæ has fequuntur, paffiones, fit talis & eft a motu & immobilitate. Ex his patet corpora metallica fubftantias effe vt materia, funt enim elementa vario modo alterata. Quod fi eorundem

dem affectiones confiderentur, fecundum quas aliquid agere aut pati poffunt, quibus differunt omnia corpora fimilaria 4. Meteo. cap. 8. iam multæ confurgunt Metallicorum
fpecies. Differunt enim aurum, æs, lapides, & reliqua metallica, quia liqualibia, aut illiquabilia funt, vftbilia, aut
inuftibilia, ductilia, aut fragilia, & alijs huiufmodi poten-
tijs affectionibufque prædita fecundum varias elementorum mixtiones alterationefque. Quoniam autem in his
multum ineft materiæ, parum autem de quiditate, minus
patet quando funt, & quando non funt, contrario modo
quam in organicis, & fimilaribus viuentibus: rationes enim
eorum non funt certæ, cum longius abfint a fine, & fecundum inordinatiorem naturam fiant, vt teftatur Ariftoteles.
Sed illud mirum videtur, quod afferit: minus manifeftum
effe naturaliter ignis opus quam carnis: cum ignis combu-
ftio aut calefactio fit manifeftiffima. An cum elementa aliquid paffa funt, incertum eft, an fint adhuc: vt Glacies an
retineat vires aquæ: & vapor an fit aer: fimiliter exhalatio an fit ignis. Fuligo & fulphur fumi funt congelati, incertum eft an ignes fint, quia eorum opus non manifeftum,
vt de carne viua vel mortua. Metalla multas alterationes
patiuntur, vt videantur omnino deleta effe, vt contingit
Plumbo cum in Cerufsam vertitur, aut Sandycem: non tamen adhuc corruptum eft: fi enim confletur, reuertitur in
plumbum, vt glacies in aquam. Similiter fumi congelati in
ignem tranfeunt: excrementa ignis, vt cineres in terram.
Hinc patet quo pacto definienda fint corpora metallica,
per materiam fcilicet & fpeciem affectionis, & caufam efficientem. Vt glacies eft aqua a frigore congelata: materia
eft aqua, fpecies congelatio, caufa efficiens frigiditas. Metalla funt vapores cum quadam exhalatione a frigore congelati. Lapides funt terra partim a calido partim a frigido
condenfata: & cætera fimili modo. Antiquiores philofo-
phi omnia naturalia vt animalia & plantas hoc modo confi
derabant, vt notat Arift. 1. de Par. an. cap. 1. Cum enim nul-

lam

lam confiderationem haberent finis, cuius gratia natura
agit, latebat eos ratio explicans ipfum quid eft, & folam
materiam putabant effe fubftantiam, reliqua omnia accidentia : cum tamen forma, & ipfum quid eft magis fubftantia fit quam materia : per illam enim vnum per fe funt, quæ
illius gratia petuntur : vt domus diruta non amplius vnum
fed lateres & ligna. Sed vt reuertamur ad metallica dicimus : Aurum quidem vnum quid effe, & plumbum, & cry-
ftallum, & reliqua huiufmodi, fed per accidens vnum, cui
nomen impofitum eft, vt aquæ, & congelationi impofitum
eft hoc nomen glacies. In artificialibus quoque idem faci-
mus. Statuam enim vocamus compofitionem æris, & figuræ. Sed hæc affimilantur magis fubftantiæ, quia ars alicuius gratia agit, vt natura. Non tamen artificis opus eft ipfa
fubftantia, fed folius naturæ, aut fuperioris caufæ: Quod
innuit Ariftoteles 4. Meto. in fine. vbi inquit : Conftitui or-
gana, vt caput, manum, pedem non quidem a calido,
& frigido, vt æs, & argentum : fed quemadmodum ferram,
aut phialam, aut arcam ars facit : fic ibi natura vel alia aliqua caufa, innuens intelligentiam, quam natura fequitur
in organorum conftitutione.

CAP. I I.

Q Vamuis autem partes fimilares viuentium conftitu-
tæ fint ex elementis coagulante caliditate vel frigiditate, vel vtroque vt fales, metalla, lapides : differunt tamen, quoniam illæ in gratiam organorum condtæ funt,
hæc autem nequaquam : fed accidit, vt ars ea traxerit ad
varios vfus. Differunt præterea, quia metallicorum materia inepta eft ad vitam participandam : nullum enim animal, neque planta ijs nutritur. Nam etfi plantæ ex terra videntur alimentum fumere, & quædam animalia luto nu-
triantur : humorem tamen quendam fibi familiarem ex ijs
eliciunt : lapidum autem fubftantia, aut metallorum, aut

terræ

terræ puræ non transit in eorum naturam. Quod autem dicitur de Struthiocameio ferrum cónquoquere, & quod in ventriculis auium quarundam lapilli reperiantur, vt in Hirundinibus, putandum est medicamenti potius gratia aliquando ab illis animalibus ea experi, quam nutrimenti. Indicio est nulla animalia ex eorum putredine oriri: Nunquam enim repertum est, aut lapides, aut metalla, aut sulphur corrodi ab animalibus, vt solent ligna a teredine. Reperiuntur quidem vermiculi varij generis in terra coenosa: quia putredo aquæ materia est opportuniſſima ad eorum generationem: & in scopulis maris intra lapidum cauernulas reperiuntur animalia quædã, quos Dactilos vocant, oſtrearum medullis ſimilia, & guſtui grata, ex aqua marina introlabente genita. At in fodinis metallorum ſiue marmorum aliorumque saxorum numquam viuens corpus reperitur. Et ſi enim aliquando in eorum cæſura oſtrearum teſtæ, aut cætera conchilia reperta ſint, hæc recedente mari, & lapideſcente solo inibi derelicta in lapides concreueruns. Vbique enim vbi nunc eſt arida, aliquando affuiſſe mare teſtatur Ariſtoteles: Hoc enim modo cenſere magis conſonum eſt rationi, quam putare vim animalem intra lapides rudimenta animalium ac plantarum gignere, vt quidam putant. Sed de his alias apertius dicendum eſt. Materia autem metallica inepta eſt nutritioni, quia grauior, & terreſtrior. Calor enim innatus ſubſtantiam quandam leuem requirit, in qua conſeruetur, vt flamma in oleo: alioqui extinguitur: huiuſmodi autem eſt, qui in ſpiritu & ſanguine, aut proportionali reperitur. At ex corpore adeo graui, & terreſtri impoſſibile eſt talem ſpiritum, & humorem elicere. Quamuis autem metalla quæ liquabilia ſunt, aqueam habeant ſubſtantiam prædominautem: reponuntur tamen a Galeno inter corpora terreſtria, vel quia per concretionem terrea ſunt reddita, vnde a calore animalium eorum humiditas reduci nequit ad actum: vel quia humiditas metallica valde terreſtris eſt, & grauis, vt patet in argento viuo:

viuo : quamuis enim id liquidiſſimum ſit , nequaquam madefacit : ac pondere vincit omnia præter aurum . Si autem ex humiditate metallica ſpiritus aliquis eliciatur , is omnino aduerſatur vitali , perimit enim omnia animalia , ſeu in fodinis hauriatur , ſeu ex fornacibus , aut quomodocumque . Alicubi tamen mitior eſt exhalatio morbos quoſdam ſanans , vt in ſudatorijs puteolanis . Stirpes quoque enecat , vbi eius adſit copia : vt merito natura metallica ſtatui poſſit toto genere aduerſa corporibus viuentibus . Eſt quoque valde conſpicua differentia . Viuentia enim gignūt ſibi ſimile , quod eſt opus animæ altricis , vt alimentum in ſui naturam conuertat . At metallica nec procreant ſibi ſimilia neque ſe ipſa augere poſſunt . Quod eaim aiunt : Plumbum augeri imbribus , aut locis ſubterraneis conditum , vt Galenus teſtatur 9. ſimpl. peculiare eſt ſoli contingens , cuius cauſa loco proprio dicenda eſt . Et quod chimiſtæ aſſerunt , ſemina eſſe auri , quibus multiplicetur in infinitum , adhuc famoſum eſt , magis quam compertum . Non tamen eſt præter rationem , vt arte corpora metallica inuicē tranſmutentur . Cum enim eorum formæ accidentia ſint , vt oſten ſum eſt , a calore & frigore prouenientia : quatenus in manu artificis eſt alterationes huiuſmodi efficere , etiam nouas formas introducere poteſt , vt patet in corporum combuſtione , ſolutione , congelatione , diſtillatione , ſublimatione , & huiuſmodi : conſurgunt enim corpora diuerſa , vt ſales , vitrum , aquæ , & alia multa . Sed quæ ex motu cæli contingunt , a ſola natura fiunt non minus quam viuentia : non enim artifex imitari poteſt huiuſmodi alterationes . Quæ igitur ſit metallicorum corporum ſubſtantia , & quomodo differant a partibus ſimilaribus viuentium explicatum eſt : quomodo autem a ſe inuicem differant dicamus .

CAP. III.

CVm duplex eorum materia ſtatuatur ab Ariſtotele 3. Meteo. in fine : ſcilicet duplex exhalatio , hæc quidem

vapo-

vaporofa, hæc autem fumofa, illa quidem ex aqua ortum
ducens, hæc autem ex terra, etiam duo genera corporum
intra terram fieri; ex ficca quidem exhalatione foffilia ideo
dicta quia fodiendo inueniuntur vt illiquabilia lapidum genera, & quæcumque in puluerem foluuntur. Ex humida
autem, quæ proprie metallica vocantur, quia poft effof-
fionem tranfmutatione egent, vt liquor metalli igne fun
dente a recrementis expurgetur. Sed medici hoc nomine
medicamenta omnia accipiunt, quorum generatio, vel fpon
tina eft in metallis, ideft fodinis: vel in fornacibus, alijfque præparandi modis, vt teftatur Galenus 9, fimpl. 7. Ab
ijs tamen feiungit lapides, & terrarum genera. Diofcorides omnia fubterranea metallica vocat, recentiores mi-
neralia: fodinas enim minas vocant. quæ omnia fecundum Ariftotelis fententiam ad duo prædicta genera rediguntur. Pofteriores plura genera faciunt: Nam quatuor
ftatuit Auicenna: lapidem, metallum, fulphur, & fales. Al
bertus Magnus tria: lapidem, metallum, & media mine-
ralia, quo nomine reliqua omnia corpora accipit, quia
mediam quandam naturam inter lapidem, & metallum
habere videntur. Non defunt qui noftris temporibus omnes prædictas diuifiones reprobent: præter lapidem, & metallum duo genera introducentes: terram & fuccum concre
tum, quafi multi lapides non fiant ex fucci concretione,
quem fuccum lapidefcentem vocant. Præterea fulphur, &
auripigmentum fuccos concretos dicere abfurdum eft: neque enim humore foluuntur, neque prius liquida fuiffe quif
quam vidit. Inter inflammabilia folum butimen, & liquidum & concretum reperitur: fed in his coguntur idem in
diuerfis generibus collocare: vt fuccinum, & obfidianum
inter lapides & fuccos concretos. At fubterraneorum par-
titio, quæ ab Ariftotele traditur, omnium exactifsima, cla-
rifsimaq́; reperitur, quod hinc fiet manifeftum. Primo igitur illud animaduertendum eft, omnia hæc corpora terræ
fpecies vocari ab Ariftotele 1. Meteo. cap. 1. quod patet ex

enume-

enumeratione eorum quæ proponit tractanda. Hanc eandem fententiam habemus à Galeno 9. fimpl. cap. 2. vbi inquit. Terræ differentias à philofophis tribus generibus fini-
ri: fiquidem vnum eius genus eft lapis, alterum corpus metallicum, tertium terra quæ colitur. Quamuis autem metalla, quæ fundi poffunt, quidã aiunt non terræ, fed aquæ
plus continere, tamen inferius cap. 7. inquit: vt omnibus
tum terris, tum lapidibus commune eft, vt deficcent, ita
metallicis quoque medicamentis omnibus: eft enim effen-
tia eorum terrea. Id autem accidit quoniam in tranfmutatione elementorum inter fe variæ paffiones contingunt, vt
quandoque ambigere videantur, vtrius fint. Patet in fale
id: cum enim corpus fit terreftre actu, potentia vero humidum, cum folutum fuerit, vifu non differt ab aqua: pondere autem, & corpulentia eft veluti lutum, adeo vt oua, &
& multa alia corpora grauia fupernatent vt teftatur Arift.
2. Meteo. cap. 3. Idem patet in argento viuo: etfi enim aquæ
inftar liquidiffimum eft, fuftinet tamen grauiffima pondera
non folum lapidum, fed & quorundam metallorum, quod
fieri non poffet, nifi eius fubftantia terreftrior effet quam
fupernatantium. Similem humiditatem habent metalla:
cum enim liquefcunt, fluunt vt aqua, nec madefaciunt,
& quod ab illis fublimatur puluis eft, non aqua. Quæ cum
hoc modo habeant, dicuntur tamen quædam aquea effe
vt metalla, quædam terrea vt lapides illiquabiles, & quæ
eius funt generis. Potentia enim & impotentia ad liquationem, & coagulationem, & alia huiufmodi materiam
oftendit, vt 4. Meteo. cap. 8. habetur. Sal igitur terræ tribuitur non aquæ quia humido foluitur. Metalla aquæ tri-
buuntur, quia liquefcunt igne, fed eorum humiditas à ficco terreo multum paffa eft, ideo conditiones quafdam habent terræ. Argentum viuum aquæ tribuitur, quia fluit vt
aqua, & non comburitur vt oleum, aeris vero conditiones
habet, quia incoaguabile, non ob id tamen compofitum eft
ex aere, & aqua, non enim grauiffimum effet, fed ab aere
                                                        paffum

paſſum eſt magis quam metalla, ideo faciilime exhalat. Eodem modo in cęteris conſiderandum eſt. Quibus hoc modo conſtitutis patet ratio, cur Ariſtoteles ad ſiccam exhalationem pertinere inquit lapides illiquabiles: & quęcunque in puluerem rediguntur : ad humidam autem metallica, quæ aut fuſilia ſunt, aut ductilia. Impotentia enim ad liquationem, & puluis terram oſtendunt : neutrum vero ineſt aqueis. Ductilia enim, aut fuſilia ſunt. Compræhendi autem in hac diuiſione omnia corpora patet, humidum enim aquæ, & ſiccum terræ materia eſt omnium 4. Meteo. cap. 5. Quoniam vero mixtio non fit ſine caliditate terram, & aquam attenuante in naturam exhalationis, ideo duplex exhalatio ponitur materia propinqua omnium, humida quidem participans naturam aquæ, & aeris, ſicca autem terræ, & ignis. Genus autem ſiccorum corporum differentias habet. Nam aut abſcedente humido vniuerſo coagulata ſunt, vt genera terrarum, & ſalium, quæ humido ſoluuntur magis & minus. Aut relicto aliquo humido a frigore congelato, vt lapides illiquabiles. Quoniam vero exhalatio ſicca duplex eſt, quædam pinguis ideo combuſtibilis, quædam arida, & incombuſtibilis: ex illa quidem ſulphur fit, & auripigmentum, & bituminis genera, & quidam inter lapides. Ex arida autem reliqua prædicta. Omnia hæc Ariſtoteles ſub duobus compræhendit : aut enim puluere colorati ſunt, aut lepides ex tali conſiſtentia geniti. Genus autem humidorum ſimiles, ſed oppoſito modo differentias habet. Quædam enim coagulata ſunt reſpondentia lapidibus illiquabilibus, quędam incoagulata reſpondentia pulueribus. Quæ in hoc genere coagulata ſunt non humidi abſentia id patiuntur, ſed calidi: ideo liquantur a calido, 4. Meteod. 6. Quę vero incoagulata ſunt, humida actu permanere neceſſe eſt, reſpondentia pulueribus actu ſiccis : & quemadmodum hi humido, & frigido ſoluuntur, ſic argentum viuum a calido, & ſicco in puluerem reducitur. Cum autem vaporis natura quædam glutinoſa ſit, exhalationi

B   pin-

pingui respondens, sed minime combustibilis: altera non
glutinosa: ex hac quidem metalla fiunt: nam liquata instar aquæ fluunt, ex glutinosa autem lapides liquabiles, vt
scoriæ,& vitrum: hæc enim liquata trahi possunt,vt viscum.
Inest autem in omni metallo vtraque humiditas magis, &
minus. Ideo cum liquantur plerumque separatur scoria,
quæ metallicæ humiditati innatat, vt oleum aquæ. Aristoteles innuit hæc omnia ea distinctione: cum inquit, Metallica, aut fusilia sunt,aut ductilia: nam fusilia tantum non
ductilia sunt metallorum venæ: eorundem scoriæ, vitrum,
& stanni quoddam genus. Ductilia non fusilia ferrum: fusilia simul, & ductilia aurum, argentum, æs, plumbi genera. Ex his patet quantum ij errent, qui Aristotelis diuisionem tanquam insufficientem calumniantur, putantes non
includi in ea lapides liquabiles. Sed de his clarius patebit
cum de lapidibus loquemur.

CAP. IIII.

EAedem exhalationes quæ intra terram varia corpora
gignunt, aliquando aquas inficiunt è subterraneis ef-
fluentes, aliquando aerem, si contingat extra terram erumpere. Nam præter impressiones quæ in sublimi fiunt, de quibus agere non est nostrum institutum, alicubi tam copiosa
efflat exhalatio calida,vt pro sudatorio vsurpetur ad multos
morbos sanandos, vt in pluribus campaniæ locis,præsertim
in monte, quem Tritulum vocant, ad cuius radices aquæ
Thermarum sunt; quas Saluiati appellant: non procul autem ab ijs montem ascendentibus occurrit spelunca multi-
partita, in qua aer sudatorius continetur, ad quem locum
accedunt, qui distillationem pituitosam patiuntur, item
chiragrici, & podagrici, artritici, & hydropici, a quibus
morbis per sudores liberantur. Aliud quoque sudatorium
est subterraneũ iuxta balnea quæ ad paludem Agnani sunt
similiter in campania: vbi cespite ablato, statim fumus calidus.

didus exhalat, qui receptus sudores elicit ad eosdem morbos, & amplius ad vlcera interna. In Vesuuio quoque rusti-
ci foueas excauant, qua parte fumus exhalat, in quibus su-
dant, vt postea abluantur aqua pluuia, quę in proximis
foueis colligitur. Hæc quidem nostris temporibus extant.
Recensentur tamen ab antiquis multa alia. Exhalationes
quidem huiusmodi innoxias ex bitumine magis quam ex
sulphure intra terram ardente prouenire putandum est, mitior enim est eius materia. Noxias autem e sulphure, auripigmento, argento viuo, aut metallis, vt patet ex eorum
fodinis. Quicumque enim fumum huiusmodi hauriunt, incidunt, aut in suffocationem, anhelationem, aut phthisim. In Volaterano ex lacu feruentissimo expirat aer super-
uolantibus auibus mortiferus: similiter ex lacu Auerno dicto in agro puteolano: Græci ab effectu loca huiusmodi
Aorna vocant. Alibi exhalationes efflant vni tantum generi noxiæ, vt in Itaca leporibus, in Creta Noctuis, in Siga-
ro Canibus, in Galata, & Clupea Scorpionibus: in Ebuso
serpentibus, ideo vel odorem de longe sentientes effugiunt.
Alibi autem generi animantium omni mortiferæ oriuntur,
quarum foueas Græci Charoneas appellant, siue Pluto-
nias, quia transeuntibus per ea loca iter ad inferos pateat.
Huiusmodi extant inter Neapolim, & Puteolos, spelunca
enim reperitur in qua quoduis animal parumper immorans
suffocatur, si tamen cito in lacum propinquum mergatur,
reuiuiscit. Quod pro miraculo scribitur etiam in quodam
Siciliæ loco accidere. Mons enim Aetna est ignes euomens
vt Puteolis: iuxta autem loca ardentia non mirum exhalationes effluere sulphureas, aut ex reliquis metallicis tabifi-
cas. Compertum est puteo excauato, in eoque exonera-
tis bellicis machinis ad aquam vt solent igne, & concussu
euocandam, quotquot descendissent explorandi gratia, suf-
focatos. Hæc enim est vis exhalationis sulphureæ præsertim in angusto loco. Idem præstat aer diu conclusus in specu, aut foueis quibuscumque, si non perspiret: repletur

B 2 enim

enim exhalationibus fubterraneis , que ingredientibus
necem afferunt. Si autem in apertum exeant maligni-
tatem amittunt diffufæ in immenfum . Aliquando tamen
in pefte diffunditur exhalationis malignitas in longinquũ,
vt totas prouincias inficiat, quod tetigiffe videtur Tucidi-
des , cum in pefte Athenienfium inquit: Forte per continuum ex Aethiopia quædam fluxere putredinis contagia.
Oriri autem hæc ex praua euaporatione fubterraneorum,
illud argumento eft . Nam quæ ex cadaueribus putrefcen-
tibus in prælio , aut ex paluftribus putrefactis fiunt, loca
tantum vicina afficiunt, non vniuerfas prouincias occupãt.
Oportet igitur vniuerfaliorem caufam effe , aut cælum , vt
quidam putant, aut difpofitiones terreftres , quam fententiam fequitur Auicenna . Quamuis enim cælum fit prima
caufa omnium alterationum , quæ hic fiunt, longinqua tamen eft, vt inquit. Difpofitiones vero terreftres propinquę
funt. Corrumpi autem aerem a multitudine exhalationum
indicant figna peftem prænuntiantia: vt cum in aere apparent multæ impreffiones ignitæ, ftellæ cadentes, cometæ,
& huiufmodi , & cum turbilentus eft aer, ac veluti puluere
infectus: fignificant enim multam euaporationem præter
ordinem naturalem. Nam quemadmodum conftitutio plu-
uiofa , aut ventorum fpiratio aliquando vniuerfalis videtur multas prouincias occupans, idem contingere poteft in
conftitutione peftilenti , vt terra efflet vniuerfim prauas
euaporationes diu conclufas, vnde aeris turbulentia, &
malignitas fequatur. Quoniam vero omnia metallica terreftria funt vt explicatum eft, etiam euaporationes eorum
terreftres funt: atque ob id plerumque poft magnas ficcita-
tes fequuntur peftes , & fuccedente conftitutione auftrali,
quæ materiam putredinis foueat: vt patet in conftitutione
defcripta ab Hippocrate 3. in 3. Epid. Fit autem plerumque
exceffus prauæ exhalationis in terræ motu . Ex concuffione
enim tali neceffe eft commoueri latentes in terræ vifceribus
euaporationes . Pro diuerfitate autem ipfarum varia genera

nera morborum oriri ; non enim ijdem in omni peste
vagantur.

CAP. V.

A Quæ autem non folum ab exhalationibus, fed & ab ip
fis corporibus metallicis inficiuntur: vnde fapores di
uerfos, odores, & colores acquirunt. Non tamen omnia
cum ijs mifceri poffunt. Neque enim aurum, neque argentum, nec gemmæ, nec vitrum quicquam deponunt in aqua:
nihil enim ab ijs exhalat, nec humore foluitur. At lapis cal-
carius, gypfum & reliqui igne cremabiles : & ferrum, æs,
plumbum manifefte aliquid deponunt, quod faporem im-
mutat: fed maxime omnium quæcumque a calido, & ficco
paffa funt, vt fales, nitri genera alumina, chalcanthum :
calx: folubilis enim eorum fubftantia in humore manifeftif-
fimos fapores inducit. Terræ & fi omnes humore foluuntur
in lutum, non tamen omnes aquam alterant: vel quia fapore careant, vel quia facile fubfideant, vnde aqua redditur pura, ac fi per harenas ac fabulum pertranfiret perco-
lata. Omnia tamen corpora ignita poft extinctionem relinquunt in aqua aliquod veftigium: rarefacto enim per ignitionem corpore, aqua fubingrediens lambere aliquid poffit. Nam & gemmæ folidiffimæ fi fæpius in aqua extinguantur, tandem mollefcunt, & diffoluuntur. In quibus igitur
continetur multa fubftantia combuftibilis, multa fit eius
communicatio in aqua, vt patet in fulphure, & bitumine,
vnde aquæ fulphureæ, ac bituminofæ fiunt. Et quæcumque
combuftionem paffa funt, vt cineres, aquam reddunt fal-
fam, aut nitrofam, aut aluminofam, aut cuiufcumque generis fapores. Puras autem aquas forte impoffibile eft haberi, cum aut ex aere in pluuia varias exhalationes rapiant,
aut per terram labentes varia corpora abluant. Sed pluuiæ
fubterraneis eo præftantiores funt, quod leuiffimæ, & dul-
ciffimæ, tenuiffimæ, ac fplendidiffimæ funt, vt teftatur
Hipp.

Hipp. in lib. de aere, aquis, & locis. Nam sol educit & sursum rapit, quod in aqua tenuissimum, ac leuissimum est,
relinquit autem, quod crassum & graue, vnde maris salsedo oritur. Cum autem in sublime fuerit elata, atque aeri
permista, excernitur ex ea id quod turbidum est in nebulas,
& quod relinquitur tenuissimum, & leuissimum dulcescit
dum a sole vritur, ac coquitur. Verum etsi hæ aquæ optimæ
sunt hac ratione, opus tamen habent, inquit Hippocrates,
vt decoquantur & a putredine deffendantur, sin minus odo
rem prauum habent, & raucedines, ac vocis grauitatem
bibentibus pariunt. At idem auctor 4. in 6. Epid. 17. inter
pluuias discrimen facit, vt quædam coctione non indigeat,
cum inquit: Aquarum arte carentium, quæ ab Aethere
excreta est, aut cum tonitruis, horæa: nimbosa vero mala.
Nam secundum alteram Galeni expositionem, quam magis
probat, per horæam intelligit eam, quæ media æstate pluit.
Sol enim eo tempore vapores optime attenuat, & a cras-
sitiæ terrestri separat altius attollens. Per id tempus quoque alicubi ros decidit mellea dulcedine, quod mel aereum
vocant, & mannam. Dicitur autem aqua ab ætere excerni,
cum a sublimiori loco tamquam magis purgato descendit.
Opponuntur autem his nimbosæ quoniam ex inferiori loco
atra nube, & confertim latioribus guttis impuriores & crassiores descendunt. Medio autem modo se habent, quæ cum
tonitruis. Fit enim aliqua attenuatio ex collisione nubiū,
& igne. Sed quæ primæ in Autumno pluunt, non dulces,
sed subsalsæ sunt, & graues, vt testatur Aristoteles, 2. Meteo. cap. 3. Nam in descensu multam exhalationem vstam
prope terram inueniunt, vnde salsedo oritur: quod & aquæ
australes patiuntur: cum a locis calidis, & siccis veniant.
Subterraneæ autem aquæ grauiores essent pluuijs, cum vapor in ascensu non adeo defæcatus sit, nisi eæ percolarentur
a terra per quam transeunt. Ob id simpliciores redduntur,
& putredini minus obnoxiæ, crudiores tamen sunt pluuijs,
præcipue quæ a frigiditate lapidum passæ sunt expressionē

quan-

quandam tenuioris fubftantiæ : quod maxime contingit ijs
quæ in glaciem concreuerunt. Laudantur igitur fontes ab
Hippocrate, fi orientem fpectent, vt matutino fole illuftrē-
tur : odoratas enim fieri & leues a moderata folis caliditate.
Item fi per terram puram tranfeant, aut tophum, aut per fa
bulum mafculum, glaream, & harenam carbunculofam, vt
Plinius inquit. Ab ijs enim aquæ præterfluentes percolan-
tur nihil abradentes, quod non ftatim fubfideat. Si tandem
fublimes fint, fic enim Hippocrates vocat eas, quæ non fumma tellure præterfluunt, fed in profundo : quo loco, & ab
æftu in æftate, & a gelu in hyeme defenduntur, vt frigidæ
in æftate exeant, calidę in hyeme propter antiperiftafim.
Nam quæ a fole exuruntur tenui parte, & dulci expirante
crafsiores fiunt auftralibus fimiles : eędem quoque fi quie-
fcant, maleolentes euadunt, & biliofæ. Cum autem in hye
me refrigeratæ fuerint, aut gelu concretæ, valde crudæ red
duntur pituitofifsimæ, & raucofifsimæ, vt Hippocrates tradit fplenes magnos, & duros faciunt, & hydropes.

C A P. V I.

QVod fi aquæ præterfluentes foluerint aliquam fubftan
tiam ex corporibus metallicis pro eorum natura varias acquirunt facultates. Depræhenduntur autem mixtiones partim ex colore, partim ex fapore, odore, & cęteris
fenfibilibus qualitatibus. Cum igitur aquæ puræ nullus fit
color nifi ipfum perfpicuum illuminatum album dicamus,
vt Hippocrates folet : ex mixtione quorundā corporū inten
ditur eius perfpicuitas, & fplendor, vt patet in multis balneis fulphureis, & aluminofis. Aluminis enim admixtio
fplendorem affert, vt infectores nouerunt. Fumus quoque
fulphuris dealbat. Ex fulphure candidus cenfetur Nar amnis apud Sabinos. Sunt, & terræ candidæ, & lapides in
cretam folubiles, vt faxum calcarium, gypfum, galactites,
vnde candidæ aquæ aliquando lacteę : plumbi quoque
gene-

genera ceruſſam candidam fundunt. Manifeſtantur autem
huiuſmodi ſubſtantiæ in alueo, nam ant ſubſident, aut lapillis hærent. Bitumen autem ſedimentum reddit ſubni-
gtum, aut fuluum. Aes æruginis colore inficit: Ferrum rubiginis: & tandem vnumquodque proprium colorem, aut
aquę communicat, aut ſedimentis. Videntur tamen aliquando aquę coloratæ ratione corporum circunſtantium,
cum ipſæ puræ ſint. Omne enim diaphanum colore continentis ſpectatur. Recipiunt præterea aquæ ſapores pro natura terrę per quam tranſeunt: exuſta enim terra magis, &
minus omnimodas accipit formas ſaporum 2. Meteo. cap. 3.
nam alienam dulcedinem diuerſam à propria, quæ aquæ
puræ tribuitur, aſſumunt ex ceruſſa, aut lapide Galactite,
quæ etiam lacteæ ſunt. Patet id in aquarum diſtillatione
per vaſa plumbea; ſæpe enim lacteæ exeunt & dulces. Scribit Pauſanias aquas belneorum Cardię in campo vocato
Albo iuxta Daſcilum, longe dulciores lacte eſſe. Traditur
huius generis in Germania fons iuxta Glaucam, qui ob id
lacteus dicitur. Vinoſas quoque aquas reperiri teſtantur,
vt iuxta Paphlagoniam, ad quam incolæ omnes bibendi
gratia confluebant, & fluuium in Naxo à poetis Bacco aſcri-
ptum. Has Bituminoſas eſſe arbitror: nam Bitumen ſpiri-
tuoſam, multam, & mitem efflat ſubſtantiam. Acidę præterea aquæ multis in locis reperiuntur, Acidulas Plinius
vocat, ſaporis qualis in aceto. Huiuſmodi fons eſt Aretij
iuxta fluuium Caſtrum ad collis Montionis radicem, inſtar
aceti acerrimi: hanc ruſtici multa aqua dilutam pro vino
bibunt. In Italia tres alię reperiuntur, & in Germania pluribus in locis. Ariſtoteles tradit in Sicilię Sicania reperiri,
ex qua acidam muriam pro condimentis efficiunt. Eſſe &
circa Lyncon fontem aquæ acetoſæ. Forte ſignificat eam,
quę in Macedonia traditur Lynceſtis aqua celebris propter
ebrietatem, quam bibentibus afferebat. Similis in Aethyopia, quæ furioſos efficere dicitur colore vini rubri. Ex bituminoſa ſubſtantia has quoque fieri, argumento eſt. Nam

acidula

acidula, quæ Aretij prouenit, in alueo lapides habet bi-
tuminosos: obducitur quoque cæteris lapillis quiddam fuluo colore. Aſtringentes autem auſteræ, & acerbæ ex ferro,
alumine, & chalcantho oriuntur. Mitiorem aſtrictionem
ferrum efficit, vehementiorem genera aluminis, maximam
chalcanthum, & quæ eius generis. Ferro aſcribuntur multæ in Aetruria, vt quæ Borra dicitur prope Monteuarchium:
Villenſis in agro Lucenſi. Ficoncella in Senenſi. Balneum
de aquis in Piſano, & aliæ quam plures: cum enim refrige-
rare, & aſtringere compertæ ſint, ob id ferreæ naturæ putantur: quanquam id modicæ participationi aluminis tri-
bui poſſit. Alumen autem manifeſtum habent balnea in
agro Volaterrano: & Albulæ appellatæ in agro Romano.
Item Corſenna in Lucenſi, & Porrectana in Bononienſi: &
plereque ſulphureæ etiam aluminoſe reperiuntur. Sulphuris
enim combuſtio alumen reddit. Chalcantum cum acerbi-
tate etiam acrimoniam vehementem habet adiunctam,
ideo aquas reddit mordentes, & corrodentes; qualis traditur fuiſſe in agro Pateolano, quæ plumbum corrodebat. Ce-
puſij quoque ſunt, quæ ferrum corrodentes, in es vertunt.
Noſtris temporibus quidam arte ex Pyrite cremato chalcanthum efficiebat, quo ferrum æri ſimile reddebat. Huius
naturæ videtur Stix fluuius in Theſſalia, cuius aqua, nec
ferreo vaſe, nec argenteo, nec æneo contineri poteſt, omnia
enim frangit, & corrodit. Chalcantho ſimilem vim efficaciorem tamen habet chalcitis, myſi, melanteria, & ſori,
eiuſdem enim generis ſunt. Aerugo quoque & Cadmia aliquando acrimoniam cum aſtrictione poſſident. Acria vero ſunt ſulphur, & auripigmentum. Aquæ ſulphureæ fere
omnes actu calide exeunt, & Thermas conſtituunt, quarum
multus eſt numerus in Italia, præcipue in Volterrano, Vi-
terbienſi, Senenſi: Nam procul ſulphureum fœrorem tranſ-
mittunt. Salſas aquas non ſolum mare habet ab exuſta exhalatione genitas, vt ſentit Ariſtoteles, ſed etiam fontes:
vt aqua Tettuccij, & Balneoli Montis Catini. Salſior in

C Vola-

Volaterrano quę in salem candidum exoquitur, Similem tradit Aristoteles 2. Meteo. cap. 3. in Chaonia extitisse; cuius sal a marino differebat laxitate, tenuitate, & imbecillitate saporis. Hunc non ab exhalatione, sed ab exusta terra fieri tradit. Nitrosę aquae Nili perhibentur in Aegypto, excoquuntur enim in nitrum. Quaedam balnea apud nos nitrum participare traduntur, vt Sancti Philippi, Porrectana, Regij. Amaritudinem praesefert aqua maris, non solū enim salsa est, sed & amara: amarissima autem quae in stagno Palęstinae est simul & salsa vt Aristoteles testatur. Tradit etiā circa Scythiam fontem amarum, qui fluuium quem ingreditur totum amarum reddit. Est autem fuligo omnis amara ante quam vratur, nam vsta salsedinem gignit. Non igitur mirum, si aqua marina vtrumque saporem praesefert: ab exhalatione enim suum saporem recipit. Stagnum autem Palaestinae ab vstione bituminis idem patitur. Odor autem maxime ostendit tum bituminis tum sulphuris naturam, ingratus quidem in sulphure, foetens in auripigmento, & argento viuo: at in aliquo genere bituminis gratus, vt Ambrae vocatę, Succini, & Camphorae. Puteus in Peloponnensi Modone vnguentum Cizicenum spirabat, vt Auctor est Pausanias, & in Mesopotamia fons traditur suauissimi odoris. Faetentem in Calabria fontem poetae fabulantur ex gigantum sepulchris. Fimum olet in Sicilia fons Aretusa: in Germania sunt quae oua putida redoleant.

CAP. VII.

Fontes autem calidi exeuntes mistionem corporum quę intra terram comburuntur, significant: Thermas has vocant, & balnea. Nonnulli adeo feruent, vt oua percoquant, quidam etiam animalia iniecta depilant, quod in Germania contingere tradunt: sed apud nos in agro Volterrano est aqua adeo feruens, vt ex animalibus iniectis modico temporis spatio ossa denudata a carne extrahantur. Quid autem sit, quod intra terram ignem huiusmodi foueat

inter

inter auctores dubitatur. Ignes enim esse subterraneos loca
multa ardentia ostendunt, vt in Vesuuio Aethna, & multis
Appennini locis. Ab ijs autem aquas pertranseuntes calefieri non à sole, neque ab alia causa clarissimum est. At qui
fieri possit, vt aqua continue pertransiens ignes non extinguat, difficile est videre. Præterea vnde materia combustibilis continue suppeditari possit, quæ ignes perennes con-
seruet, vt videmus. Scitum profecto inuentum quorundã,
ignem quemdam esse in aquis ardentem, à quo Thermas
oriri. Hunc efficere bitumen solum: nam eius proprietas est,
aquis accendi, extingui oleo, vt Dioscorides tradit in Thracio lapide, qui bituminosus est. Cum igitur duo tantum
sint genera corporum ardentium in subterraneis, sulphur,
& bitumen : à sulphure non posse aquas perpetuo calefieri,
quia huiusmodi ignem extinguerent: à bitumine igitur tantum id contingere. Sed huic sententiæ refragantur plurima
Italiæ balnea, quæ sulphur olent, non autem bitumen. Verum non timenda ignis extinctio est, si aquæ præterfluentes,
non materiam ignitam tangant, sed loca circumstantia ab
igne ex calefacta, quę Empedoclis opinio fuisse dicitur, non
enim in eodem loco generari ignem, & aquam possibile
est, cum toto diametro differant vtriusque materia, & efficiens. Illud quoque argumento est reperiri fontes cali-
dos absque odore sulphuris, aut bituminis : vt Villensis, bal
neum de aquis in Pisano : Aqua Tettucci, & aliæ quam-
plures. Mirum autem esset balneum calidissimum Aui-
nionis in Senensi carere omni odore predictorum corporũ, si
materiam ardentem tangeret. Patet id in Monte Vesuuio,
in vna enim eius parte ignes apparent, ex altera autem a-
quæ calidæ effluunt. Potest enim sola caliditas absque fuligine ad ea loca peruenire, quę ab aqua irrigantur, præcipue si intercedat montis lapidosum ac densum interuallum.
Vnde autem fiant ignes perpetui, dicendum est ob eandem
causam, quę perpetuam facit maris salsedinem apud Aristo
telem. Perpetua est enim exhalationis generatio ob cæli

C 2   motum.

motum . Quę igitur ab aqua appręhenditur , in salsedinem
vertitur , quę autem ad aerem venit, supra terram quidem
in sublimi varias impressiones ignitas facit : intra terram au
tem condensatur in varia corpora , aut ignis principio as-
sumpto exardescit , vbi igitur semel contigerit accendi, tam
diu perseuerabit ignis , quamdiu exhalationis copia suppe-
ditabitur : diutius autem in subterraneis materia suppedi-
tatur , quam in aere ad cometas , quia in loco angusto non
disperditur exhalatio . Fieri tamen potest , vt materia iam
collecta paulatim ardeat , nulla alia accedente : quod ani-
maduertimus in Gagate lapide , qui cum à pastoribus no-
stra ætate succenderetur , extingui postea non potuit . Sed
perseuerat repens quà extat lapis , relinquit autem post se
vallem exustam . Villa magna locus ille appellatur prope
oppidum S. Ioannis Vallis Arni. Fumo bituminoso locus ille inficitur , eruuntur autem carbones ardentes , qui ignis
neque pluuijs , neque amne propinquo intromisso extingui
vmquam potuit : immo magis exardescit , & fumum altius
attollit , flagrante in profundo lapide . Sed reuertamur ad
aquas . Patet quidem caliditatem ,& frigiditatem non semper mistionem arguere . Simplices enim reperiuntur non
solum inter frigidas , sed & inter calidas : vt in Lipara , in
Melo , in Prusa , quę aquę Regię appellatę sunt . Inter mistas autem frigidę exeunt Acidulę quę apud nos , aqua
Borra : & frigidum balneum in agro Pisano prope Agnanū,
cuius aquam putant marmoream esse , quia exit ex marmore quodam fusaneo , quod excoquitur in calcem : at ex sapo
re valde austero significatur multum aluminis continere .
Ex leuitate autem ac pondere , tenuitate , & crassitie magis discernuntur simplices à mistis : simplices enim leuiores,
tenuioresque sunt : mistę autem grauiores ,& crassiores. Attamen inter mistas longe crassiores sunt , quę salium genera , aut aluminum , aut reliqua corpora humore solubilia re
ceperunt , quam quę sulphur , aut bitumen , aut aliud genus exhalationis : natura enim spiritus leuis est . Quę vero
succum.

fuccum lapidefcentem continent, adhuc prædictis craffiores funt. Magis enim terreftres. Aquarum differentiæ in grauitate & leuitate etiam vifu patent. Nam flumina aquæ dulcis mare ingreffa fupernatant, & fupra quofdam lacus : vt Tefinus fupra lacum Verbanum, & Rhodanus fupra Lemannum. Item amnes quofdam fupra alios, vt de Arfania fcribitur, cuius aqua Tigri fupernatat, cum forte ex ailuuione proprios alueos egrediantur. Ac rem miram de Peneo fluuio fcribit Plinius alterum fluuium Eurotam fupra fe geftare per aliquod fpacium, & olei vice refpuere eius aquas, nec cum illis admifceri, fed in alterum litum tranfmittere. Ex qualitatibus igitur aquarum hoc modo mifturæ inueftigandæ funt.

CAP. VIII.

EX effectis autem deinceps confideremus. Quædã enim alia ratione difcerni nequeunt, cum neque in colore, aut fapore, aut odore à cæteris fimplicibus differant. Si tamen bibantur, aut enecant, aut morbos graues pariunt, vt quæ fuccum lapidefcentem habent : quicquid enim tetigerint, in lapidem conuertunt : Ideo vifcera gypfi modo reddunt immobilia, ac dura. Cognofcuntur hæ ex loco vnde excunt, aut per quem tranfeunt, aut vbi fteterint : pariunt enim cruftam lapideam corporibus hærentem. Quæ obferuatio eft maxime neceffaria in omnibus aquis explorandis : quod enim aquæ deponunt, miftionem certam fignificat. Deponunt etiam alienam fubftantiam per decoctionem, & refrigerationem, vt docet Gal. 4. in 6. Epid. 9. fic enim falfæ concrefcunt in falem, & cænofæ deponunt terram. Sed exactius per exficationem aquæ in fole æftiuo, aut leni igne : non folum enim deponunt craffam fubftantiam, quæ grauis eft fundum petens, fed etiam tenuem quandam, & leuem, quæ fupernatat fpongiofa facie, colore nunc viridi nunc luteo, aut nigro, aut vario, cuiufmodi eft flos falis in paluftribus

bus

bus Nili apud Dioscoridem. At per distillationem mistio depræhendi nequit, euaporat enim cum tenui sustantia, si quę est, aqueus humor: sed corpulentia quæ colligitur humore separato, non solum colore, sapore, & odore depræhendi potest, sed & ignis examine: vtrum ardeat, aut fumū emittat, aut fundatur, aut colores mutet. Qui enim in re metallica fuerint exercitati, facile misturam cognoscent. Balneum de aquis in Pisano, æs, & argentum, & aurum inficit colore plumbeo, aut pallido, etiam si vaporem tantum recipiant, quod obseruatum est in nummis, vel in crumena reconditis eorum qui circa balneum quibusdam temporibus obuersantur. Eosdem colores aliquando tota aqua recipit, vt reddatur turbida, vel pallida, quod mense Martij, aut Aprilis incolæ contingere animaduerterunt, quo anno futurum noxium eius balnei vsum experimento docti prænunciant. Indicium hoc est euaporationis, aut bituminis (testatur enim Diodorus in stagno Nabateorum cum lacus egesturus est bitumen, fœtorem a vento agitatum sentiri, qui proprium argento, auroque, & æri colorem aufert, vento iterum reflante restituitur) aut Cadmiæ, hos enim colores eius fumus præ se fert, ac metalla alterat. Ideo aqua illa in potu a nemine vsurpatur: & ob id forte balneum id thoraci infestum est, ac nocet Asthmaticis. Simili modo quæ recipiunt euaporationem auripigmenti, aut argenti viui lethales sunt, si in potu sumantur. Ex reliquis metallicis nisi multum excesserint, etiam in potu salutares sunt ad varios morbos tollendos. Ex sulphure enim, aut Bitumine infectæ vbi modica est eorum participatio digerunt epotæ superfluas humiditates & exsiccant, vteri affectibus commodæ. Sulphureæ tamen ventriculum dissoluunt, bituminosæ caput magis tentant, & oculis sunt noxiæ. Acidulæ, quas diximus tenuissimam bituminis substantiam participare, vrinam mouent, vapores vini ex ebrietate resiccant: sudores excitant, & vermes interficiunt, grummos sanguinis dissoluunt, & sanguinem sistunt: exhibent quoque febricitanti-

bus

bus, refiftunt enim putredini. Extrinfecus autem tam fulphureæ, quam bituminofæ affectibus neruorum profunt, &
articulos confirmant : irrigatæ capiti fluxiones fiftunt antiquas : cutis infectiones, & vlcera fanant. Quæ falem continent, potæ vehementer exficcant, abftergunt, aluum tur-
bant, & pituitam foluunt. Huic tamen fententiæ videtur
Hippocrates aduerfari : nam in libro de Aere, aquis, & locis, eos repræhendit, qui putant propter imperitiam aquas
falfas aluum foluere, cum fint ad egeftionem maximè con-
trariæ, aftringunt enim, & exficcant. Dicendum eft verifli-
mum effe quod fcribit Hippocrates : experimento enim com
pertum eft : Aquam Tettuccij præfentaneum remedium effe
in differenteria, adeo vt hodie nullum fit præftantius : citiffi-
me enim abftergendo ea quæ mordent, & exficcando aftrin-
gendoque fluxum cohibet. Soluit tamen aluum abftergendo, & pondere ; ob grauitatem enim falfedinis minime om-
mnium afcendit in venas, fed celerrimè præ cæteris defcen-
dit, fi ea copia affumatur quæ fufficiat ad defcenfum, relinquit enim aluum aftrictam, neque mordet inteftina qnam-
uis vlcerata, vt aqua maris, mitiorem enim habet falfedi-
nem, abfque vlla acrimonia : fed aqua maris, nifi mitige-
tur, intus non affumitur. Nitrofæ magis abftergunt, ideo
& ipfæ aluum foluunt, fed ob tenuitatem magis vrinã pro-
mouent ad renum vitia, calculos atterunt, vterum ficcant,
emendant & cutis vitia. Aluminofis præcipua dos ad aftrin
gendum, & corroborandum, fiftunt mulierum profiuuia,
vomitiones, prohibent abortum, vlcera veficæ, & renum
fanant, & fanguinis mictum compefcunt : vt patet in aqua
Brandula vocata in Carpenfi : fed hæc à modica fulphuris
participatione, aut bituminis, penetrationem acquirit, vt
ad ea loca tranfeat. Extrinfecus cutim condenfant, & fcabiem, ac reliqua vlcera exficcant. Atramentofæ, & quæ
chalcitim melanteriam, & reliqua eius generis continent,
vehementius quidem aftringunt, fed ob acrimoniam adiunctam corrodunt, ideo intus nequaquam tutæ funt. Huiuf-

mo di

modi putatur fuiſſe aqua Stigis in Theſſalia, qua Antipater
traditur Alexandrum interfeciſſe. Extrinſecus tamen vlceribus malignis, & exedentibus conferunt. Quæ ferream
qualitatem habent, refrigerant, & corroborant, firmant
ventriculum, obſtructiones hepatis, & lienis, & renum tol
lunt, ducunt arenulas. Quæ æris ſubſtantiam continent, intrinſecus noxiæ ſunt, liquant enim, & corrodunt, ſed extrinſecus efficaces ad vlcera. Quæ plumbum abraſerunt obſtructiones internorum pariunt, & ſuffocant. Tandem quę
ex lapidibus, aut terris aliquid traxerunt, omnes infarciũt,
& occludunt meatus, quædam & calculos gignunt. Inter
has eſt aqua Borra Monteuarchienſis. Vidimus enim ſubſtantiam gypſeam vaſis inhærentem pertinaciter: ideo niſi
parce aſſumatur ad fluxiones ſiſtendas, noxam inducit, ſed
melior redditur purgata ſale, & diutius aſſeruata, vt ſubſtantiam gypſeam deponat. Balneum ſancti Philippi gypſeam cruſtam relinquit in vertice capitis, qua eius irrigationem ſuſcipit, quod vtilitatem præſtat in defluxionibus
calidis. Sed de miſtionibus aquarum in vniuerſum hæc dicta ſint, ſigillatim autem ſatis diligenter ab ijs tractatur, qui
de balneis ſcripſerunt.

CAP. IX.

POſtquam explicatum eſt, quæ ex ſubterraneis aerem, &
aquam inficere poſſint, & quo pacto miſturæ depræhen
dantur, & quas vires ijs communicent, relinquitur vt ſin-
gulorum generum ortum, & differentias explicemus, inci-
pientes ab ijs, quæ ex ſicca exhalatione conſtant, Orycta,
ideſt Foſſilia proprie appellata ab Ariſtotele. Quæ cum di-
uiſa ſint in lapides illiquabiles, & ea quæ humido ſoluuntur, quos pulueres vocauit, de ſolubilibus prius dicamus.
Soluũtur autem alia humore aqueo, nempe quæ arida ſunt,
vt terrarum genera, & ſalium: Alia oleo quæcumque ſcilicet pinguia ſunt, vt ſulphur, & bitumen, & quæ eius ge-

neris

aeris. Terra igitur vt à simplicioribus ordiamur, ea proprie appellatur, 9. simpl. 2. & 3. quæ sicca cum sit sine humore non cohæret, sed pulueris modo diffluit : humore autem madefacta glutinatur in lutum. Hæc enim est terra, quæ subigitur, & colitur, differens a lapide, & harenis. Eius ortus duplex est, vnus quidem ex sicca exhalatione refrigerata, descendit enim ex aere in puluerem, aut cum aqua pluuia soluta, dein siccata in limum vertitur : huiusmodi autem terra fertilis est, quia ad aeris naturam rarefacta humorem concoquere potest pro alimento plantarum. Huius enim gratia agricolæ sæpius terram versant, vt a sole rarefiat. Alter ortus est ex mistis per putredinem infimum conuersis, & ex lapidibus sole aut igne incoctis, deinde aqua pluuia solutis. Sic enim montes lapidei paulatim æstu, & imbribus dissoluuntur in terram. Pro diuersitate autem lapidum, & cæterorum mistorum varia genera terrarum oriuntur. Ex cremabilibus enim vt saxo calcario terræ glutinosæ fiunt vt Cretarum genera : ex non cremabilibus autem harenosæ, ac minus cohærentes, minus enim humore dissoluuntur. Ex plantarum autem aut animalium putredine ac fimo pingues. Multæ autem sunt terrarum differentiæ pro ariditate, aut pinguedine, densitate, raritate, asperitate, lenitate, tenacitate, fragilitate, & alijs huiusmodi: item coloribus, & saporibus. Quamuis enim terra simplex sapore vacet, acquirit tamen diuersos sapores, & colores, & odores, ex alteratione, ac mistione. Quoniam autem ad diuersos vsus petuntur ab artificibus, secundum hos diuersa nomina imposita sunt speciebus. Agricolæ enim suas terras quærunt: alias figuli & plastici, alias fullones: alias pictores: alias medici. Agricolæ terræ gracilitatem, & pinguitudinem præcipue considerant: macram illam, hanc Pullam vocantes. Quoddã vero genus terræ pinguissimum Margam appellant. Est autem Marga apud Plinium quidam terræ adeps, ac veluti glandia in corporibus; qua vtuntur agricolæ loco fimi. Aratis enim campis spargunt, vt sit veluti

D

luti condimentum ad frugum vbertatem . Significat hæc
vox Marga apud Gallos Medulla : appellantq. Steino marga quasi saxi medullam . Reperitur enim in venis , & fibris
saxorum aliquando intra ipsa saxa inclusa ad medullæ similitudinem . Cuius plura reperiuntur genera : recenset autem Plinius sex , Albam , Ruffam , Columbinam , Argilla-
ceam , Tophaceam , & Harenaceam . Albæ quoque tres ponit differentias : Leucargillam quasi candidam argillam ,
alteram Cretam argentariam , tertiam Glischomargam ,
quæ creta est fullonia admista pingui terra . Sed de argilla ,
& cretarum differentijs inferius patebit. Marga igitur alba
has habet differentias . At Ruffæ vna est , quæ Capnumar-
gos vocatur intermisto lapide terræ minute harenosæ . Co-
lumbina autem ea dicitur , quæ globis lapidum modo reperitur , sed frigore , & sole ita soluitur , vt tenuissimas bracteas faciat . Argillacea porrò ea est , quæ argillam repræ-
sentat. Thophacea quæ tophum. Harenacea quæ harenam .
In summa autem earum natura duplex , aspera , pinguis .
Aspera est tophacea , & harenacea : pingues cæteræ . Nec in
omni solo qualibet vtuntur , sed arida quidem in humido ,
pingui autem in sicco : in terra autem temperata columbinam , & cretam spargunt . Quæ autem hic pinguis terra appellatur , non significat inflammabilem , vt sulphur , & bitumen : hæc enim ad culturam inepta sunt : sed quæ succo-
sa est & lenis , vt fimum . Oritur autem ex aquarum exsicca-
tione intra lapides , vt limus in palustribus . Agricolæ igitur has terræ differentias considerant . At figuli , & Plastici terras quærunt tenaces , vt ductæ in quacunque partem ,
ni abrumpantur , neque dehiscant exsiccatæ : has communi nomine Argillas appellant , vt ex Plinio facile colligitur , lib. 35. cap. 19. vbi de arte Plastica , & Figulina lo-
quens inquit , ex argilla sua opera conficere . Qui cretas
cum argillis confundentes scribunt , solam cretam albam
argillam antiquis vocari , non animaduerterunt argillam
albam quam Græci Leucargillam vocant , vt in genere mar-

garum

garum notauimus. Præterea diuerſam eſſe argillam a creta
ex eodem Plinio colligitur, lib. 17. cap. 4. vbi ad vineam
præ cæteris terram laudat cretam, & argillam quamquam
præpingues. Argiliæ igitur ſunt, ex quibus opera figulina
fiunt, vt vaſa, ſigna, & ſtatuę, quarum proprietas eſt, vt
recipere quamlibet figuram poſſint, & in caminis ardentibus coctę, in lapideam duritiem concreſcant. Patiuntur autem id, quæcunque in igne non in puluerem rediguntur, vt
ſaxum calcarium, ſed mollificantur, vt harenæ ex quibus
fit vitrum. Sic enim abſcedente humore, qui glutinabat par
tes, cohærent inuicem mollificatæ igne. Galenus, 9. ſimpl.
3. Argillas vocat, quæ pinguedine carent vtpcte friabilio-
res. Sunt autem argillarum plures differentiæ. Quædam
enim duci tenuius poſſunt, quædam minus. Nobilitate vero præſtant, quæ tenuiſſime ducuntur. Vnde Romæ oſten-
debantur duæ amphoræ in templo conſecratæ propter tenuitatem, magiſtri, & diſcipuli certamine, vter eorum te-
nuiorem humum duceret. Hinc vaſa Samia antiquis cele-
brata, & in Italia Aretium, & Mutina huiuſmodi vaſorum
nobilitate claruerunt. Tolerant præterea argillæ vim ignis
magis & minus. Qui metalla fundunt, egent ijs, quæ in afflatu ignis minime diſrumpantur: cuiuſmodi eſt apud nos
terra Treguanda à loco dicta. Ex ea conchas efficiunt, quibus vitrum liquatur: & aurifices vaſcula Crucibula appellata, quibus fund unt aurum, & argentum, & æs. Aretij quoque eſt terra ſimilis, ſed ſabuli modo aſpera, cuius vaſa in
igne flectuntur vitri modo, niſi miſceantur cum alia argilla. Qui his terris carent, arte parant miſcentes cum qualibet argilla cineres, vel cornua combuſta, vel vitrum tenuiſſime tritum, aut harenam, ex qua vitrum fit, aut quamlibet terram combuſtam prius, deinde in puluerem optime
comminutam. Plinius Taſconium vocat terram, ex qua
catini ad fundendum aurum fiunt, qua nulla alia eſt, quæ
afflatum ignemque, & materiam ardentem magis tolerat.
Eſt autem terra alba ſimilis argillæ. Inter argilas viliſſi-

mas

mas tamen sunt, quae ad opus lateritium sumuntur. Non
enim quolibet terrarum genere vtuntur, non è Sabulo, neque ex harenoso solo, & multo minus è calculoso, sed è cre-
toso, & albicante, aut ex Rubrica, vel si ex sabuloso, è
masculo certe conficiunt. In Africa autem, & Hispania parietes ex terra cruda conficiunt, qui aeuis durant incorrupti
imbribus, ventis, ignibus, omnique cemento sunt firmio-
res, & adsunt Anibalis speluncae, & terrenae turres iugis
montium impositae. Sed de argillis haec satis. Fullones quoque suas habent terras quibus vestes mundant. Cretas fullonias vocant: nam & aliae cretae sunt, quibus argentum
politur, & aurichalcum, & ferrum. Denique cretae nomen
omnibus ijs terris videtur accommodari, quae expoliendi,
& mundandi gratia, aut fricantur, aut illinuntur etiam quae
pictoribus ad colores in vsu sunt, vt creta Eretria, creta Selinusia, creta viridis, & huiusmodi. Omnis autem creta pinguis est, & in succum facile diluitur. Ad vestium igitur vsus
quatuor numerantur: Cimolia, Sarda, Vmbrica, quartum
appellatur Saxum. Cimoliae adhuc plures differentiae recensentur, quarum duae ad medicos pertinent, candida & ad
purpureum inclinans. Sarda candida est, sed vilior Cimolia: cui succedit Vmbrica ad vestes tantummodo vtilis: vltimo Saxum est, cuius proprietas, vt crescat macerando
candidis vestibus vtilius. Creta vero argentaria ad vasa argentea expolienda inter Margas numerata est: terram Cre-
ticam vocat Galenus, à qua reliquae terrae Cretae dictae sunt,
vt etiam creta fullorum, pingues enim sunt. Hodie terram
Tripuli vocant, qua vtuntur ad enses expoliendos, candida haec est: alia pallida glebis lapidosis, qua vtuntur ad aurichalcum tergendum, vulgo vocant Gessum. Est & creta
vilissima, qua pedes seruorum venalium illinebant Roma-
ni, & qua circum praeducebant ad victoriae notam. Pictores
quoque suas cretas habent: Candidas quidem Paraetonium
Melinum, & terram Eretriam, omnes à loco appellatas.
Rubras autem quas Rubricas vocant: Habent & cretam viridem

ridem, & nigram, sed diligentius eas exquiramus, quæ medicis inseruiunt.

CAP. X.

COnsiderant medici terrarum genera multa: Eretriam, Samiam, Chiam, Selinusiam, Cimoliam, Pignitem, Meliam, Ampelitem, Lemniam, Armeniam, Rubricam: de quibus sigillatim agendum est, si prius terræ simplicis notas, & facultates aperuerimus. Ea vero iudicanda est simplex terra puraque quantum dari potest, quæ nullum præ se fert saporem, neque odorem, oriuntur enim hi ex mistione, vt docuit Aristoteles. Quamquã sunt qui terræ odorē propriũ supra vnguentorũ suauitatem prædicent: & Ciceroni ascribunt dictũ illud: meliora esse vnguenta quæ terrã, quam quæ Crocum sapiunt. Asseruntque eam suauitatem in terra sentiri, quandò post siccitates diuturnas imber decidit: tunc enim emittere suum halitum diuinum a sole cõceptum: cui cõparari suauitas nulla possit. Hęc ex Pliniana historia. Nos autem quam fieri potest, inalteratam considerantes, inodorem, & insipidam fatemur. Colorem autem ipsius proprium Strato Lãpsacenus candidum esse dixit: idem testatur Aristoteles in libro de coloribus. Elementis enim conuenire albedinem, quia albus color est simplex: Argumento esse cinerem, qui ad albedinem tendit omni humore consumpto. Nigrum enim fieri ex humore semiusto, vt in carbonibus, & fumo. Non tamen omnis terra alba simplex est, vt Eretria, Melia, Parætonium, virtute valde differentes. Qui putant terram ex sui natura opacam esse, alium colorem præter nigrum ei tribuere non possunt. At licet opacus sit totius terrę globus siue ob alterationem & commistionem, siue ob diuisionem continui, vt accidit pulueri: non tamen quælibet eius pars opaca est. Non enim contingeret gemmas quasdam, lapidem specularem, salem fossilem, & alia multa perspicua esse, & alba: vbique enim

ter-

terræ opacitas albedinem & perspicuitatem remitteret.
Omnis autem terra si comburatur, deinde abluatur diligenter, deponit alienas qualitates, & ad suam simplicitatem maxime reducitur, cuius vires sunt siccandi sine morsu, & meatus occludendi, ideo recensetur inter Emplastica, 4. simpl. 5. Dioscorides terram omnem, inquit præcipuam habere vim refrigerandi, & meatus occludendi.
Quoniam autem difficile est terram omnino simplicem habere, nam quæ colitur ex varijs generibus collecta videtur aut per alluuionem inuectis, aut fimis computrescentibus: Medici selegerunt synceriores, & nequaquam confusas.
Reperiuntur enim homogeneę tum colore, tum consistentia, ideo ad simplicitatem elementi magis accedere videntur. Differunt tamen inter se. Quædam enim retinent aliquid igneæ qualitatis, vt terræ ex exhalationibus genitæ, vstionem enim passæ sunt, vnde pars earum in salsedinem maris conuersa est, pars in terram similem, quale est Parętonium, crusta quædam candida in mari lapidibus obducta inter candida pigmenta, spuma maris condensata cum limo vt Plinius tradit. Et terræ fullonum, quæ ex aquis pluuijs crassescentibus in limum pinguem oriuntur, mordacitatem enim quandam participant ab exhalatione. Quædam morsu carent, vel quia sponte vel arte per ablutionem deposuerunt omnem caliditatem, vel quia ex abrasione quorumdam saxorum ortę sunt: retinent enim eorum naturam: vt Samia minime eget lotione. Pro varia autem materia, ex qua fiunt, colores varios, & facultates possident.
Quę enim ex saxo calcario fiunt, candidæ & pingues sunt: ex saxo harenario macilentæ & argillosæ. Ex metallorum venis præ se ferunt eorum naturam: vt Rubricæ ferri: Melia alumnis: ampelitis bituminis: & de cæteris eodem modo. Nam aut terræ ab ijs aquarum vi abraduntur, aut exhalatione diuersa inficiuntur, vt de Ochra tradunt cretam esse exhalatione plumbi infectam: plumbum enim luteum fumum gignit. Qui igitur res metallicas optime nouit,

etiam

etiam terrarum misturas ex coloribus, & cæteris conditio-
bus callere poteſt. Sed iam ſingulas explicemus.

CAP. XI.

ERetria à loco Eubeæ dicta, quę & Creta Eretria appellatur, duplex traditur, vna cādida, altera cinerea. Candida pictoribus magis in vſu vt Plinius teſtatur: Cinerea à
medicis præfertur: hęc probatur, moliſſima, & quæ ſuper
æs lineam violacem ducit. Eius vis eſt aſtringendi, molli-
ter refrigerandi, emolliendi, vlcerum caua replędi, & recentia vulnera glutinandi ex Dioſcoride. Galenus efficaciorem Lemnia aſſerit in exſiccando ſine morſu: ſi autem lauetur, mitiorem reddi. Lauatur teſte Dioſcoride vt ceruſſa,
vriturque vt tenuior reddatur. Hæc de Eretria habentur
apud antiquos. Ex prædictis conditionibus videtur hęc ceruſſam participare. Hodie nemo eſt qui oſtendat, cum eius
vſus deſierit. Habemus tamen ex alijs locis terras ſimiles,
vt patebit inferius. Samia quoque ex Samo inſula, duorum
generum traditur: vnum Syropicum appellatum, noſtri
collirium dicunt, quia medicamentis oculorum adhibetur.
Alterum Aſter Samius, ideſt ſtella Samia, vel quia ſignum
ſtellę imprimeretur, vt Lemniæ ſigillum capræ, quod veriſi-
mile eſt, vel quia micas quaſdam ſcintillantes haberet inſtar ſtellarum, ſed id neminem habet auctorem. Prioris
laus eſt ſi alba, lęnis, & linguæ glutinoſa fuerit, mollis, ſuc-
coſa, & frangibilis. Altera vero, quæ Aſter dicitur, gle-
boſior eſt & cruſtoſa denſaque lapidis modo. Eſt & lapis ſa-
mius à Dioſcoride appellatus, quo vtuntur aurifices ad nitorem auro comparandum, reperiri in terra ſamia: eligi
candidiorem, & duriorem. Omnibus facultas tribuitur
aſtringendi, & refrigerandi, vt Eretriæ. Valere ad ſanguinis ſputum, ad menſtruorum abundantias, illiniri teſtibus,
& mamillis inflammatis: ſudores cohibere: bibi ex aqua
ad morſus ſerpentum, & omnia venena. Affertur etiam
nunc

nunc quoddam genus terrę sigillatae, albicantis, qua pro
Lemnia vtuntur. Vidimus aliquando in ijs stelæ sigillum
ex more antiquo adhuc asseruatum. Quę autem Collirium
dicitur, ex samo quidem insula hodie non habetur: sed illi
similem ex Ilua habemus, quem bolum candidum vocant.
Glebæ sunt mollissimæ leuissimæque nequaquám tangentium manus inficientes, tactu linguę vehementer adhęren-
tes, sub dentibus sucosæ absque vlla asperitate, vt merito
collirium dici possit. Aeream esse testatur Galenus, quod
leuitate cognoscitur. Reperiuntur in metallis ferri cum Rubrica, ideo quędam vario colore spectantur, maculis rubentibus, aut pallidis, sed in pauca quantitate: praestantiorem
hanc terram experti sumus Bolo Orientali ad sanguinis fluxum & febres pestilentes. Lapis autem samius in eadem
Ilua foditur lapidea quidem consistentia, sed tactu linguę
adhęret, vt terra: Calamitam albam vocant, vtuntur Ma-
gi ad amatoria, quia trahere putatur carnem, vt Magnes
ferrum. Chia ex Chio insula Samiæ similis alba, & crustosa
diuersis formis fictitijs. Eligitur coloris albi ad cinereum
vergentis. In ceteris vires habet samiæ, sed praeterea acre-
dine quadam participat, qua mulierum faciem emendat, &
cutis rugas distendit, & splendorem affert: idcirco & in bal
neis vice nitri vtuntur. Hæc ex Dioscoride. Galen. 9. simpl.
5. abstersionem praestare sine morsu, valere ad ambusta. Ex
his colligitur nitrosam quandam habere qualitatem. Habemus ex Ilua terram albam ad cinereum modice vergen-
rem omnium molissimam, & lubricam: nam tangentium
manus veluti perungit, puluerulentam, & raram, qua vtuntur pro sapone, vt merito pro chia sumi possit. Non abhorret ab hac etiam Eretrię descriptio, quę cinerea ponitur, &
mollissima. Selinusia ex oppido Sicilię dicta lactei coloris,
vt Plinius testatur, & aqua dilui celerrima ad parietum de
albationes: Eadem cæruleo intincta Indicum imitatur, quo
modo verum Indicum adulterari scribitur. Easdem facul
tates habet, quas chia. Eligitur quæ vehementer splendet

& can-

& candida, frangibilis & humore dilui facillime potest.
Hodie ad parietum dealbationes quodam genere calcis vtuntur candidissimo ex lapide Tiburtino cremato, vulgo
Treuertinum vocant.

CAP. XII.

Cimolia inter Cretas fullonias est a Cimolo insula
dicta, cuius medici duas differentias considerant,
vnam candidam, alteram ad purpureum inclinantem: in
quocunque genere laudatur pinguis & tactu frigida. Astringit simul & aperit vt scribit Galenus ob acredinem admistam quae efficacior inest quam in Chia aut Selinusia, sine
morsu tamen. Idcirco etiam vestes a sordibus emundat,
ob quem vsum celeberrima est: Hac quoque decocta inspissataque adulterari Paraetonium Romae solitum Plinius testatur. Laudat Dioscorides ad Parotides, tubercula, ambusta, nam statim illita prohibet. pustulas ad vestium duritias, & totius corporis collectiones & Erysipelata: tandem
in medicina valde vtilem esse, si sincera sit non adulterata.
Quamuis hodie varias Cretas habeant fullones non a Cimolo petitas, sed nostrates: in medicina tamen ee seligendae sunt, quae nihil harenosum habeant, densaeq. sint, ideo
tactu frigido, & ob pinguedinem lubrico: pleraeq. colore
vergunt ad caeruleum, quod dixit ad Purpureum. Pnigitis,
seu vt Plinius legit Pignitis ex loco Libiae trahitur Eretriae
simillima, adeo vt pro ea quandoque venderetur, grandioribus tantum glebis, tactu frigida, & linguae adeo glutinosa, vt tactu illi maneat appensa: sed viribus iisdem cum Cimolia, infirmioribus tamen. Verum in huius terrae colore
Galenus, quem sequitur Paulus, a Dioscoride & Plinio dissentit: tradit enim coloris atri vt Ampelitis. Caeterum viscositatem ac tenacitatem non minorem quam Samia, immo
etiam maiorem habere testatur 9. Simpl. 5. Cum igitur vires
easdem habeat, quas Cimolia, inter Cretas fullonum quaerenda est: nam & candidae sunt, & nigrae, cinereae, & caeru-

E   lex

leæ: omnes viscosæ. Melia a Plinio Melinum vocatur inter
colores a pictoribus quæsitos. Optimum in Melo insula: in
Samo quoque nascitur, sed eo non vtuntur pictores propter
nimiam pinguitudinem. Apud Dioscoridem Melia coloris
est cinerei, qualis in Erettia cernitur, tactu aspera pumicis
tritæ modo, vim habet aluminis; sed remissius, vt gustu depræhenditur: linguam tactu siccat mundat corpus, & colorem bonum conciliat, attenuat pilos, & vitiligines, & Scabiem delet, Pictoribus in vsu ad diuturnam colorum viua-
citatem. Eligitur recens, tenera, non calculosa, frangi-
gibilis, & facilis solui in aqua: quæ omnes conditiones in
cæteris terris obseruari debent. Vidi glebas leuissimas pu-
micosas, candidas, cinereas, subpallidas & varias, punctis nigris inscriptas, sapore astringenti, qui non solum ab
Alumine, sed etiam ab Atramento prouenire videtur. Ad
Meliam reduci posse videtur terra Melitensis, est enim tactu aspero, colore albo, ad cinereum vergente: astringens:
datur ad Serpentium morsus, sed vim hanc putant ex religione habere: a Diuo Paulo communicatam: ideo lapidem
Sancti Pauli vocant: communis tamen est hæc virtus multis
terris: si hæc teratur ac lauetur, vt tenuissima pars colliga-
tur: cogitur in pastillos candidos non puluerulentos, nec
pumicosos, sed admodum lenes, quibus signa quæque imprimi possunt: hæc pota magis penetrat in profundum ob
tenuitatem, & omni morsu caret, ideo ad pestilentes febres vice boli armeni exhiberi potest ad putredinem sisten-
dam in venis: & ad sanguinis sputum. Ampelitis ideo appellata apud Dioscoridem, & Galenum, quia viti illita
vermiculos enecat, qui Gemmas erumpentes rodere solent. Pharmacitis quoque dicta, quasi medicamentosa,
quia odorem spirat medicatum: Nasci traditur in Seleucia
Syriæ, laudatur in primis nigra, modice assulosa referens
paruos pini carbones, æquali splendore, quæ detrita ex
oleo statim liquescit: Vitiosa censetur albicans & cinerea,
& quæ in liquorem non soluitur. Vis inest discutiendi, &
refrige-

refrigerandi: capillum tingit. Plinius Bitumini Simillimam esse tradit: experimentum eius, si ceræ modo accepto oleo liquescit. Venditur hodie sub nomine terræ nigræ in vsu apud pictores, plerunque agglomerata in rotundas pilas similis detritis carbonibus. Porro alij sunt apud Theophrastum Carbones fossiles, de quibus dicemus inter lapides: differt hæc mollitiæ, ideo terris ascribitur: quamuis enim terra hæc oleo liquescat ob naturam bituminis: soluitur etiam aqua vt cæteræ terræ, Galeno teste 9.Simpl.5.sic enim iure inter terras reponitur sed bituminosas.

CAP. XIII.

Rvbrica a rubro colore dicta, Græcis Miltos: eius tria genera apud Dioscoridem: Sinopis, Fabrilis, & terra Lemnia. Sinopis cognominata ab vrbe in Cappadocia: Effodi tradunt in speluncis, & purgatam a lapillis vendi: probatur maxime grauis, densa, ad Iecoris speciem vergens, sine calculis, concolor, & cum diluitur, maxime soluitur: vim habet exsiccandi, obstruendi, & astringendi: ideo adhibetur emplastris vulnerarijs, & pastillis exsiccantibus, & astrictorijs. Aluum sistit, & in ouo sumpta, aut clisteribus infusa: datur iecinoris vitio laborantibus. Hæc Dioscorides. Venditur hodie terra iecinoris colore in pastillos quadratos formata, quam Bolum vocant, frequenti vsu ad emplastra astrictoria. Habetur & ex Ilua ferrarijs metallis sincerior, glebis non pastillis, tactu linguæ vehementer hærentibus. Nuper aliud genus in insula propinqua, quæ lilium vocatur, repertum est colore magis diluto ad pallidum vergente, vtrisque vtuntur hodie pro terra Lemnia aut Armenia fælici successu aduersus venena, & febres pestilentes. Rubrica aute fabrilis ex Dioscoride ad omnia inferior Sinopide: optima in Aegypto, & Cartagine absq calculis, friabilis. In Iberia quoque gignitur ex Ochra vsta degenerante in Rubricam. Hæc vulgo Sinopia

appella-

appellatur rubicundior Bolo, & magis fisabilis, ideo manus tangentium inficit. Vruntur fabri lignarij soluta in a-
qua, vt illo imbuto lineas designent: vtuntur & Pictores.
Lemnia ex Lemno insula, quam hodie Stalimenem vocant,
ex Dioscoride: nascitur in spelunca loco palustri, quam incolæ in pastillos formant admisto caprino sanguine, & signo
Capræ imprimunt, vnde sigillum Capræ appellauerunt :
Antidotum contra perniciosa venena, si ex vino sumatur:
etiam præsumpta euomi venena cogit. Prodest & contra
ictus morsusq; animalium venenosorum: Antidotis familia-
ris: est dissenteriæ vtilis. At ex Galeno testante se oculata
fide hæc vidisse, habemus: Collem quendam esse iuxta E-
phestiadem urbem, in quo planta nulla uiuit, solo ueluti
combusto, colore rubro: tres autem terræ differentias no-
tasse, unam quam sacerdos tantum attingebat, sacra enim
habetur, & sigillo Dianæ, quod Capræ est, imprimebatur,
at nullo admisto sanguine, sponte enim rubra est. Alteram
Rubricam esse fabrilem, quæ manus tangentium inficit:
nam prima nequaquam tingit. Tertiam mundandis uesti-
bus in usu esse ob facultatem abstergentem, quam habet,
ut Creta fullorum. Plinius de Lemnia inquit, esse Minio
proximam, antiquis multum celebratam cum insula, in qua
nascitur, nec nisi signatam uenundari, unde & Sphragidem
appellauere. Hac Minium adulterari solitum, sed in medicina præclaram rem haberi. Hodie affertur terra quædam
Characteribus Turcicis inscripta candicans modico, aliquando nullo rubore infecta: quam inter terras sigillatas
ueram Lemniam putant. Testantur enim, qui hodie in
Lemnum nauigarunt, paruo quodam loco, & paludoso ue-
ram Lemniam colligi, idque estate sub canicula lacu turbato, postquam subsidit, lutum colligi, & sigillo imprimi,
deinde Imperatori Turcarum tradi, qui postea Magnatis
distribuat præsidium unicum ad uenena. Ideo rara habetur,
nec publice uenditur. Verum multa sunt, quæ suspectam
eam reddunt. Primum sigillum Dianæ, cuius uires uanæ

sunt

funt. Deinde fi vires naturales in eo genere Rubricæ infunt,
iam defijße Rubricam manifestum est ex colore, erat enim,
teste Plinio Minio proximus . Quid autem mirum in tot se-
culis in parua spelunca conturbata aqua, abfumptam eße
Rubricam? aliud verò genus terræ fubeße? cui tamen authoritas ex antiquitate & religione aßeruetur: Si igitur vires naturales funt in Rubrica, qua is describitur Lemnia,
vt scilicet colore fit Minio proxima, & manus non inficiat,
fapore autem nullam qualitatem mordentem habeat, vt testatur Galenus: profecto reiicienda est terra figillata prædicta, & Rubrica fumenda est, quæ eas conditiones habet.
Aßertur autem huiufmodi ex Orientalibus quidem, glebis
rubentibus fuccofis, lingua glutinofis: quem Bolum Orien-
talem vocant. Ei non inferiorem habemus ex Ilua, & Lilio. Nam præter Sinopidem coloris Epatici, quædam reperitur faturatæ rubedinis colore fanguineo: quædam ro-
feo, quædam maculofa facie, maculis alijs fanguineis, alijs
pallescentibus, alijs candidis. Omnes leuißimæ fuccofißi-
mæque odore quodam fungi Pruneoli. Omnes linguæ pertinaciter hærent. Reperiuntur in metallis ferri, fed in pauca quantitate, vt Bolus candidus: his nulla reperitur afpe-
ritas fub dentibus, & citißime in fuccum foluuntur. Ex ru-
bentiore conficiunt vafa fictilia, vt ex ijs potus perquam frigidos propinent febricitantibus: nam & vim Alexiteriam
communicare creduntur.

CAP. XIIII.

ARmenia tempore Galeni reperta est 9. Simpl. 5. quæ
& lapidem vocari tradit ob confistentiam, licet terra
fit, quia facillime foluitur. Paulus & Aetius Glebam Ar-
menicam vocant, vnde Bolus Armenus hodie vocatur.
Colorem habet pallidum, denfior & grauior est quam Aster
Samius: facillime foluitur calcis modo, mollißimaque est
abfque vlla afperitate harenofa. Afferri tradit ex Armenia
ea parte,

ea parte, quæ Cappadociæ contermina est. Facultatem habere admodum exsiccantem, & consolidantem; idcirco conferre Dissenteriæ, & cæteris alui fluxibus. Item sputo sanguinis, catarris, vlceribus putridis oris, & pulmonis: ob id extollit ad Phthisim, & fistulas sedis contrahendas. In peste præterea vnicum fuisse remedium Romæ in vino mero aut diluto potam. Cæpit nostris temporibus afferri Bolus pallidus cum omnibus conditionibus a Galeno traditis. Glebæ enim sunt prædensæ, quæ tactu linguæ hærent vt cæteri boli nobiliores. Si vero affundatur aqua, citissime absorbent, & calcis modo soluuntur in succum absque vlla asperitate. Sed qui vires terrarum loco non generi ascribunt, omnes prædictas terras suspectas habent, præcipue quibus virtus Alexiteria tribuitur, hanc ignotæ naturæ tribuentes. At videmus conditiones Lemniæ, Samiæ, & Armeniæ, quas omnes aduersus venena præstantissimas prædicant, in eo consentire, quod frigidæ sunt, & siccant vehementer absque morsu: nullamque asperitatem harenosam habent, sed facillime in tenuem succum soluuntur: sic enim late diffundi possunt, & solidas partes adhærendo tueri, & prauas humiditates absorbere. Indicio est multum absorbere, quod linguæ apposita gleba hæret vehementer. Paulus Aegineta tradit Armenicæ similem facultatem habere Glebam Alanam sed eius notas minime tradit. Cur igitur & alios multos bolos similes, quales ex Ilua, aut Lilio, aut alijs locis habemus, recusabimus? siue candidi vt Samia, siue rubicundi vt Lemnia, siue pallidi vt Armenia: siue varij vt ex Ilua. Sed vt in summa contrahantur terræ a Medicis vsurpatæ: quædam astringunt, & siccant, & refrigerant, quod est terræ simplicioris proprium, vt Eretria, Samia, Lemnia, Armenia, quibus antiqui vtebantur, nostris autem temporibus boli genera & terra Melitensis. Quædam cum astrictione mordacitatem aliquam participant aut ex Nitro, vt Chia, Selinusia, Cimolia, Pignitis, ideo abstergunt, & apud nos variæ Cretæ fullonum: aut ex

alumine

alumine, vt Melia, & apud nos luta varia balneorum alu-
minoforum, quibus vtimur ad Podagricos, & vlcera maligna: aut ex bitumine, vt Ampelitis: aut ex fulphure, vt luta quædam iuxta balnea fulphurea. Habemus & terras a-
tramentofas continentes Chalcitim, Myfi, Melanteriam,
Sori, ex quibus omnibus trahitur Calcanthum, vt loco proprio dicemus. Habemus & miftas ex pluribus Metallicis,
vt lutum, quod ex Balneis Patauinis in vfu eft, ad maligna
tibiarum vlcera fananda, illinendo totum crus, & in fole
ficcando: tradunt conftare ex Gypfo & fale. Et balneum
Sancti Caffiani, cuius luto fimili modo vtuntur: quod conftat ex fulphure & alumine.

C A P. X V.

EXplicatis ijs quæ proprie terræ vocantur, reliqua humore folubilia explicemus, vt fales, alumina, & alia
fimilia. Differunt hæc a terris, quia a calido & ficco magis
paffa funt: ideo retinent ignis veftigium: præterea ob rarefactionem, & attenuatione humore foluuntur magis quam
terræ. Sapores autem euidentes habent, nec infipida funt,
vt pleræque terræ. Sic enim generari fapores tradit Arit. 2.
Meteo. Cap. 3. vbi inquit. Exufta enim terra fecundum magis, & minus omnimodas accipit formas faporum, & colores: quod experientia docet. Ex omnibus enim cineribus,
& corporibus combuftis per aquæ ablutionem exrrahitur
fubftantia fapida, quæ confiftit in quodam veftigio ignis,
quod Empyreuma vocatur. Hæc vero fubftantia concrefcit
in falem, aut aliquod genus fimile, euaporante aqua, in qua
foluta fuit: reliquum autê cineris corpus ablutum, terra eft
infipida. Idem putandum eft contingere in exhalatione:
cum enim fubftantia fit terrea accedens ad naturam ignis,
fi ab aqua appræhendatur aut in pluuia, aut in vifceribus
terræ: pars quidem eius ignita falfas reddit aquas, reliquum autem vertitur in terram. Duplex autem eft generationis

rationis modus horum corporum, vt diximus. Nam aut
ex ipsa exhalatione refrigerata, gignuntur, seu soluta in a-
qua sit, ut sal marinus, & lacustris: seu terræ agglutinata,
ut sal fossilis. Nitrum naturale, alumen, & chalcanti genera naturalia. Aut ex combustione corporum, ut sex mi-
combusta, quæ respondent terris ex putredine mistorum ortis, & ex diuersorum lapidum solutione. Sic enim diuersa
corpora combusta diuersa genera salium pariunt. Appellamus autem hæc omnis communi nomine sales, ut plerique
uocant: cum tamen sal propriè dicatur, quo utimur ad con-
diendum: de quo primo loco dicamus.

CAP. XVI.

SAlis tria genera facit Dioscorides: fossile, Marinum, &
Lacustrem. Fossilis, qui & efficacior traditur cum in
multis locis fodiatur, præfertur tamen Ammoniacus, quasi
Harenarius, quia inter harenas foderetur in Africa, Cyre-
naico tractu: fissilis secundum longitudinem, rectis scissuris: sapore quidem ingratus, ut inquit Plinius, sed medicinæ utilis. Communiter autem in hoc genere Dioscorides
laudat candidum, minime calculorum, perspicuum, densum, æquali compage. Fodi autem & in Cappadocia traditur lapidum specularium modo: & in India montem esse
Oromenum appellatum, salis natiui, in quo lapidicinarum
modo ceditur renascens: maiusque esse Regum uectigabex
eo, quam ex auro atque Margaritis. In Arabia quoque oppido ex massis salis muros, & domos construi, aqua cementi uice conglutinare. In Hispania quoque cedi glebis pene translucentibus, cui iampridem a medicis plerisque pal-
ma dabatur. Sed & hodie in Germania pluribus in locis foditur. In Italia quoque reperitur. Nam in Calabria salis
fodinæ sunt crystallum imitantis, & ob id salgemma uulgo
appellatur, cuius apud medicos usus est pro Ammoniaco,
adeo ut eo inuento non quæratur Ammoniacus. Fossilis

igitur

igitur hoc modo habet. Marinus autem non nisi artificio
paratur ex aqua maris in salinas transfusa non sine aqua
dulci, sed imbre maxime iuuante, & sole multo. Nam non
aliter inarescit. In Africa circa Vticam hoc modo aceruos
salis construunt ad collium speciem. Qui ucrò Sole, Luna-
que induruere, nullo humore liquescunt: uixque etiam ferro ceduntur. Hæc Plinius. Salis marini eligit Dioscorides
candidum, æquale, & densum. Probatissimus erat in Cypro, præsertim Salamine, & Megaris, in Sicilia, & Africa.
Hodie habemus in Italia communissimum sed turbidum coloris cinerei, micis crassioribus. Vbi calor Solis non sufficit, igne perficitur. Purgatur tamen, ut candidior fiat,
solutione & congelatione. Vritur quoque donec non
exiliat, ut docet Dioscorides de omni sale. Lacustis uidetur
e sale fossili ortum duxisse aquis præterfluentibus soluto.
Traduntur enim fontes salsi, & flumina in multis locis, ut
apud Caspias portas salis flumina appellata, quia eorum
summa densantur in salem reliquo amne ueluti sub glacie
fluente: & apud Bactros amnis, Ochus, & Oxus deferunt
ex appositis montibus salis ramenta. Fontes quoque calidi Pegasei salem ferunt. Meminit & Aristoteles in Chaonia fontens esse, cuius aqua postquam decocta fuerit, & frigefacta, euaporato humido cum calido, in salem vertitur
non crassum & compacatum, sed laxum, & subtilem vt nix,
qui alio sale imbecilior est, largiusque iniectus delectat.
Non absimilem hodie habemus in Aetruria agro Volater-
no: putei enim sunt salsi, qui coctione salem candidum, &
admodum tenuem reddunt tanta vbertate, vt toti Aetruriæ
satisfaciat, ea lege vt alio non vtantur. Sed lacus multi
sponte congelantur æstiuis solibus vt Tarentinus, qui totus
congelatur, Cocanicus in Sicilia, & alter iusta Gelam secundum extremitates tantum abeunt in salem. In Phrygia,
& Cappadocia, & Aspendi vsque ad medium lacum. Inter
lacustres autem Dioscorides validissimum tradit Phrygium:
celebratur quoque Tarentinus omnium suauissimus, atque

F   candi-

candidissimus . Econuerso amarior, qui ex lacu Asphaltite
habetur, Sodomiticus vocatur . Differunt quoque colore:
nam rubet Memphi: ruffus circa oxum: purpureus Centu-
ripis . Circa Gelam Siciliæ tanti splendoris, vt imaginem
recipiat . In Cappadocia croceus translucidus, & odoratis-
simus effoditur, ex Plinio . Quo autem candidior est sal eo
fragilior: omnis dulcescit pluuia: suauiorem tamen rores
faciunt: sed copiosum Aquilonis flatus: nam austro non
congelatur, sed liquescit . Facilius autem liquantur qui ra-
riores sunt ac tenuiores: vt marinus, & lacustris . Fossilis vt
substantia constat magis compacta, sic difficilius soluitur.
Omnium vsus multiplex, sed præcipuus ad condimenta:
nullum enim fere sine sale iucundum videtur, vt etiam iu-
mentis expetatur: sale enim excitantur ad pastum, vnde
largior lactis copia, & caseus gratior prouenit . Hinc ad vitæ quoque lepores atque animi voluptates salis vocabulum
transijt, vt nulla humanior vita sine sale queat degere : &
salaria etiam nunc dicta, quæ honoribus & militiæ interpo-
nuntur . Illud præterea sali in est eximium, quod corpora
conseruat à putredine incorrupta, vt carnes, pisces, & quæcunque humore constant putrescibili, cum enim humori huiusmodi in corpore latenti commistus est, quod ob bibu-
lam eius proprietatem facile contingit, exsiccas contrahit,
& vt ipse est, imputrescibile reddit . Bibula quoque est natura terrarum, at non soluitur vt sal, ideo non in profundum
penetrat . Quamuis autem sal à putredine defendat, non
tamen conuenit in febribus putridis, non solum quia calidus, sed etiam quia exsiccando indurat viscera: quod experimento compertum est ijs, qui aquas salsas bibunt, vt Hippocrates testatur in libro de aere, aquis, & locis . Facultates autem in medicina habet calfaciendi, & exsiccandi, abstergendi, & astringendi . Sed quo durior, & compactior
est, eo minus calidus, ac magis astringens vt fossilis . La-
xior autem calidior est ac tenuior, ideo magis abstergit, &
minus contrahit: maxime autem salsus huiusmodi est.

Sunt

Sunt & genera salis factitij apud antiquos, ardentibus lignis
in aquam salsam infusis: quod in Gallia, & Germania, &
quadam Hispaniæ parte fieri solitum scribit Plinius: ad id
Quercus optima, & qnæ per se cinere sincero vim salis reddat: alibi Corylus laudatur, ira infuso liquore salso. Carbo etiam in salem vertitur. Quicunque ligno conficitur sal
niger est. Scribit & Atistoteles 2. Meteo. cap. 3. in vmbricis
locum quendam esse ferentem calamos, & iuncos: quorum
cinerem in aqua decoquunt, hac autem refrigerata salis co-
piam fieri. Hodie alia factitij habentur genera, vt sal Armeniacus, sal nitrum, sal alcali, & alia quædam, quæ nos
inter nitra commodius reponenda censemus.

CAP. XVII.

AD salem reducuntur spuma salis, muria, & flos salis.
De spuma, inquit Dioscorides: ramentum est spumo-
si maris in exilibus petris inuentnm, cui vis eadem quæ salis: appellat autem Græce Halosachnem, quasi exiguam
maris stillam. Plinius inter genera salis, inquit, aliud genus ex aqua maris sponte gignitur, spuma in extremis littoribus, & scopulis relicta, quæ rore densatur, & est acrior.
Hanc videre licet veluti crustam candidam lapillis, & littoribus inhærentem: lanosa facie agglomeratam, sed duram,
& ferme lapidosam, simili consistentia, qualis in lapidibus
spongiæ reperitur. Eandem inter Alcyonia quinto loco
Dioscorides tradit, quam Halosachnem similiter vocat. Ex
hoc genere videtur esse Parætonium apud Plinium ex Aegypti loco appellatum inter candida pigmenta. Est, inquit
spuma maris condensata cum limo, ideo Conchæ minutæ
reperiuntur in eo, e candidis coloribus pinguissimum. Di-
scedit autem hæc substantia a natura salis, quia non soluitur: lapidosior enim est, quam sal fossilis, videtur enim veluti excrementum salis derelictum in scopulis, a quo abscessi-
sit tantum id quod solui potuit. Sed Galenus 11. Simpl. 2.

F 3 forte

forte non hanc substantiam intellexit, cum de Halosachne
inquit: spumosa est salis efflorescentia multo tenuioris substantiæ quam sal ipse, quare & extenuare, & digerere multo plus ipso potest verum quod reliquum est substantiæ contrahere vt sal nequit. Cum enim efflorescentiam salis dicat, innuit florem salis a Plinio vocatum, de quo inquit:
salinarum synceritas summam fecit suam differentiam:
quædam enim fauilla salis, quæ leuissima in eo est & candi-
dissima, Flos salis appellatur: non fit nisi Aquilonaribus.
Est autem huiusmodi id quod in salinis ex muria optime
purgata, & syncera concrescit in salem tenuissimum & candidissimum: quod ex quocunque sale soluto, & defæcato
parari potest. Efflorescit etiam sponte non solum in salinis
ad similitudinem lanuginis canescentis, sed & in vasis in
quibus sal continetur. At hoc genus in scopulis maris, aut
littoribus nunquam reperitur. Igitur Halosachne modo salis, modo maris spumam significat. Hals enim apud Græcos pro vtroque accipitur. Quamuis autem flos salis eius
efflorescentiam significet, accipitur tamen etiam pro alia
substantia admodum diuersa: de qua Dioscorides inquit:
defluit flumine Nilo, lacubus autem quibusdam innatat:
eligitur crocei coloris, odore grauiusculo, ceu Gari: aliquando ingratior, gustu mordaci, & subpingui. Improbatur qui rubricam habet & grummos: sincerus autem solo
oleo soluitur, adulteratus etiam aqua: acris & feruentis
naturæ vt sal: Galenus medicamentum liquidum esse testatur, tenuius quam sal vstus, acris qualitatis, & admodum
digerentis facultatis. Plinius eadem ferme habet, inquiens.
Et flos quidem salis in totum diuersa res, humidiorisque
naturæ & crocei coloris, aut ruffi, veluti rubigo salis, odore quoque ingrato, ceu Gari, dissentiens a sale non modo
a spuma. In Aegypto inuenitur, viderurque Nilo deferri,
& fontibus tamen quibusdam innatat. Optimum ex eo,
quod olei quandam pinguitudinem reddit. Est enim in
sale pinguitudo quod miremur. Adulteratur autem & tingitur

gitur Rubrica, aut plerunque testa trita : qui fucus aqua depræhenditur diluente factitium colorem, cum verus ille
non nisi oleo resoluatur : & vnguentarij propter colorem eo
maxime vtantur. Canicia in vasis summa est, media verò
pars humidior : & quę sequuntur. Quamuis autem hodie
hoc genus non adferatur ad nos: reperitur tamen in quibusdam fontibus balneorum innatans huiusmodi substantia,
colore vario, nunc croceo, nunc ruffo, nunc viridi, odore
graui, & gustu mordaci. Pinguedo igitur, leuitas, & odor
ostendunt materiam exhalationis vstibilis, non vstæ vt salis, ex sulphure, aut bitumine, aut exhalatione quacunque.

CAP. XVIII.

MVria idem quod salsugo seu salsilago appellatur in salinis tota liquida, marina aqua salsior, vt Plinius inquit de qua Dioscorides inter sales : nihil enim aliud est
quam sal liquefactus: ideo effectus salis præbet, abstergitque
Dissentericis infunditur ad vlcera depascentia. Eius species, est Garum, liquamen scilicet piscium aut carnium,
quæ sale macerantur vt Dioscorides tradit inter pisces. Soluitur enim sal eorum humore, eademque præstat: mitigatur
tamen eius acrimonia ab humiditate piscium, aut carnium.
Sed apud Plinium & Galenum non quoruncunque piscium
salitorum liquamen Garum dicitur:sed genus quoddam ex-
quisiti liquoris intestinis piscium, cæterisque quæ abijcien-
da essent, sale maceratis, vt sit illa putrescentium sanies.
Hoc olim conficiebatur ex pisce, quem Græci Garon vocabant: sed postea ex Scombro laudatissimum fieri cæpit, adeo
vt Mauritania, & Bætica aliæque finitimæ regiones Scom-
bros ex Oceano intrantes caperent Gari conficiendi gratia,
ad nihil aliud vtiles. Creuerunque genera in infinitum: vt
quoddam conficeretur ad colorem mulsi veteris, adeoque
dilutam suauitatem, vt bibi posset. Gari verò sex imperfecta nec colata Alex appellatur, quod eius vitium est. Cæpit
tamen

tamen & priuatim alex ex inutili pifciculo, minimoque confici, apuam noftri, aphyem Græci vocant, quoniam js pifciculus e pluuia nafcitur, tandem peruenit ad Oftreas, Vrticas, Cammaros, Mullorumque iocinora: innumerifque generibus ad faporem gulæ cæpit fal rabefcere, Hæc Plinius. Reperitur paffim apud Galenum Gari mentio inter condimenta: multi enim cibi ex oleo, & Garo parari folebant. Sed hodie difperijt eius vfus, ideo nec amplius conficitur. Alecis autem quædam genera habentur, vnum ex pifciculo, quod Romæ alice vocatur, alibi acciuga, aliud genus ex Thunni iecinore, quod vulgo Cauiale appellatur. Sed hæc præter noftrum inftitutum. Muria omnis falfamentorū fi coquatur abfumpto humore concrefcit in falem.

CAP. XIX.

Nitrum non multum a fale diftat, tenuior tantum fubftantia, & mollior, ac leuior: Nafcitur ex aquis nitrofis, efflorefcit quoque e terra: non exilit in igne vt fal, fed bullas attollit vt alumen. Præterea maiorem acrimoniam nitro ineffe eo argumento colligunt: quod cito nitrariæ calciamenta confumunt, & in ijs nulla herba viuit, nec animal. Eius hiftoriam Plinius ex Theophrafto admodum diligenter tradit. Quædam fponte nafci, quædam fieri. Nafci apud Medos exiguum canefcentibus ficcitate conuallibus, quod vocant Halmiraga, quafi terræ falfuginem: minus etiam in Thracia iuxta Philippos fordidum terra, quod Agrion ideft fylueftre vocant. Apud nos in plerifque locis terræ funt falfuginofæ: parietes quoque falfuginem expuunt tenuem, candidam, inftar lanuginis, quamuis exiguam, acrem, quæ in igne accenditur: continet enim flatuofam, & vftibilem exhalationem, cuius accenfione impetus gignitur: vt in fale crepitus exultans. Hinc excogitata eft pulueris compofitio, quæ ictu oculi ignem concipit, & pilas ingentis ponderis lapideas aut ferreas ex bellicis machinis

quas

quas bombardas vocant, eiaculatur: imitatione quadam
fulminis. Quoniam vero exigua est huiusmodi salsugo sponte efflorescens: arte ex terris salsuginosis, quas depraehen-
dunt lingua, extrahunt in aqua abluentes, haec enim post
coctionem densatur in id genus nitri, quod salnitrum vocant: nam & Plinius quandoque ipsum nitrum salnitrum
appellat. Sponte quoque nasci traditur in Asia in speluncis
mollibus distillans: deinde collectum siccari Sole: optimum
Lydium: cuius probatio, vt sit minime ponderosum, & maxime friabile colore pene purpureo: afferri in pastillis: Aegyptium in vasis picatis ne liquescat. Aphronitrum hoc
genus vocari, quasi spumam nitri. Dioscorides Aphronitrum, inquit optimum censeri leuissimum, glebosum, friabile, colore pene purpureo aut spumosum, & mordax, quale ex Philadelphia Lidiae defertur: Secundum esse Aegyptium: gigni quoque in Magnesia Cariae. Ex aquarum autem concretione sponte nascebatur apud antiquos in Macedonia, quod vocant chalasticum, candidum, purumque
proximum sali: lacum esse nitrosum exiliente e medio dulci
fonticulo: ibi fieri nitrum circa Canis ortum nouenis diebus,
totidemque cessare, ac rursus innatare, & deinde cessare.
Quo apparet soli naturam esse, quae gignat: quoniam compertum est, nec Soles proficere quicquam, cum cesset, nec
imbres. Imbribus salsius nitrum fieri, Aquilonijs deterius,
quia validius commouent limum. Videtur Dioscoridis hoc
genus intellexisse, quod inquit ex Bunis afferri optimum
colore roseo aut candido spongiae modo fistulosum. Sed haec
nequaquam adferuntur ad nos, neque comperta sunt oriri.
Non desunt tamen aquae nitrosae, sed sine viribus densandi.
Praedicta igitur genera nascuntur. Conficiebatur autem in
Aegyto multo abundantius sed deterius: nam fuscum, lapi-
dosumque erat. Eodem pene modo fiebat vt sal, nisi quod
salinis mare infundebatur: nitrarijs autem nilum: quo recedente madent succo nitri quadraginta diebus continuis:
statinque vt densari est caeptum rapitur ne resoluatur in nitrarijs

trarijs. Sic quoque olei natura interuenit ad scabiem animalium vtilis. Ipsum autem conditum in aceruis durat.
Circa Memphim lapidescit, adeo vt ex ijs faciant vasa, ideo
detcrius, alicubi ruffum a colore terræ. Arabes tradunt
quoddam genus fossile lapidosum, quem salem petrosum
vocant, recentiores salem petræ. Albertus Magnus testatur in Goselaria Teutoniæ se nitrum abundanter inuenisse,
quem tamen incolæ salem esse putabant. Pluuia enim cadens super montem vena æris refertum, cum ad centnm
passus in fodina peruenerit, congelatur, inquit in nitrum,
qui ab incolis putatur esse salgemma. Ex hoc genere videtur esse lapis, ex quo fit borax vulgo appellatus, de quo inferius. In nitro optimum, quod tenuissimum, & ideo spuma melior. Hunc antiqui negabant fieri, nisi cum ros de-
cidisset pregnantibus nitrarijs nondum parturientibus: itaque non fieri incitatis, etiam si caderet. Alij operimento-
rum fermento gigni exiftimauere. Hoc genus spumæ Galenus spumam litri seu nitri vocat, alia ab Aphronitro nomine composito. Medicamentum inquit, exsiccatorium esse
aspectu triticeæ farinæ: alba enim est, non vt Asiæ petræ
flos cinerea: eiusdem facultatis cum nitro, sed essentiæ tenuioris. Aphronitrum autem farinæ speciem non habet,
neque solutum est, sed congelatum & coactum, quo vtuntur quotidie, qui in balneo sordes auferunt, ea detergendi
facultate, vt non modo sordes extergeat, sed etiam pruritum sanet, nempe digerendis quæ ipsum excitant saniebus.
At deuorandum non est nisi grauis vrgeat necessitas, quip-
pe quod inimicum stomaco, nam plus nitro incidit. Ad fungos tamen suffocantes rusticus quidam vtebatur, & semper
profuisse probatum est. Nos autem in talibus nitro vsto simul, & non vsto, & multo etiam magis eius spuma vti con-
sueuimus. Hæc Galenus. At hodie inuentis alijs generibus nitri, non amplius ex aqua nili conficitur, quod
sciatur. Habemus enim Almiragem, de qua diximus, tenuissimam substantiam spumæ nitri respondentem: & salni-

trum,

trum, quod ex terra eius succi grauida extrahitur: nitro respondens quod ex aquis colligitur. Nili enim aquæ in allu-
uionibus abluentes loca a sole exusta similem salsuginem ferunt, quæ in nitrum vertitur: continere autem pinguem substantiam vstibilem vt nostrum salnitrum, ostendit oleum,
quod ex nitratijs habebatur teste Plinio: vt hinc conijcere
liceat exhalationem vstibilem tenuem in nitro contineri,
quæ ipsum tenuius, & amarius sale reddit. Hinc sal Sodomiticus ex bitumine amarius nascitur, & Babiloniæ prima
densatio in bitumen liquidum cogitur, oleo simile, quo & in
lucernis vtuntur: hoc detracto subest sal, vt Plinius testatur.
Eiusdem generis est flos salis, de quo diximus: oleosam enim
naturam habet ex nitro. Non igitur absurdum fuerit salnitrum pro nitro antiquorum assumere, & Halmiragem pro
spuma nitri. In confectura autem salis nitri, quod prælon-
gis ac tenuibus veluti crystallis condensatur, subest sal quidam candidus farinæ specie, quo vtuntur pro sale, sed par-
cius, quia acrior sentitur. Antiqui etiam nitris quibusdam
pro sale vtebantur, vt Chalastrico in pane: ad Raphanos
Aegyptio, teneriores enim facit.

C A P.   X X.

AD nitra reduci possunt multa genera factitia ex crematis, aut lapidibus, aut plantis, alijsq. corporibus: quibus varij artifices vtuntur. Antiqui ex Quercu cremata
conficiebant, sed ob exiguitatem ab opere destiterunt. Hodie ex calce parant lixiuium, quo incrassato cum oleo,
nitri vice vtuntur ad sordes abstergendas non solum ex corpore in balneis, sed & ad lintea dealbanda, & maculas
ex pannis delendas: saponem vulgo vocant. Adultera-
batur & in Aegypto calce ipsum nitrum: depræhende-
batur gustu: syncerum enim facile soluitur: adulteratum
pungit: calce aspersum reddit odorem vehementem. Fit
calx vsto lapide calcario, quod marmor fusaneum vocatur:

G   Fit

Fit & ex teſtis conchiliorum: Dioſcorides ex Buccinis marinis, & ex calculis littoralibus, medicamentum acerrimum
vrens ad cruſtas inducendas efficaciſſimum, quandiu recens
fuerit, & aquam non tetigerit: quæ calx viua appellatur: ſed
cito hebeteſcit, in aqua autem in qua ſoluitur, ignem deponit: lixiuium id capitellum vocant, primum acerrimum, ſecundarium mitius, quam aquam medianam vocant: reliqua
inualida, vnde varia ſaponum genera conficiuntur, additis
quoque cineribus. Fæx vini vſta, quod vulgo Tartarum vocatur, nitrum quoddam eſt factitium vrentis & abſtergentis
facultatis: eo mulieres vtuntur ad ruffandum capillum, &
fullones ad præparandas varias colorum infectiones. Antiqui vtebantur nitro quodam ſordido ad inficiendas purpuras, tincturaſq. omnes, vt Plinius teſtatur. Nobilius fit ex
eruſta, quæ circa dolia concreſcit ex vino, ſaporis acidi: hæc
enim cremata facillimé ſoluitur etiam in aere humido in liquorem accerrimum, quod oleum Tartari vocatur: cuius
gutta dilura ex aqua efficaciſſime abſtergit faciem, & maculas delet. Borax vulgo appellatur quaſi Baurach, quod apud
Mauros nitrum ſignificat: factitium quoddam genus nitri
tranſlucidum micis grandini ſimilibus, quo aurifices vtuntur ad ſcobem auri glutinandam, vt chryſocolla apud antiquos, adiuuat enim fuſionem. Conficitur Venetijs ex cremato lapide quodam candido, & fiſſili, quem boracem crudum vocant. Serapio Boracem Tincar appellat: eſſe inquit
ſpeciem ſalis ſapore nitri cum quadam amaritudine: Reperiri foſſilem in littoribus maris, & factitium, quod teſte Raſi
inter genera nitri continetur, ſigillo imprimi ſolitum: alij
ex impuberis vrina factitari tradiderunt commodum ad aurum glutinandum, qua in re Chryſocollam antiquorum ſignificat. Quamuis autem Arabes lapidoſi nitri mentionem
faciant, non tamen is borax videtur, quem crudum vocari
diximus: hic enim non ſoluitur, neque ſaporem vllum præ
ſe fert ſed vſtione, & præparatione mordentem ſaporem acquirit. At nitrum quamquam lapidoſum, quale circa memphim.

phim faxeis tumulis addenfatum fcribit Plinius: faporem
tamen falfum & amarum poffidet. Serapioni fal petrofus,
& apud chimicos fal petræ vocatur. Galenus 4. Simpl. 11.
etiam inter aphronitra quædam effe teftatur duræ, & craffæ
effentiæ: quæque nec facile liquari in aqua poffint: fed hæc
improbari. Sal Armeniacus, & Armoniacus, vt vulgo appellatur, ob nominis vicinitatem Ammoniacus creditur, de
quo inter fales foffiles diximus. Eft fal acutiffimus, vel potius nitrum, quo chimiftæ vtuntur ad fublimationem argenti viui, & folutiones metallorum. Fit ex quinque partibus
vrinæ humanæ, & parte vna falis communis, & parte dimidia fuliginis lignorum, his fimul coctis vfque ad confum-
ptionem humiditatis, reliquum fublimatur in falem Armoniacum, hunc iterum in fudore diffoluunt & congelant & a
fale communi fublimant, & eft optime præparatus, vt Chimiftæ docent. Adfertur ex Germania candidus tranlucens
figura placentæ nigredine quadam obductus, acerrimi fa-
poris. Sunt qui in Armenia fieri teftantur ex vrina Chame-
lorum vnde Armeniacus vocatur. Arabes genus quoddam nitri optimum ex armenia quondam afferri folitum
tradunt. Pofteriores falem Armoniacum interprætati funt
apud Serapionem quod Huxander feu Nufader vocat: falem
candidum purpureum, rubrumue, qui extrahitur e lapidibus maxime duris, & translucidis: guftu falfo & fumme mordaci ad quartum gradum caliditatis accedens, vi attenuan-
di, exterendi, euocandi ex alto remedium ad columellam
laxatam, & anginas. Qui vitra conficiunt, fuum quoque
genus habent nitri, fine quo harena non glutinatur in vitrum. Vtebantur quondam nitro Aegyptio, quod ingentibus glebis lapidofis tranfuehebatur: vt colligere licet ex
prima vitri inuentione, quam tradit Plinius. Mercatores
enim in littore quodam harenofo cum non adeffent lapides
ad conftruendum focum, glebas nitri cortinis fubdidiffe fe-
runtur: his igne liquatis, & harenæ permiftis fluxiffe tranf-
lucentes nobilis liquoris riuos, quæ prima fuit vitri origo.

Sed noſtris temporibus ad id alio genere nitri vtuntnr, quod
ex frutice quodam ſalſuginoſo cremato conficitur, ſodam
vocant : Futicem exiſtimant eſſe Vſnem, & Cali apud Arabes vocatum, vnde ſal Alcali ab ipſis vocatur. Affertur ex
Hiſpania ingentibus glebis cinereis aut nigricantibus præ-
duris. Quod autem in confectione vitri ſeparatur liquidum,
frigore congelatum lapidoſumq. colore candido, ſapore perquam acri, ſal vitri appellatur, quo vtuntur pro ſapone ad
pannos purgandos, & ad faciem mundandam. Nitra igitur
tum naturalia tum factitia explicata ſunt.

C A P. X X I.

ALumen Græce Stypteria ob vehementiam ſaporis a-
ſtringentis appellata eſt : eiuſque plura genera apud
antiquos recenſentur, omnia natiua, ex aqua limoque, vt
Plinius inquit, veluti ex ſudantis terræ natura. Nam hyeme corriuatum æſtiuis ſolibus maturatur. Quod fuerit ex eo
præcox, candidum fit ; hoc liquidum vocatur, vtiliſſimum
lanis inficiendis claro colore. Eius probatio, vt ſit lympi-
dum lacteumq. ſine offenſis fricantium, cum quodam caloris
igniculo. Dioſcorides inquit : æquale vndiquaq. ſuccoſum
ſine lapidibus, ſpirans igneum quid. Vidimus hoc veluti
lutum candidum, quod vetuſtate in glebas candidas tranſit,
quas ſi fregeris, partim in capillamenta concreuiſſe conſpi-
citur, partim in grummos. Quamuis autem liquidum ap-
pelletur non tamen fluidum eſt, ſumi enim pilulis confor-
matum teſtatur Plinius contra lienis vitia, & ad pellendum
pruritum, & ſanguinem per vrinam. Alterum genus concretum eſt varia figura : vnum in capillamenta quædam caneſcentia dehiſcit, quod Schiſton Græci ideſt ſciſſile vocant.
Hoc Dioſcorides tanquam optimum primo loco deſcribit,
intelligitur veluti flos gleboſi aluminis ; probatur recens,
candidiſſimum, guſtu per quam aſtringens, graue olens,
calculorum expers, nec glebuloſe, aut aſſuloſe compactum,

ſed

sed sigillatim in capillamenta quædam canescentia dehi-
scens, quale est quod trichites id est capillare vocatur, in
Aegypto natum. Adulteratur lapide simili, idest Amianto, sed gustu facile discernitur. Hodie adulteratum pro le-
gitimo publice venditur: alumen plumæ vocant, alij florem
petræ: sed non soluitur in aqua, neque gustu astringit. Legitimum vidi prope loca ardentia & sulphurea quasi cinis sit
sulphuris combusti, glebis candidis valde astringentibus,
nunc mollibus, quod liquidum alumen est, nunc concretis
in filamenta, quod schiston dicitur, nunc grummosis, aut
spongiosa facie veluti bullis extuberantibus, quod rotundum vocatur: omnia in ijsdem locis, quod & Dioscorides
testatur: in Aegypto enim omne genus, & in ijsdem metallis inueniri. De Rotundo inquit: assumendum quod suapte
natura rotundum est, non manu confictum, bullis turgens
instar Pompholygis, albo propius, atque validius astringens,
præterea non nihil palloris cum quadam pinguedine præse-
ferens, sine harenis, friabile, quale in Melo insula, & Aegypto reperitur. Plinius Strongilem idest rotundum iner-
tioris facultatis: duas eius esse species: Fungosum atque
omnium ore dilui facile, quod in totum damnatur. Melius
pumicosum, & foraminum fistulis, spongiæ simile, rotun-
dumq. natura, candido propius, nec inficiens nigritia. Qua
in re considerandum magnam affinitatem esse inter genera
aluminum, & chalcanthi: nam præter similitudinem saporis, etiam vis inficiendi colore nigro tribuitur aluminibus,
vt Chalcantho & melanteriæ. De liquido enim testatur Plinius, sincerum nigrescere mistura succi mali Punici: de concreto inquit: pallidæ & scabræ naturæ galla infici: Hæc eadem videntur in Chalcantho, nam aut galla, aut mali punici corticibus atrum colorem efficit. De schisto præterea
inquit: hoc quoque fit ex lapide, ex quo & id chalcitim vo-
çant, vt sit sudor eius lapidis in spumam coagulati. Hinc
aluminum diuisio in candidum, & nigrum exigua coloris
differentia: magni vsus, quoniam inficiendis claro colore

lanis

lanis candidum, liquidumq. vtiliſſimum eſt. contraq. fuſcis,
aut obſcuris nigrum : & aurum nigro purgatur. Hæc Plinius.
Hodie in cofectura chalcanthi ſpumoſa quædam ſubſtantia,
effloreſcit extra vaſa , quæ concreſcit ſpongioſa facie colore
pallido, cuperoſam vocant . Reperitur & albicans plumo-
ſa intus ſubſtantia. Reſudant quoque ſponte omnia genera in Ilua, vbi chalcitis reperitur & melanteria, & tandem
vbi lapis ærarius continetur, quem chalcitim Plinius vocat :
cuius exemplo non inepte hodie cuperoſam vocant, non ſolum chalcitim, & congenera eius, ſed etiam alumina ipſa
natiua ; Effloreſcunt enim magna ex parte ex lapide ærario
cui multa eſt vis ſulphurea : quæ cremata ſaporem acerbum,
& acrem reddit. Galenus addit aſtragalotem, ideſt talarem,
quaſi anguloſa conſtet figura inſtar Tali , non rotunda : &
placitem quaſi cruſtoſum : & Plinthitem laterculi effigie.
Omnibus ineſſe vim aſtriugendi vehementiſſimam , ideo
craſſarum partium : tenuiori tamen quodammodo ſubſtantia conſtare ſchiſtum, deinde Rotundum , & Aſtragalotem :
admodum craſſa liquidum, Placitem, & Plinthitem. Dioſcorides vim calefaciendi tribuit, ſtringendi & expurgandi :
quod non mirum : nam cum aſtrictione acredinem poſſidet
mordentem quam ob vſtionem acquiſiuit . Hodie pro aluminibus naturalibus ceſſit in vſum factitium, quod vulgo
alumen Rocchæ appellatur, & Chimicis glaciale, quia inſtar glaciei coagulatum eſt. Conficitur ex cremato lapide,
quodam in agro Romano prope Tolfam . Cæditur inibi lapis prædurus candicans, qui mollior eſt, ſubrubens qui durior. Vnde aluminis duo genera, candidum ſubrubenſq.
oriuntur. Vſtus hic lapis fornacibus, pluribus diebus irri-
gatur, donec in lutum tabeſcat : qui iniectus feruenti aquæ
ſubſtantiam aluminoſam deponit, quæ a fæcibus defæcata
concreſcit in ligneis receptaculis ad ſimilitudinem cryſtalli
anguloſum nucis craſſitudine pellucidum: candidum ſericis,
& lanis tingendis claro colore expetitur : Ruſſum acrius eſt.
Hoc quoque medici vtuntur ad vlcera putrida , gingiuas &
vbicumq.

vbicumq. aftrictione vehemēti opus eft: Vrunt quoq. donee
bullas non attollat, fic enim pumicofum redditur, cuius puluis exterit fupercrefcentem in vlceribus carnem, & ad cicatricem ducit. Cuperofa autem quidam vtuntur etiam in-
trinfecus ad venena, & peftem: præcipue candida, quod alumen liquidum effe diximus: hoc enim propinari interius ex
Plinio habemus. Multa alia hodie recenfent inter alumina:
vt alumen plumæ, quod amiantum effe diximus, alumen
fcaliolum, qui lapis eft fpecularis inter genera Gypfi: alumen Catinum quod vulgo Sodam vocant inter nitra factitia: alumen fæcis, quæ fęx vini eft combufta inter nitra factitia: alumen Zuccharinum, quod ad mulierum dealbationes componitur ex alumine Rocchæ, ouorum albumine, &
aqua rofacea. Alumen Iamenum Arabes intelligunt Sciffi-
le Diofcoridis.

CAP. XXII.

CHalcanthrum a Græcis appellatum quafi æris efflore-
fcentia: a Latinis Atramentum Sutorium vocatur,
quia eo coria tinguntur: aliud ab Atramento fcriptorio feu
librario, quod ex fuligine pictoria conficitur: & ab Atramento Metallico, quæ Melanteria dicitur. Diofcorides tradit humorem effe concretum aut fponte, aut arte: vnde
quoddam natiuum, quoddam factitium habetur: non vt
quidam interpretantur quoddam molle, quoddam concretum. Sponte quidem concretum in Cypro oriri, quod vel
guttatim humore in cuniculis diftillante in ftirias cōcrefcit,
vnde ftillatitium vocatur, quod optimum eft: vel in fpeluncis corriuatum transfunditur in fcrobes, in quibus concrefcit, quod Pecton ideft concretitium vocatur. Tertium factitium eft in Hifpania, quod Ephthon ideft percoctum dicitur, omnium inualidiffimum. Nam aqua materiam diluen-
tes decoquunt, dein in pifcinis transfufum finunt; donec
concrefcat, quod certis diebus fit racematim digefta. materia

ria in complura corpufcula teſſeris ſimilia. Optimum creditur cæruleum, graue, denſum, translucidum : cuiuſmodi
eſt ſtillatitium. Proximum concretitium. Percoctum ad
infectus, & denigrationes aptius eſt cæteris, ſed in medicina inualidius. Plinius in Hiſpania puteos eſſe & ſtagna habentia id genus aquæ : decoqui eam admiſta dulci pari menſura, & in piſcinas ligneas fundi. Dependere immobilibus
ſuper has tranſtris reſtes lapillis extentas quibus adhære-
ſcens limus vitreis acinis imaginem quandam vuæ reddit.
Exemptum ita ſiccari diebus triginta. Colorem eſſe cæruleum per quam ſpectabili nitore, vitrumq. eſſe credi. Di-
luendo fieri atramentum tingendis corijs. Hinc hodie vitreolum vulgo appellatur ob vitri ſimilitudinem. . De nati-
uo autem idem Plinius inquit. Fit & pluribus modis genere eo in ſcrobe cauato, quarum e lateribus diſtillantes hyberno gelu ſtirias, ſtalagmias vocant, nec eſt purius aliud.
Sed ex eo candidum colorem ſentientem violam leucoion
appellant. Fit & ſalis modo flagrantiſſimo ſole admiſſas
dulces aquas cogente. Ideo duplici quidam differentia.
Foſſile, & factitium appellant. Hoc pallidius, & quantum
colore, tantum bonitate deterius'. Hæc Plinius. Hodie
Cyprium raro adfertur, cum ſuppetant in magna copia quæ
in Italia conficiuntur, & ad tingendum efficaciora. Præ cæteris autem laudatur, quod Bagnareæ conficitur in agro Romano, vnde Vitreolum Romanum appellatur : colore viridi. Poſtea cæpit Maſſæ confici Romano longe pulchrius, &
efficacius, quod Cyprium colore imitatur, ex viridi, & cæruleo miſtum. Ex Germania quoque habetur coloris cærulei elegantiſſimi vt Cyprium, ſed ad infectum infirmiſſi-
mum. Ratio conficiendi in Italia eſt. Effodiunt lapidem
quendam mollem, vel potius terræ cuiuſdam glebas cinerei
coloris intermiſtis maculis viridibus, ac ruſſis : ſapore acerbo : odore viroſo foſſoribus noxio, ideo non cuniculis, ſed
in aperto ſolo fodiunt. Aceruos exponunt ſolibus, & imbribus per ſex menſes, & amplius, ſæpius verſantes, vt matu-

retur

retur Chalcanthi materia. Totidem alijs fub tecto feruant.
Tandem aqua foluunt, defæcant, & in vafis plumbeis coquunt: fola enim plumbi materia nequaquam corroditur
ab eius acrimonia. Inijciunt, & ferri, & Aeris ramenta, vt
foluta faciliorem coagulationem præftent. Coagulantur autem refrigerata, & transfufa ligneis alueis, vt alumen Rocchæ. Dum vero in aceruis maturatur, efflorefcit in cute
fubftantia quædam fpongiofa varij coloris, quam cuperofam
vocant: efflorefcit & extra vafa lignea, in quibus Chalcanthum coagulatur, tenuior eius fubftantia. In Ilua terræ funt
variæ Chalcanthum, & alumen continentes, quædam fub-
nigræ, quædam flauæ, quædam fubruffæ: aliæ candidæ, omnes fapore acerbo & acri. Similis fubftantia putanda eft,
quam Galenus fe vidiffe teftatur, in Metallis Cypri, ternas
fcilicet Zonas in fpecu, quarum infima erat Sory: altera
Calcitis: Media Mify. Aquam vero pluuiam totius collis
terram illam abluere: quæ collecta in profundo fpecus lacum viridem conftituebat, cuius aqua afportata in pifcinas
paucis diebus concrefcebat in Chalcanthum. Ex ea autem
terra fponte quidem fiebat Sory, Mify, & Chalcitis, & per
fornaces Aes, Cadmia, Pompholix, Spodium, & Diphri-
ges. Hæc Galenus. Sunt hodie qui Cremato Pyrite, Chalcantum extrahunt quod ferrum tingit colore æris. Ipfe vidi
ad lapidem ærarium fponte agglutinatum Chalcanthum
cryftalli modo candidum fentientem violas, & æruginem.
Vnde arguitur chalcanthi materiam ex Aere ortum duxif-
fe, quod & color viridis oftendit, in quem Aes putrefcens
conuertitur. Viridis enim eft aqua in Cypri fodinis licet
reddat cæruleum Chalcanthum. Viride eft Chalcanthum Italicum: fed omnia vetuftate immutantur extrinfecus aut in pallidum colorem, aut flauum, aut fubruf-
fum: quam conuerfionem Galenus in chalcitim fuiffe afferit ex Cyprio chalcantho. Vftum quoque calchanthum
rubedinem acquirit rubricæ fimilem. Miratur Galenus quo
pacto in hoc medicamento vehementiffimæ aftrictioni ad-

H   mifta

mista sit caliditas non mediocris. De hoc diximus in medi-
camentorum facultatibus. Omnium maxime humidas carnes condire & seruare potest incorruptas, nimirum caliditate humiditatem absumens., atque astrictione substantiam
contrahens, atque constipans. Constringit, desiccat, &
contrahit in sese totius carnis substantiam. Dioscorides crustam inducere ait. Exhibet quoque intrinsecus drachmæ pō-
dere ad latos vermes enecandos, & aduersus venena fungorum. Hodie per distillationem extrahunt liquorem acerrimum, quod oleum vitrioli appellant, cuius tactu abscef-
sus disrumpuntur : eiusdem gutta vna aut altera exaqua
hausta morbos pestilentes corrigit. Vstum calchanthum mitius redditur, imponitur præcipue ad sanguinem sistendum.

CAP. XXIII.

CHalcitis ab Aere cognominata, apud Dioscoridem
præfertur similis Aeri, friabilis, syncera, nec inueterata, inter cursantibus ob longis venis, splendentibusque.
Differentias præterea habere ex eo colligitur, quod idem
Dioscorides de eius vstione asserit. Quandam humidiorem
esse, quæ dum vritur, bullas excitat, & tandem inarescit.
Alias sicciores, quarum modus vrendi est, donec floridum
colorem contraxerint, nempe rubricæ in profundum, aut
luteo colore pallescant. Sed apud Galenum t. de Antid. c. 15.
ex modo vstionis colores variantur. Nam cum in olla absque
operculo super carbones ardentes ponitur, liquescit, & leuissima spumosaque eius pars innatat. Si igitur statim ab
igne eximatur non perflatis carbonibus colorem non mutat
alioqni emergeret luteus, flauusue color, eo autem modo
seruatur chalcitis pristino colore, quam partem in Theriaca assumendam esse vult, scilicet viridem, aut cineream,
qualis accepta est : dummodo in spumam fuerit elata, quæ
modica erit : hæc enim Theriacam reddit nigram, quod expeti solet. Inueteratam autem chalcitim transire in Misy,
idem testatur 9. Simpl. extimis scilicet partibus in flauum

conuer-

conuerſis. Ex quibus interpretari licet ſimilitudinem Aeris
apud Dioſcoridem intelligendam eſſe, ob colorem viridem
non rubentem, rubedinem enim ex perfecta vſtione acquirit. Quamuis autem Aes nitidum colore rubenti conſtet, ne-
glectum tamen ob Aeruginem contrahit viriditatem. Erit
igitur chalcitis optima quod calcanthum viride diximus,
ſed natiuum. Nam Vitriolum Romanum factitium eſt: non
tamen a conditionibus natiui diſtat: nam vetuſtate flaueſcit
exterius, in igne attollitur in ſpumam, & tandem rnbricæ
colorem aſſumit: tingit præterea colore nigro antequam
perfecte vratur. Sed apud Plinium chalcitis eſt lapis Aera-
rius, ex quo eradi inquit, æruginem ſcoleciam: & ipſum æs
coqui. Cædi non e ſubdialibus petris, vt Cadmiam, ſed ex
obbrutis: continere tria genera æris, Miſyos, & Soryos.
Exquibus patet alium eſſe lapidem chalcitim apud Plinium,
a chalciti Dioſcoridis. Cum vero inquit. Chalcitis friat ſe
ſtatim mollis natura vt videatur lanugo concreta: conſentit cum Dioſcoridis chalciti: non enim lapis eſt, ſed ſuccus
concretus: cum inuſtione, quæ humidior eſt, attollatur in
ſpumam, & liqueſcat, vt Galenus inquit. Idem enim contingit in alumine, & nitro. Cum præterea Plinius inquit:
habet autem æris venas oblongas, probatur mellei coloris,
gracili venarum diſcurſu, friabilis, nec lapidoſa, ſignificat
glebas chalcitis complexas æris venas, quæ mellei coloris
ſunt, & ſplendentes, vt Dioſcorides tradit: cum ſyncera
chalcitis viridis ſit, aut cinerea, vt Galenus teſtatur. Addit Plinius, recenrem vtiliorem eſſe, quoniam inueterata
Sory fiat: Galenus Miſy: quia vetuſtate ſiccior euadit, &
lapideſcit: vt contingere diximus nitro. Huiuſmodi autem
ſunt Sory, & Miſy. Suſpicatus eſt Galenus Sory longo tempore mutationem in chalcitim poſſe accipere. Eſt apud me
chalcitis lapis ex Germania durus, & ponderoſus cui effloreſcit exterius quid cinerei coloris, interius autem ſubliui-
dum colorem præ ſe fert: in meditullio ſubrubens, & macu-
loſus eſt: ſapore acerbo & mordente. Videtur hic Sory con-

tinere,

tinere, quod subliuido colore spectatur. Vitriolum igitur viride, & candicans ad genera chalcitis reducimus ex Galeno. Facultates habet mistas astringentem & acrem, sed vincit acris, quæ adeo vehemens est, vt carnem vrat, & crustam efficiat. Sed vsta mitior euadit, nam minus mordicat, non tamen minus desiccat. Ex chalcite addita Cadmia in aceto sub sole ardente caniculæ quadraginta diebus fiebat medicamentum Psoricum appellatum apud Dioscoridem & Plinium, sed apud Galenum addito litargyro, quod minus chalcite mordicat.

CAP. XXIIII.

MIsy apud Dioscoridem chalciti affine est, & viribus, & visione. Laudatur Cyprium auro simile, durum, quod friando auri colorem imitatur, & stellæ modo splendet. Aegyptium autem in cæteris efficacius, sed ad ocularia medicamenta præstat Cyprium, Galenus 9. Simpl. testatur vidisse in Cypro Zonam Misyos longissimam in specu supra chalcitim: non constare magnis glebis, vt chalcitis, sed diuidi in parua frustula ægrius quoque liquescere quam chalcitis, quia siccius: efflorescere super chalcitim vetustate, vt Aerugo super æs. Plinius ex chalcite lapide fieri asserit concretum natura discretumque, & optimum in Cypriorum officinis, cuius notæ sunt: friati aureæ scintillæ, & cum teratur harenosa natura siue terra chalciti similis: Hoc autem miscere, qui aurum purgant. Hodie vulgo non cognoscitur: reperitur tamen in fodinis chalcanthi: habemus ex Ilua glebas friabiles aurei coloris punctis ad solem scintillantibus, sapore valde acri & acerbo: Alterum genus ex Germania colore intus ex luteo vergente ad viridem, vt videatur chalcitim æmulari: Aliud quod per vetustatem ex vitriolo Romano transiuit in Misy scintillis caret, & dilutiori colore spectatur. Vires habet similes chalciti, ac tenuiorum est partium vt Galenus tradit.

CAP.

CAP. XXV.

MElanteria non multum diſcedit a Miſy: nam lutei coloris eſt, vt ſulphur, at ſcintillis caret. Inquit Dioſcorides. Quædam in faucibus cuniculorum, quibus æs eruitur, ſalis modo concreſcit: alia in ſumma facie ſupradictorum locorum coit, quæ terra eſt. Reperitur & foſſilis in Cilicia & alijs quibuſdam locis. Præſtat quæ ſulphuris colorem trahit, læuis, pura, æquabilis: & quæ contactu aquæ ſtatim nigreſcit. Vim craufticam obtinet eandē, quam Miſy. Galenus omnia propemodum aſtringentia tenuitate exuperat. Hodie hanc habemus effloreſcentem ſuper aceruos terræ, ex qua vitriolum extrahitur, inter cuperoſas. Subſtantia eſt fragilis, cruſtoſa, ſublutea, aut varia ad cinereum vergens, quæ facile in aqua liqueſcit, nigredinem autem non gignit madefacta, niſi ferueat. Hinc Melanteria quaſi atramentum appellatum eſt.

CAP. XXVI.

SOry exiſtimatum eſt Melanteriæ ſpecies, vt Dioſcorides tradit, neque enim abſimile eſt: ſed differt, quia Sory virus graue elet, nauſeoſumque eſt. Præfertur Aegyptium, quodque frianti nigrius apparet, in multa foramina dehiſcens, ſub pingue, aſtringens, & olfactu ac deuoratione magnum virus olet, & ſtomachum ſubuertit. Quod autem friatum ſcintillas vt Miſy non emittit, alterius generis eſſe & inualidum cenſendum eſt. Vim & vſtionem ſupradictis ſimilem habet. Hæc Dioſcorides, Galenus 9. Simpl. inquit eiuſdem generis eſſe, & facultatis cum chalciti, & Miſy: & oriri in eiſdem locis: ternas enim zonas ſimul iunctas vidiſſe in metallis Cypri, quarum infima erat Soryos, ſuprema Miſyos: media chalciteos. Eſſe autem Sory craſſiſſimum nec liqueſcere, quia lapidoſius ſit & vehementius compactum:

Plinius

Plinius ſpongioſum eſſe tradit, trituque pinguiter nigreſcens, & cætera vt Dioſcorides. Hodie habemus inter cuperoſas, quæ ſpongioſa eſt, prædura colore luteo punctis ſcintillantibus: aliam colore cinereo, quæ nequaquam ſcintillat, ad alumen rotundum accedens. Reperiuntur vbi conficitur chalcanthum: diſcernuntur a cæteris odore viroſo. Prædicta autem omnia corpora humore liquabilia ſunt quamuis alia magis, alia minus: facilius, vel difficilius.

CAP. XXVII.

SEquuntur ea, quæ oleo ſoluuntur, vt ſulphur bitumen, & congenera his: eadem ex pingui exhalatione conſtare dictum eſt, ideo exhalabilia ſunt & etiam inflammabilia, Quædam eorum liquida ſunt in genere Bituminis, retinent enim humiditatem aeream vt oleum: Quædam ſicca, vt ſulphur, ſed a calido molleſcunt inſtar ceræ, & picis. Cum enim eorum humiditas non ſit aquea non dicuntur proprie liquari, vt metalla, & glacies, ſed mollificari tantum 4. Meteo cap. 9. Indurantur enim a frigido. Nam vt vapor refrigeratus in aquam aut corpus Metallicum conſtat: ſic exhalatio quádiu aeream humiditatem ſeu pinguedinem vſtibilem habet, refrigerata in ſuccum pinguem oleoſum aut durum vertitur: Combuſta autem ex toto pinguedine concreſcit in terram aut ſales, aut lapides illiquabiles, quorum nulla exhalabilia ſunt, nec inflammabilia. Quædam tamen ambigua ſunt, continent enim exhalationem ſecundum partem combuſtam, non ex toto: vt ſalnitrum, terra Ampelitis, & inter lapides Pyrites, Gagates, & alij, & inter Metalla Aes, flammam enim reddit ſulphuream.

CAP. XXVIII.

SVlphur Græcis Thion, forte quia res diuina iudicaretur: ná in religione ſuffiri ſolitum ad domos expiandas

poten-

potentissima res in natura. Fulmina enim & fulgura sulphur
olent. Terræmotus, euersionesq. atq. incendia subterranea
ex eo potissimum fiunt. Hinc ars tormenta illa bellica exco-
gitauit, quibus resistere nulla vis potest. Pulueris enim compositio, quæ momento ignem vehementissimum concipit,
quo globi ferrei, aut plumbei imitatione sulminis impellun-
tur, ex sulphure constant. Duo autem genera sulphuris ponit Dioscorides. Viuum, quod Græci Apyron vocant idest
ignem non expertum, non enim eo eget ad superflua sepa-
randa, cum purum nascatur, solidum, glebosum, quo solo
medici vtuntur. Effoditur hoc translucetque & viret, vt
Plinius inquit. Sed forte legendum, nitet, ex Dioscoride:
de hoc enim inquit optimum Apyron, & colore nitens,
translucidum, syncerumq. Hodie huiusmodi raro visitur:
vidi electro simile pallidius, & ad viride inclinans. Quod
frequentius est in genere viui, cinerei coloris est, aut nigricantis minime translucidum. Effoditur glebis, vtuntur eo
fullones. Hoc videtur Plinius intellexisse, cum inquit: Alterum genus appellant Glebam, fullonum tantum officinis familiare. Quod autem ignem expertum est Pepy-
romenon Græci vocant, quia igne perficitur, oleo in-
coctum, vt Plinius refert. Probatur apud Dioscoridem,
quod viret, & præpingue spectatur. Hodie dnas eius habemus differentias colore, & figura: Quod pallidius est & figura panis congelatum, virgineum vocant, quia eo vtuntur
Virgines suffitu ad capillos ruffandos: lanis candorem, &
mollitiem affert. Plinius Egulam appellat hoc genus. Quod
autem viret magis tereti figura, quia in fistulas harundineas
transfusum concrescit ea figura, quarto generi Plinius ascri-
bit ad Ellychnia conficienda maxime vsurpatum, proinde
quidam Cauton vocant, vt Hermolaus tradit. Conficitur
in pluribus Italiæ locis: in Senensi, Volaterrano, Puteolano, alijsque. Effoditur impurum terræ, aut lapidi commi-
stum: quoddam pumicosum, tenuibus scintillis emicans ad
solem: aliud densius intermistis partibus luteis, aliquando
translu-

translucidis, vt pote purioribus, quale Apyron deſcribitur. Quoddam cinerei coloris. Separatur autem ſulphureus liquor ab aliena ſubſtantia fictilibus vrniſignem in fundo tantum ſentientibus: ſic enim ſublimatur purior eius ſubſtantia, quæ cum aſcenderit ad ſuperiorem vaſis regionem, per roſtrum deſcendit in aliud vas recipiens olei modo liquata : inde egreſſum habens in locum frigidum coit varia figura. De ſulphure multa Chimiſtæ prædicant: eſſe metallorum principium tanquam ſemen maſculi ad argentum viuum coagulandum : ſecundum varias conditiones. Nam ad auri & argenti generationem requiri ſulphur incombuſtibile album vel rubeum, quod enim combuſtibile eſt, omnia denigrare, & in igne abſumi. At id genus ſulphuris, quod non comburitur, & fuſionem præſtat metallicam ipſis ſolis notum eſt inter eorum arcana. Tentarunt multi varijs præparationibus ſulphur in eam naturam conuertere, ſed omnes deluſi ſunt, aut enim pinguedo illa combuſtibilis non deleta eſt: aut ea deleta inueniunt aluminis quoddam genus aut chalcanthi ortum eſſe, quibus alia fuſio eſt, quam metallica. Sublimatum cum argento viuo in pigmentum rubicundiſſimum vertitur, quod Cinabrium vocant pictoribus vtile. Eadem per decoctionem in cæruleum elegans conuerti compertum eſt, cum Aere autem in Violaceum. Per ſe eius flamma ſi vitrea concha ſuperpoſita recipiatur, in liquorem acerrimum vertitur, quod oleum ſulphuris vocant, ijſdem viribus cum oleo chalcanthi. Sulphur in medicinis vim habet calfaciendi, attrahendi : venenatorum ictibus impoſitum ex aceto venenum trahit. Præterea abſtergit, vnde ſcabiem ſanat cum reſina illitum. Propinatur quoque ad purulentos: ſuffitu grauedines tollit, & lethargicos excitat. At eius nidor comitiales irritat.

CAP.

AVri pigmentum ab aureo colore dictum a Græcis Arsenicum vocatur : sed hodie hoc nomine intelligimus ipsum auripigmentum toties cum sale sublimatum donec candidum reddatur, inter venena erodentia, & putrefacientia validissimū : ex eo quoddam in præparatione perspicuum redditur in similitudinem crystalli, vnde Arsenicum crystallinū vocatur chimistarum inuentum. Cum enim eius fumus Aes inficiat colore argenti : sperauerunt varijs præparationibus adhibitis firmam transmutationem efficere, difficilius enim comburitur, quam sulphur. Duo autem auripigmenti genera tradit Dioscorides : vnum coloris aurei crustosum, squamis inuicem hærentibus, non permistis cum aliena materia, quod optimum est, quale in Misya Hellesponti nascitur : Alterū glebosum (βωλῶδές non ϛαλατῶδές, idest glandis effigie, vt quidam legunt) & ad Sandarachæ colorem accedens, quod ex Ponto & Cappadocia affertur deterius altero. Plinius tria genera facit. Quod optimum coloris etiam in auro excellentius. Quod vero pallidius, aut sandarache similius est deterius existimatur. Est & tertium genus, quo miscetur aureus color Sandarachæ. Vtraque hæc squamosa : illud vero siccum purumque gracili venarum discursu fissile. Hodie tam primum, quam tertium genus pictoribus notissima sunt, vulgo appellant orpimentum : At secundum genus, quod nequaquam ex squamis aureis compactum est, sed glebosum & pallidius, vulgo appellatur Risagallum, quo aurifices vtuntur. Glebæ sunt candidæ, & subrubentes zonis cinereis discurrentibus, graues. Traduntur ex impuro auri pigmento igne separari, inter venena putrefacientia. Torreri inquit Dioscorides, donec mutet colorem, scilicet flammeum, & rubeum assumat, qualis in Sandaracha est. Vim habet astrictoriam, & erodentem, crustas molitur cum vehementi cruciatu. Galenus in vsu esse ad Pilos auferendos.

I   CAP.

CAP. XXX.

S Andaracha ex Dioſcoride reperitur in eiſdem Metallis, vbi auri pigmentum, ſcilicet in aurarijs, & argentarijs: vt Plinius teſtatur. Probatur ruſſa, & ſaturatior, friabilis, & pura: ad cinnabarim colore accedens, odore ſulphuris: cuius eadem vis & vſtio vt in auri pigmento. Hodie raro reperitur ſola, ſed plerumque admiſta cum auripigmento ſquamoſo, quale tertium genus poſitum eſt a Plinio. Subſtantia enim rubens & florida, Sandarachæ intermiſta eſt cum aureo colore auri pigmenti: alia vero eſt Sandaracha factitia, apud Plinium exceruſſa cocta, quæ Sandyx a Dioſcoride vocatur, de qua alibi dicitur. Aliud quoque eſt apud Arabes Sandarax, ſcilicet gummi Iuniperi, quam vernicem vulgo appellant: Dioſcorides Sandaracham tanquam mitiorem auri pigmento exhibet intus ad purulentos, & fumum eiuſdem laudat hauſtum ad veterem tuſſim. Auicenna in cura Icteri propinat Arſenicum. Nicolaus Alexandrinus in Athanaſia maiori recipit auri pigmentum. An venena caſtigata multa, Alexiteria redduntur, vt Viperinæ carnes in Theriaca? quidam geſtant ſacculum ex auripigmento, vel Arſenico ſupra cordis regionem in peſte, ad arcendam vim tabificam a corde: extrahit enim virus & prauos vapores abſumit.

CAP. XXXI.

B Itumen Græce Aſphaltos, vnde Aſphaltites lacus in Iudea cognominatus, quia Bitumen fert & inter trifolia Aſphaltite, quia Bitumen redolet: ſubſtantia eſt igni familiariſſima vt ſulphur, tenuior, & leuior. Ideo naturæ viuentium minus aduerſa, virent enim plantæ quædam, vt Fraxinus iuxta fontem igneum Bituminis teſte Plinio: fundunt

dunt etiam arbores quædam Bitumen vt apud nos Betulla,
& Populus: & in India quæ camphoram reddunt. At ſulphuris halitus omnibus viuentibus pernicioſus eſt, maxime
autem auripigmenti. Peculiare in Bitumine, accendi aqua,
extingui tantum terra, vt Plinius tradit de Maltha: etiam
oleo, vt teſtatur Dioſcorides in Thracio lapide: ferunt quoque extingui ſulphure, viſco, aceto. Quod non paruam admirationem affert. Ardent enim continue multa loca, vt mons
Aethna in Sicilia, mons Chimera in Phaſelide, & in Italia
complura loca, quæ imbribus flammam emittunt maiorem:
& quod magis mirandum in Licia montes Epheſtij igne tacti flagrant, adeo vt lapides quoque riuorum & harenæ in
ipſis aquis ardeant, aliturq. ignis ille pluuijs. Fontes quoque ignei viſi ſunt: nam in agro Mutinenſi fons eſt Bituminis liquidi aquæ ſupernatantis, qui ſtatis quibuſdam temporibus exit igneus: Mirum igitur ignem hunc cum aqua
gaudere, cum cæteri omnes ab aqua extinguantur: Adhuc
magis mirandum, quæ reliquos ignes nutriunt, hunc extinguere, vt oleum, ſulphur, palea, fimum, vt docet experientia. An quod auidiſſime ignem rapit, ab aqua irritatur magis, quam vincatur? patet id in oleo, quod in Sartagine
adeo feruet, vt combuſtioni proximum ſit. Si enim aquam
inſtilles accenditur: quod ſi ardenti oleo aut pici, aquam
ſuperfundas flammam augebis: antiperiſtaſim enim facit,
vt in calce. At ſi addantur quæ familiaria ſunt, ſiue combuſtibilia, vt oleum ſulphur, paleæ: ſiue incombuſtibilia, vt
terra, fimum, facile coniunguntur: ſiccitate enim conueniunt cum igne & ſua frigiditate extinguunt, priuſquam ab
igne illo accendantur: quod enim tenuius eſt citius commutatur. Bituminum genera complura: nam alibi limus, vt in
Iudeæ lacu: alibi terra, vt in Syria circa Sidonem, quæ terra Ampelitis dicta eſt: quoddam liquidum veluti oleum,
aliud molle aliud durum, aliud etiam in lapidem addenſatum eſt. Sed quæ in lapidem tranſierunt, inter lapides explicabuntur, vt de Ampeliti inter terras. Reliqua genera

tum

tum liquida tum ficca hic perquiremus. Liquidum igitur, quod olei inftar fiuit, traditur in Agragantino Siciliæ fontibus innatare, quo ad lucernarum lumina vice olei vtuntur, vnde oleum Siculum quidam appellant, vt teftatur Diofcorides: ad fcabiem iumentorum laudat Plinius. Simile in Italia habemus in agro Mutinenfi, quod petroleum vocatur quoniam e petris ftillat, odore validiffimo, colore ruffo, aut candicante. Hæc uetuftate & coctione incraffantur. In Germanico mari tradunt & Ruffum, & fuluum, & mellei coloris inueniri. Inter liquida reponit Diofcorides Naphtham: effe enim Babilonij Bituminis liquamen colore candidum, inueniri & nigrum, cui uis adeo ignium rapax, ut ex fpatio protinus flamma in illud tranfiliat, ob id procul abeffe ab omni vfu teftatur Plinius. Poffidonius exiftimauit Naphtham candidam fulphur effe liquidum ignium rapaciffimam: nigram uero liquidum bitumen olei uice. Qui autem ueluti limus eft in Iudeæ lacu fupernatans, Bitumen Iudaicum uocatur, quod coeteris ante ponit Diofcorides: feligit autem quod purpuræ modo fplendet, ponderofumq. eft ac ualidum odorem uibrat: nigrum autem & fordidum uitiofum effe: adulterari Pice. Gigni etiam in Babilone, Zacintho, & Sidone, quod pice adulteratum eft, leuius effe tradit Plinius. Aliud genus in Apollonio Epiri, quod Piffasphalthum uocatur, quia redolet picem Bitumini miftam: deuolui fluminis impetu ex montibus Ceraunijs & in littore cogi in glebas teftatur Diofcorides. Sed omnia hæc Piffasphalthum appellari tradit Plinius ex argumento Picis & Bituminis. Galenus omnia nomine Bituminis vocat: effe ex ijs, quæ in aqua Marina proueniunt, & in alia quapiam quæ non eft marinæ diffimilis, vt in Apollonio Epiri, & per alia id genus loca multa aquis fponte nafcentibus innatare ceu fpumam: & molle quidem affe, dum innatat, poftea vero reficcatum Pice ficca durius effici. In Comagene vrbe famofata ftagnum effe tradit Plinius emittens limum (Maltham vocant) flagrantem: cum quid attingit folidi adhærere: præ-

re: præterea tactum sequi fugientes: sic defendisse muros
oppugnante Lucullo: flagrabat enim miles armis suis. Est
autem proprie Maltha cementi genus tenacissimum, & duriciem lapidis antecedens, quod fieri solebat ex calce recenti vino extincta, mox tusa cum adipe suillo, & ficu, duplici
linamento, vt quod malthatur, oleo perungatur ante. Bitu-
mem autem id, quod hæret, & lapidescit, cementi vice
vsurpatum est, quo muri Babylonis constructi traduntur, vnde maltha appellata est. Bitumen, quod in lacu Iudeæ nascitur, adeo sequax & lentum traditur, vt auelli nequeat,
præter.quam filo, quod menstruum mulieris infecerit. Foditur alicubi Bitumen addensatum, quam picem fossilem
vocat Theopompus: fodi, & in Pannonia ceram fossilem.
Hodie Venetijs venditur Bitumen pro Iudaico, pici adeo simile, vt vix discerni queat, nigerrimi coloris, sed splendidi, pice durius, maiori igne egens ad sui mollificationem :
& odore validius: Suspitio est Pissasphaltum esse: affertur
enim magna copia ex Valona, quæ Apollonia Epiri censetur. Vtuntur cum pice ad naues picandas. Afferri etiam
aiunt, ex Dalmatia. In Germania coquunt Bitumen liquidum donec spissetur & siccum fiat, quo Bituminis Iudaici loco vtuntur. Vires Iudaici & consimilium exsiccandi, & calfaciendi in secundo ordine, vt Galenus tradit. Glutiuat vulnera recentia, & sanguinolenta, cuius gratia Emplastrum
barbarum ex co conficitur. Exhibetur & intra ad dolores laterum & cox endicis, ad grummos sanguinis dissoluendos,
& ad alia multa, apud Dioscoridem. Pissasphaltum autem
mistas habet facultates Picis, & Bituminis, vt Dioscorides
testatur. Plinius Pissasphaltum arte mistum prædicat remedium ad scabiem pecorum, aut si fœtus mammas læserit.
Petrolei autem caliditas vehementior est, & tenuium partium : Dioscorides laudat Naphtham ad dissoluendas oculorum suffusiones, & abstergendas eorundem albugines.
Arabes pollere testantur ad flatus dissoluendos, præcipue
vesicæ, & morbos frigidos membrorum, propinari parū præcipue

cipue eius quod candidum est ad tussim antiquam, Asthma, vesicæ flatus, & dolores frigidos articulorum: datur scrupulus vnus vsque ad duos, sed ne partes exurant, dilui ex aqua, aut iusculo debet. Nigrum Ascarides interficit, cum lana impositum. Quæ de Naphtha scribuntur, nostro Petroleo conueniunt.

CAP. XXXII.

M Vmia apud Arabes & pro Pissasphalto accipitur, & pro mistura, qua condiri cadauera solebant, ne in sepulchris putrescerent. Constabat autem communior ex pice, & Bitumine, vnde Pissasphalthos dicta est. Nobilior autem ex Mirrha & Aloe atque alijs aromatis. Huiusmodi igitur misturæ cum sanie cadaueris tempore exsiccatæ in medicinis assumptæ ab Arabibus, Mumiam vocantibus. Reperitur hic liquor concretus iuxta ossa modo niger odore Bituminis, modo subflauus pro ingredientium mistura. Effodiunt integra cadauera harenis condita in Africa, & linteis inuoluta: quorum caro ob vim misturæ concreta est. Laudant in potu & extrinsecus ad varias corporis affectiones frigidas, ad dolorem capitis antiquum, paralysim vertiginem, Epileptiam, singultum, Cardiacam, tussim, sed præcipua dos in sanguine sistendo, & consolidandis membris confractis. Ideo datur præcipitatis ex alto; quæ facultas in Bitumine est. Ex substantia autem cadaueris affinitatem contraxit; cum partibus corporis humani. Sunt qui pro Bitumine Iudaico accipiant non ab re, illis enim maior copia est Bituminis, quam picis, vt cum pice adulterare, dispendium sit. At in eum vsum non caro cadaueris, sed quod in cauitatibus concretum est, conuenit.

CAP.

CAP. XXXIII.

EXtant & genera Bituminis odorata, vt Canfora, Ambra. Si enim Canfora res Metailica eft, vt quidam putant, profecto cum Bitumine conuenit, præcipue cum Naphtha: eft enim ignium rapaciſſima, at non liquida, ſed gummi modo coagulata colore candido, adeo exhalabilis, vt facile ac ſponte in halitum diſpereat, niſi diligenter loco frigido aſſeruetur. Affertur ex India Orientali. Arabes traduut eſſe lachrimam arboris Indiæ. Idem confirmant, qui hodie ex Luſitania ad illa loca nauigarunt. Nuper de ea ſcriptis mandauit Garzias ab Horto pro Regis Indiæ medicus: teſtatur hic vidiſſe arboris tabulas Camforam reſudantes. Idcirco de ea nos inter lachrimas arborum diximus. Sed quoniam duplex Camforæ genus traditur, vnum præcioſius, quam Camforam de Burneo vocant ex loco Indiæ, minutis granulis, aut bolis drachmam non excedentibus: Alterum de Chinna vilius, orbiculis, ſeu panibus coactum pondere quatuor vnciarum aut amplius, quod genus ſolum aſſertur ad nos. Camfora chinenſis forte ex aliquo Bitumine extracta eſt artificio ſublimationis, vt ferunt Arabes, artificim enim indicat figura orbiculorum, ſed ex qua materia conficiant, incertnm eſt. Burnenſis autem omni artificio caret, & comperta eſt ex arboribus reſudare: nec abſumitur in exhalationem ſpontinam vt Chinenſis. Solere etiam adulterari admiſcendo paucam Burnenſem, cum multa Chinenſi vt eius augeantur præcia: longe igitur diſſert Burnenſis a Chinenſi. Nec iniuria forte Auerroes inquit, Camforæ genus eſſe, quod naſcitur in maris fontibus, aquis innatans, quæ Ambra dicitur ex genere ſuccini.

non eſt metalica

CAP. XXXIIII.

AMbra vulgo nomen commune eſt ad omne ſuccinum. Priuatim autem apud Arabes medicamétum eſt odoratiſſimum,

ratiſſimum, a recentioribus Græcis Ambar, a Latinis Ambarum vocatur, vulgo Ambracane & Ambragriſcia: Hermolaus Barbarus primus Succinum Orientale vocauit, ſca-
turiens, ex multis locis Bituminis, & ſulphuris modo veteribus incompertum. Forte autem non erraret, qui diceret
apud Plinium eſſe Aromatitem inter gemmas odoratas, quę
Myrrham colore & odore imitatur in Arabia & Aegypto
circa Piſas inuenta, vbique lapidoſa reginis frequentata: &
Myrrhites gemmæ minimæ facie, colore Myrrhæ, odore
vnguenti, & attrita etiam Nardi: Et Myrſinites, quæ colorem habet Melleum, odorem vero Myrti. Antacates, quæ
cum vritur, Myrrham redolet: Baptes mollis odore excellit: Zanthenes a Democrito ſcripta Electri colore, quæ trita vino Palmeo, & Croco lenteſcit ceræ modo, odore magnæ ſuaaitatis: oritur in Media. Omnia hæc & alia ex genere Succini odorati eſſe videntur. Ambarum ſcribit Serapio,
oriri in mari inſtar fungorum, quod poſtea vnà cum lapillis,
quibus adhæret, expellitur ad littus. At Auicenna, & Pſe-
lus ex fontibus in mari effluere teſtantur. Luſitani ferunt in
toto maritimo tractu Aethyopiæ reperiri etiam ingenti magnitudine fluitans: transferri ad littora ventis quibuſdam
flantibus in magna copia: exiſtimari ab ignaris Picem, aut
Bitumen, ſed varij coloris pro natuta terrarum: complecti
lapillos, conchilia, & alia huiuſmodi. Eſſe præterea piſces
ſcribunt ex genere Cetaceo, Azelas appellant, Ambari aui-
dos, quod poſtquam deuorauerint, ſtupidos reddi: ex quorum ventre ambarum extrahi: quod adhuc fabuloſum ne ſit
an verum, incompertum eſt. Eius tres notantur differentiæ,
Selachiticum ex Zeilam inſula Indiæ, ruffum & pingue,
quod cæteris præfertur. Alterum ex Sechra loco maritimo
Arabiæ Felicis, ſub albidum colore oui Struthiocameli, quale vt plurimum eſt, quod fertur ad nos: varium enim eſt maculis nigricantibus. Tertium omnium deterrimum, quod
nigricat, quale aiunt eſſe, quod piſces deuorauerunt. Huius quoque duplex faciunt diſcrimen: vnum in ventre reperiri,

*in Aſturias
periuir*

riri, deterius : alterum iuxta spinam dorsi, magis probatum
quia syncerum. Adulterari tradunt quodam genere facti-
tio, quod constat ex ligno Aloes, Styrace, ladano, resolu-
tis, & addito Mosco : aut alia ratione, & Benzoo, cera alba,
ligno Fraxini putrefacto, musco arborum addito Mosco aut
Zibetto. Sed fraus depræhenditur, quia facile mollescit
aqua, aut manibus ceræ modo lentescit. Optimum vero
censetur, quod a sordibus est maxime repurgatum, quodq.
plurimum ad candorem accedit, cinerei scilicet coloris, aut
quod ex venis nunc cinereis, nunc candicantibus constat,
leue, quodque acu perforatum multum oleacei liquoris re-
sudat. Nigrum improbatur : præterea candidissimum, quoniam Gypso adulteratum esse existimatur. Auicenna calidum statuit in secundo ordine, siccum in primo. Conferre
cerebro, cordi, sensus vegetiores reddere, vtile senibus, &
natura frigidioribus, dari ad Syncopem, suffiri ad Epilepticos, & suffocationes vteri. Sed de ijs, quæ sulphuri, ac Bitumini affinia sunt, hæc satis. Nam reliqua genera Succini, & Gagatis ad lapides magis pertinent. De lapidibus
autem illiquabilibus, quæ sola relinquuntur inter fossilia,
deinceps dicamus.

FINIS LIBRI PRIMI.

K DE

DE METALLICIS
LIBER SECVNDVS.
ANDREA CAESALPINO
AVCTORE.

CAP. I.

 VM lapides duritie diſtent à cæteris foſſi-
bilibus, ſunt enim foſſilia plurima, aut pul-
ueres colorati, aut lapides, ex tali cóſiſten-
tia geniti, vt inquit Ariſtoteles : durities
autem per coagulationem habeatur, neceſſe eſt lapidum generationem coagulatione fieri. Cum autem coagulentur, & aquea, & com-
munia aquæ, & terræ : atque alia quidem eductione humidi,
alia vero eiuſdem condenſatione. Illiquabilium omnium
materiam magis ſiccam eſſe Ariſtoteles, & Theophraſtus
tradiderunt. Sed Albertus Magnus excipit lapides perſpi-
cuos, vt cryſtallum, Berillum, Adamantem, Carbunculum
& huiuſmodi. Vult enim eorum materiam aqueam eſſe,
non tamen ſimplicem ſed admiſtam terreo tenui, à quo vehementer paſſa eſt, denſataque. Signum autem oſtendens
aqueam eſſe materiam, inquit, perſpicuitas eſt, terræ enim
opacitas tribuitur. Ariſtotelis quoque authoritas citatur de
cryſtallo

cryſtallo loquentis, fieri ex aqua remoto vniuerſaliter calido. Addit & in montibus Pyreneis aquam pluuiam ex virtute loci denſari in lapidem. Ex his igitur concludit non vnam eſſe omnium lapidum materiam, ſed eorum quidem qui opaci ſunt terram eſſe humore quodam viſcoſo glutinatam, nam alius humor per coctionem euaporans terram relinqueret inconglutinatam. Eorum vero qui perſpicui ſunt, aquam a ſicco vehementer paſſam: nam alioqui non conſtarent in lapidis duritiem. Albertum ſecuti ſunt plerique. Quidam tamen ex recentioribus addit ſuccum lapideſcentem tamquam tertiam materiam ex qua Corallium ſit, & alij multi lapides, non perſpicui. Quemadmodum autem materiam lapidum iſti authores diuerſam cenſuerunt, ſic & agentia diuerſa. Qui enim ex luto fiunt, per aſſationem a calido & ſicco tantum coagulari putarunt, vt lateres. Qui autem materia conſtant aquea a frigore vehementi, vt Cryſtallum: Quæ ſententia videtur a Plinio fluxiſſe, ſcribit enim Cryſtallum: gela vehementiore concretum eſſe: non enim alibi reperiri inquit, quam vbi maximæ hybernæ niues rigent. Glaciemque eſſe certum eſt vnde & nomen Græci dedere. Qui ſuccum lapideſcentem introducit, hunc quoque a frigore coagulari tradit, ſed ſimul alia quoque coagulare, vt idem agentis & materiæ vicem præſtet. Impugnat præterea Ariſtotelem negans ſiccam exhalationem ignitam materiam eſſe lapidum, quia partes non cohærent, aut imbecilliter abſque humoris beneficio. Deinde plurimi lapides in aere gignerentur, vbi huiuſmodi exhalatio incenditur in Cometas, & ſtellas cadentes, quod repugnat ſenſui. In incendijs autem ſubterraneis cineres potius euomi, aut ſolos pumices inter lapides, vt patet in Puteolano. Hæc ſunt præcipua quibus Ariſtotelis ſententiam refellit. Sed vt veritas ſummi Philoſophi patefiat, animaduertere oportet: Aquam & terram materiam eſſe omnium miſtorũ, ſed agente caliditate quæ miſtionem perficit, & frigiditate, quæ miſtum condenſat. Caliditas enim neceſſaria eſt admiſtionem,

K 2 quia

quia aqua & terra non vnum fierent, nisi vtraque elementa
a calore extenuarentur in naturam aeris & ignis: sic enim
humidum cum sicco vnum fiunt, nec seiungi possunt, nisi
magna vi. Alioqui ex humido & sicco compositio tantum
fieret non mistio, vt lutum ex aqua & terra quæ facile seiun-
guntur, aqua in vapores euanescente, & terra in glebam
friabilem transeunte. Frigiditas autem non mistionem facit, sed condensat tantum non solum quæ permistionem in
vnum conuenerunt, vt pultem, & lateres, sed & heteroge-
nea, vt lutum. Pro varia autem proportione humidi, & sic-
ci fit, vt in coagulatione, & liquefactione vario modo se habeant. Quæ enim aquea sunt, non coagulantur, nisi ab excessu frigoris, liquantur autem modico tepore vt glacies.
Quæ vero terrea sunt, non coagulantur a frigore, nisi prius
ab igne mollescant vt later. Emollescunt autem ab igne non
omnia, sed quæ humiditatem aliquam habent insitam, cuius beneficio aliquando excessu ignis liquantur, vt fluant,
vt lapis molaris, Pyrimachus, & Testæ, vt tradit Arist. 4.
Meteo. cap. 6. Later igitur crudus tanquam gleba est terræ,
cuius partes non hærent pertinaciter, sed facile in puluerem
dissoluuntur. In igne autem valido partes emollitæ vniun-
tur, hæc enim est natura humidi inuicem glutinari: absce-
dente autem igne, eædem relinquuntur induratæ: quæ coagulatio est ab vtroque facta igne scilicet, & frigore. Hæc
autem non liquantur nisi excessu ignis, coagulantur autem
vel modico frigore, sufficit enim, si ignis paulum remitta-
tur: opposito modo quam Glacies. In quibus autem nulla
humiditas remanet insita, a solo igne omnem humiditatem
aduentitiam absumente coagulantur, vt sales: idcirco ab a-
qua tantum soluuntur, humore qui perditus fuit, restituto:
quod nequeunt efficere, in quibus insita est humiditas coagulata a frigore: vel quia pori per quos ignis exiuit, angu-
stiores sunt, quam vt aqua ingredi possit, vt inquit Aristoteles: vel quia inexistens humiditas coagulata respuit alienam humiditatem: quam etsi attrahat vt later, non tamen

ab

ab ea remollitur, quia inexistens humiditas coagulata non
liquatur ab humido, sed ab igne. Quæ igitur hoc pacto coagulata fuere, merito insolubilia ponuntur ab Aristotele,
cum nec humore soluantur, vt sales, nec ab igne, vt Metalla. Patet quoque in his dominari terram: hæc enim prohibet quo minus ab igne liquentur: nam neq. ab excessu ignis
quidam liquarentur, nisi aliqua humiditas insita in ipsis esset. Pro faciliori autem, & difficiliori liquatione, quæ ab
igne fit, mensura colligitur aquæ, & terræ. Vt inter Metalla Ferrum maxime terrestre est, quia ad liquationem eget
excessu ignis. Plumbum, & stannum maxime humida, quia
facillime liquantur. Si igitur Gemmæ perspicuæ neque ab
humido liquantur, neque ab igne, nisi forte ab excessu, vt
patet experientia, non sunt aqueæ naturæ, vt Albertus putauit, sed terreæ dominantis. Earum quoque coagulationem, non solum a frigore factā esse dicendum est, sed etiam
a calido humorem & terram attenuante, & commiscente,
ac superfluam humiditatem absumente. Hoc enim modo
differt aquæ, & luti coagulatio in glaciem ab insolub.lium
coagulatione. Glacies enim fit educto solum calido vniuerso. Sales educto vniuerso humido. Insolubilia autem partim educto humido superfluo, partim calido, ideo ab vtrisq;
coagulata fuere. Relinquitur vt obiecta soluamus.

CAP. II.

PErspicuitas si propria esset humidorum corporum, vt
quidam putant non inesset quibusdam salibus, qui ab
omnibus conceduntur terræ esse: nec lapidi speculari, quod
in igne non liquatur, sed in Gypsum convertitur, quod est
maxime terreum. At omnia elementa, cum alba sint, vt in
libro de coloribus habetur, perspicua esse necesse est vt in
Peripateticis quæstionibus explicauimus. Quod autem scribit aliquando Aristoteles, crystallum fieri ex aqua remoto
vniuersaliter calido, de glacie intelligit, non de Gemma,

quam-

quamuis & hæc ob similitudinem Cryſtallus dicatur. Et ſi
Plinio concedatur lapidem hunc hyberno gelu concreſcere, non tamen ex hoc ſequitur glaciem eſſe: Nam & a frigore humidum quoque educi poteſt cum calido, vnde remanet ſiccum ſubſtantiam lapideam conſtituens. Quod autem
aqua pluuia in montibus Pyreneis virtute loci condenſetur
in lapidem, idem accidit, quod calci. Poſtquam enim aqua
calcem ſoluerit, quod ſolutum eſt iterum coit in lapidem,
abſcedente aqua. Videtur autem aqua in lapidem denſari
cum guttæ in ædificijs cadentes in ſtirias concreſcunt: cum
enim calcis ſubſtantia ſoluta in aqua fuerit, fluit vt aqua,
non tamen concreſcit aqua, ſed terreum quod latet in aqua
cum ſeparatur ab ea. Idem patet in puluere puteolano, hic
enim ſi decidat in mare, lapideſcit, idem facit ſi aſpergatur
aqua maris: ſalſedo enim iuuat ad eius concretionem. At
Gypſum quacunque aqua affuſa concreſcit in duritiem lapideam. Cæterum ſine aqua non coirent in vnum. Quod
enim ſiccum eſt, non glutinatur, ſed particulæ ſeparatim
manent in proprijs terminis. Poſtquam vero partes humore ſuperueniente glutinatæ inuicem fuerint, non egent humore aliquo vt conſtent: imo ſæpe humor impedimento eſt,
niſi enim ſiccentur non conſtant. Hic ſuccus lapideſcens a
quibuſdam vocatus eſt, tanquam noua materia ad lapidum
generationem. Eſt autem terrena ſubſtantia ab igne valde
attenuata, ideo ſoluitur in aqua, vt ſales, & calx: vnde ſuccus ille conficitur. Nam & ſalis montes imbribus, & ſolibus
in lapideam ſubſtantiam dureſcunt: ſimiliter & nitrum, vt
loco proprio explicatum eſt. Nec mirum ſi huiuſmodi ſuccus
lapideſcens aliena corpora, quæ illum biberint, in lapidem
conuertat, vt enim ſale condita, aut ſaccharo, in omnem
partem ſucco permeante, concreſcunt in eorum naturam, ſic
lapideſcente ſucco cætera lapideſcunt, quæ in eo maduerint.
Non igitur alia materia ponenda eſt lapidum illiquabilium, quam terrea ſubſtantia prædominans. Cum autem
terra in ſui natura nequaquam lapideſcat, neque ſola, neque
humo-

humori coniuncta ob causas dictas, idcirco necesse est prius
in naturam exhalationis conuerti ab igne aut a sole, seu in
altum sublata exhalatione, seu inclusa intra terram, vt patet
in corporibus combustis: retinetur enim Empyreuma in cineribus & calce, quæ est portio exhalationis ignitæ. Quod
igitur supra terram sublimatum in aeris regionem ascenderit, efficit impressiones, quæ in primo libro Meteorologi-
corum explicantur, vt flammas, aut impetum ventorum,
donec exhalatio diffusa in immensum aut dispereat conuersa in ambientem aerem, aut decidat in tenuem puluisculum,
qui ab aqua pluuia solutus in fine æstatis aquas reddit sub-
salsas. Non possunt autem lapides in hoc loco fieri, quia exhalatio non cogitur in angustum: nisi forte aliquando in
densa nube id contingat, vt quidam referunt ex ea lapides
cecidisse. Quod autem inclusum intra terram fuerit, ob loci angustiam, compingi in substantiam lapideam potest, aut
in reliqua corpora fossilia. Hinc patet quam leues sint du-
bitationes a duersus Aristotelem allatæ: non fieri ex exhalatione ignita lapides, quia sicca non cohærent sine humore:
non decidunt lapides ex aere: in incendijs subterraneis non
videmus egredi nisi puluerem, & Pumices. Patet enim ex
dictis, qua ratione humidum &. siccum vnum fiant, & quomodo inuicem glutinentur partes siccæ, & cur in aere non
coeant in vnum. In incendijs autem subterraneis comburuntur corpora, vt in cinerem redigantur aut in Pumices,
quæ ignis excrementa sunt: absumpta omni substantia
combustibili. Quod autem dicit Aristoteles exhalationem
ignitã fossilia omnia parere, significat non combustam sed ab
igne præparatam. Nam sulphur & Bitumen inter fossilia reponuntur: exhalatione tamen constant non combusta.

CAP. III.

D Vplex autem est modus generationis lapidum, vnus
per ignem fusionis, vt cum ex terra in fornacibus lapis sit:

pis fit: nifi enim aliqua ex parte funderentur aut mollifica-
rentur partes, non cohærerent in fubftantiam lapideam: eodem modo gignitur vitrum ex harenis, & fcoriæ metallorum. Sed horum quæ facile ab igne liquantur, reponuntur
inter corpora humidiora vt etiam Metalla: reliqua inter ficca & illiquabilia. Alter modus eft per folutionem terræ ad-
uftæ in aqua, vt patet in calce foluta: hæc enim ficcata lapidefcit. Similiter exhalatio quæcunque foluta in aqua partim quidem in fales tranfit, partim in lapides. Quæ autem
præ pinguedine non foluitur in aqua, concrefcit in fulphur,
Bitumen, & reliqua eius generis. In corporibus quoq. animalium, vt in renibus & vefica hoc modo lapides gignuntur.
Ex vrina enim continente humorum aduftionem fe cernitur
craffities, quæ in lapidem tranfit vt patet in matulis poft refrigerationem vrinæ: depofitum enim fedimentum fecreto
humore obdurefcit in cruftam: fic & intra corpus vt plurimum fecundum cruftas lapides coagmentantur, noua materia priori lapidi adhærente, quod & in multis intra terram
genitis, fieri videmus. Ob puritatem autem materiæ, &
impuritatem, craffitiem, & tenuitatem lapides oriuntur nobiliores, & ignobiliores, perfpicui opaci, duriores, & molliores, alijsque differentijs. Quo enim exhalatio magis attenuata fuerit, & purior: lapis gignitur denfior, & durior,
& magis perfpicuus, vt adamas, & Gemmæ præftantiores.
Quo autem craffior fuerit materia, & impurior, eo viliores
lapides gignuntur: minus enim denfari poffunt, quæ craffa
funt, ideoque minus cohærent partes inuicem: ob impuritatem autem non fimilis fit omnium partium concretio, fed
quædam molliores, quædam duriores, quædam fpongiofæ,
& raræ confurgunt. Appræhenduntur quoque aliena corpora in lapidum concretione, quæ fimul lapidefcentia inæ-
qualitatem faciunt: nunc hareæ, nunc varij generis lapilli: nunc terra, nunc animalium, aut plantarum partes. Reperta enim funt conchilia in cæfura lapidum. Præterea no-
qiliores ignem perpeti magna ex parte vifi funt, ignobiliores
autem

autem nequaquam. Nam aut diffiliunt in igne, aut in calcem abeunt, absumpto videlicet humore, qui glutinauit: quod mistionis imperfectionem arguit. Sunt tamen inter viliores, qui in igne perennes sunt, vt Amiantus, & in genere saxi arenarij, quod mortuum vocant, ex quibus fornaces extruuntur. Exiuit enim ex ijs id quod ab igne absumi potest: quod autem relinquitur, terra est per se inalterabilis. Quatuor autem genera summa lapidum traduntur vulgo nota. Marmora, saxa, Gemmæ, lapides. Distant magnitudine, & paruitate, duritie, & mollitie. Ingenti mole oriuntur, marmora, & saxa: nam aliquando montes integri ijs constant: & maris scopuli. Videtur enim terra postquam aqua maris diu maduerit, siccata lapidescere. Fontes quoq. Thermarum colles lapideos constituunt, vt multis in locis videre licet: Gemmæ non nisi in parua mole reperiuntur, sic & qui proprie lapides vocantur. Distant autem duritie, ac nitore gemmæ a reliquis lapidibus: oriri solent in saxorum aut marmorum fibris, aqua præterlabente eius succi grauida. Scinduntur autem montes lapidei solibus incocti: in scissuris autem tanquam in venis aquæ præterlabentes, & exhalationes subterraneæ varia corpora gignunt, lapillos, Metalla, Terras: succos concretos. Vt autem Gemmæ a cæteris lapidibus nobilitate, nitore, ac duritie differunt, sic marmora a saxis.

CAP. IIII.

SAxorum genera partim ex consistentia distincta sunt, vt Tophus, & Silex: mollis enim est Tophus: Silex prædurus. Partim ex vsu vt quadratum, quod in ædificijs quadrari potest ad postes & limina. Crustosum quod finditur in crustas vtiles stratis, ac tectis. Saxum calcarium quod excoquitur in calcem pro cemento. Focale, quod attritu scintillas ignis emittit, forte Pyrimachus apud Aristotelem dictus, quia vterentur in Bello ad ignem parandum, aliu, a Pyrite.

L   Cotes

Cotes alij dicti funt, qui ad acuendam gladiorum aciem expetuntur. Saxum Harenarium, quod afperum eft, veluti ex harenis com pactum, ideo leuorem non fufcipit: vtile ædificijs, quia calcem bibit. Limofum quod attritu in limum foluitur: quas differentias notant qui aquarum fontes fcrutantur. Agricolæ quoque faxorum quædam genera expetunt vt quæ eruta folibus, & pluuijs, & glacie diffoluuntur. Contra ædificijs commoda, quæ peremnia funt. Fornacibus, quæ vim ignis tolerare poffunt. Sed noftrum non eft figillatim ea perfequi, quæ varijs artificibus in vfu funt. Solum præcipua genera perquirere fatis eft, præfertim quæ in Medicina aliquem vfum præftant. Tophi igitur appellantur apud Græcos Pori, quia porofi funt: alioqui vt plurimum fimiles marmori Pario candore & duritie apud Theophraftum, fed leuitas ineft Pumicis. Ideo commodiffimi ad replendas parietum collabentium fciffuras, cum præ fua leuitate non premant, & glutinent facile extrema. Reperiuntur & nigri, & rubentes, & colore terreo. Cum cæduntur e fubterraneis, fæpe molles funt, vt præcidi ligni modo poffint, & ferra facile fecari, auctore Vitruuio: poftea durantur in aere. Huiufmodi foditur in Vrbe veteri. Artifices enim qui parietes conftruunt, ad præfecanda quæ extuberant, fecuri vtuntur, non malleo, neque fcalpello. Eft, & genus Tophi, quod in fpeluncis coagulatur in ftirias ex aquis cadentibus, relinquuntur enim inania, quibus aqua continebatur, vnde a fimilitudine cum fpongijs, fpongiones vulgo appellantur. Ad Tophos referuntur, & qui in articulorum Turnoribus indurantur: atque alijs abfceffibus pute in lapidem concreto: & qui in renibus ac vefica oriuntur Tophi a medicis dicti funt. Tandem apud Plinium Tophus dicitur fcaber natura, & friabilis.

CAP. V.

Silex autem vocatur duriffimum genus faxi adeo vt percuffu vibret ignis fcintillas: & in hoc fuperat marmora,

sed

sed ad scalpendum ineptus quia diffilit vulneratus ferro.
Aedificijs quoque minus probatur, quia calcem non bibit,
vnde sequitur murorum scissio. Color vt plurimum fuscus vt
Albertus testatur. Plinius nigros & rubentes, & nonnun-
quam albos reperiri tradit, vt circa lacum Volsiniensem. Ex
hoc Silice fuisse putandæ sunt Molæ volsinæ repertæ: nam &
hodie inter molas ad farinam parandam, quasdam focales
vocant, quæ tenuius atterunt: Alias spongias, quæ ob leuitatem furfur crassum relinquunt, vt syncerior farina excerni possit. De lapide molari scribit Aristoteles 4. Meteo.
cap. 6. fieri ab igne terra combusta: liquari etiam molas, vt
fluant: cum autem id quod fluit, coagulatum fuerit, nigrum
fieri, sed simile calci: idest leue, spongiosum enim redditur.
Huiusmodi in incendijs ex monte Aethna fluere testantur.
Liquatur & silex, quem Aristoteles Pyrimachum vocat: vt
eiusdem naturæ videatur lapis molaris, ex quo molæ focales fiunt. Has videtur intellexisse Galenus 2. ad Gla. 4. cum
ad Scirrosos affectus dissoluendos lapide molari vtitur, vbi
Pyrites haberi non possit. Lapis niger ab Hippocrate vocatur in insula Nysiro plurimus. Fiunt etiam molæ ex lapide
calcario spongioso, vnde calx optimam ob quandã pinguitudinem, vt Plinius testatur: apud eundem Silex nusquam vtilior, quam in Italia gignitur: lapisque non saxum est. In
quibusdam vero prouincijs omnino non inuenitur. Sunt quidam in eo genere molliores, qui & cote leuigantur, vt procul intuentibus Ophitæ videri possint. Neque est alius fir-
mior, quando & lapidis: natura vt lignum similiter imbres,
solesq́. aut hyemes non patitur. In Stratoniensi sunt quibus
ne ignis quidem noceat. Idem & in monumenta sculpi contra vetustatem incorrupti permanent: ex eisque formę fiunt,
in quibus Aera funduntur. Est & viridis lapis vehementer
igni resistens, sed nusquam copiosus, & vbi inuenitur lapis
est, non saxum. Ex reliquis pallidus in cemento raro vtilis. Globosus contra iniurias fortis, sed ad structuram infi-
delis, nisi deuinctus multa suffrenatione sit. Nec certior

L 2   flauatilis

fluuiatilis semper veluti madens. Græci e lapide duro ac silice æquo construunt, veluti lateritios parietes., Isodomos
vocant genus structuræ. Hæc ex Plinio. Existimant quidam
confundi apud veteres Silicem cum marmore, & cæteris lapidibus: cum apud Varronem legatur silicem Lunensem serra secari quod est genus marmoris: & apud Catonem ex silice calcem fieri sed improbatam: vt silicis appellatio transeat ad saxum calcarium. At id nequaquam verum, nam ex
saxo calcario vtilis fit calx tum ad structuram, tum ad recto-
ria: ad vtrunque damnatur e silice. Si igitur aliquod genus
silicis cremetur in calcem, degenerat a natura silicis, & eius
calx a cæteris. Silicem præterea tanquam globum duriorem
inter marmora reperiri, non est absurdum: secantur autem
serra non denticulata, sed ex aqua, & harena silices durissimi, qui scalpellum respuunt.

CAP. VI.

Quadratum apud Albertum Quadrum vocatur, quod
scalpello cæditur qualibet figura ad postes, limina,
arcus, columnas instar marmoris, sed nitorem non recipit:
nam tactu aspero, & harenoso constat, ideo inter saxa ha-
renaria: e lapide quadrato constructum fuisse Labyrinthum
sub vrbe Clusio tradit Marcus Varro. Color alijs cinereus,
alijs ad cæruleum vergit, qui præfertur: serenam hanc pe-
tram vocant, illam mortuam. Plerisque insunt micæ argenteæ. In Petra sancta Aetruriæ mons est, cuius saxa argenteo
nitore splendent, in igne inuicta, fragilia tamen ob id inepta operi quadrato, vt alia multa, quæ aut in crustas sponte finduntur, aut cauernosa sunt. Ex fissilibus quadrari potest quod Pisis Abainum vocant: foditur in Liguria: finditur hoc in latissimas, & prætenues laminas ad tecta, mensas,
Abacos, Perpoliri hoc potest vt nitorē recipiat colore nigro,
cum foditur molle est, vt facillime præcidi quacunq. figura
possit: sed in aere obduratur, redditurq. scalpello insidele.

CAP.

CAP. VII.

SAxum vnde calx excoquitur, calcarium dici poteſt: Dioſcorides marmor Fuſaneum vocat, quaſi vile, & vbique obuium. Extat album marmori ſimile, aliud fuſcum, & durius. Ex albo calx melior quam e duro, & ſtructuræ vtilior: Quæ ex fiſtuloſo tectorijs, vt Plinius tradit. Candidior calx ex albo, nigrior ex altero: candidiſſima ex fiſtuloſo, qualis e lapide Tiburtino; ex quo Romæ conſtructum eſt templum Diui Petri in Vaticano: eligitur ex eo calx ad dealbandos parietes Treuertinum vocant, quaſi Tiburtinum. Fit quoque calx e littoralibus calculis, ſed e vario lapide improbatur: ideo vtilior ex effoſſo. Fieri etiam e teſtis Buccinorum marinorum tradit Dioſcorides breuiori opera: hodie ex relictis teſtis oſtrearum quæ alicubi in mediterraneis magna copia reperiuntur, calcē conficiunt candidiſſimam. Nulla res cū arſerit, retinet tam vehemens ignis veſtigium, vt vrat, & cruſtas moliatur, quam calx: ſed progreſſu temporis amittit vires expirante occulto igne. Calx viua, quæ non extincta eſt, Asbeſtos Græce dicitnr. Cum vero extincta fuerit, protinus ipſa quoque cruſtas molitur, ſed poſt diem vnum aut alterum minus id facit, donec progreſſu temporis nullam cruſtam efficiat, ſed calfaciat tantum, & carnem liquet. Quod ſi ter lauetur, ſine morſu vllo valenter exſiccat, vnde ad cicatrices obducendas hodie in vſu eſt vnguentum de calce. Quidam calce recenti aceto extincta, & ter lota, mox oleo roſaceo ad linimenti formam redacta vtuntur ad combuſta: non enim permittit bullas eleuari, & abſque vllo cicatricis veſtigio ſanat.

CAP. VIII.

COgnata res calci Gypſum eſt, nam ſimiliter fit ex lapidibus quibuſdam vſtis, ſed longe breuiori vſtione proſici-

perficitur : idcirco non vrit, fed emplafticum eft aftringit &
cbftruit: ad fanguinis eruptiones impofitum conuenit: citif-
fime enim poftquam madefactum eft, coit in lapidem ; ideo
potum ftangulat. Quod vero vftionem non eft expertum,
repercuffotium eft ex oxycrato impofitum . Vftum minus
emplafticum eft, at valentius exficcat, & tenuiorum eft partium, vt Galenos teftatur. Lapis qui coquitur, non diffimilis effe debet alabaftritæ, vt Plinius tradit : aut marmo
rofo. In Syria duriffimos ad id eligunt, coquuntq. fimo bu-
bulo vt celerius vrantur. Sed omnium optimum e lapide
fpeculari. Foditur & e terra, vt in Cypro fumma tellure,
& Tymphericum eft, quo vt author eft Theophraftus pro Cimolia infectores veftium vtebantur. Hodie fodiuntur Gypfi
lapides in Italia multis locis diuerforum colorum, qui tamen
in igne omnes in candorem vertuntur . Sed lapis Alabaftritæ fimilis foditur in agro Volaterrano pulcherrimus afpectu.
Ex eoq. conficiunt ad Tornum vafcula, & varias imagines,
Alabaftrum vocant . Candidum enim eft, ac maculofum,
leuoremque fufcipit cum fplendore : videreturque inter nobilia marmora effe, fi duricies adeffet : ex eius rafura, ac cæteris fragmentis modico igne conficiunt Gypfum . Lapis
autem fpecularis cryftalli modo translucidus eft, & fciffilis
in tenuiffimas cruftas : olim in Hifpania tantum, fed poftea
in Cypro, Cappadocia, Sicilia, Africa, & in agro Bono-
nienfi Italiæ inuentus : alicubi niger. Hunc lapidem noftri
inter alumina recenfent, vocantq. alumen Scaliolum, quafi
fciffile, cum tamen fapor aluminis nullus adfit. In igne facile in puluerem candidiffimum vertitur, quo mulieres vtuntur ad faciem dealbandam, & contrahendam cutem inftar
aluminis. Putant quidam Selenitem effe inter gemmas, de
quo loco proprio dicemus. Nam fpecularis tener eft, & in
Gypfum facile excoquitur. Reperitur fæpe implexus faxo
marmorofo, aliquando laterculis diftinctus, aliquando fex-
angula figura inftar Cryftalli vt videatur quoddam eius ru-
dimentum.

CAP.

CAP. IX.

NOn inutile fuerit & lapides recensere, ex quibus cotes
fiunt: nam medici aliquando ijs vtuntur: Aliæ aqua-
riæ dicuntur, quia ad aciem acuendam egent aqua: vt Naxia: & Armenia: aliæ oleares, vt Creticæ, & Laconicæ.
Quædam aqua & oleo indigent, vt Ciliciæ: quædam hominis saliua sed mollissimæ, vt Flamminitanæ ex Hispania ci-
teriore. Dioscorides de Naxia tantum agit, cuius ramentum ferro attritum Alopecias pilis explet: mammas prohibet intumescere: lienem extenuat cum aceto potum, & comitialibus prodest. Hodie in Italia habemus alia genera
cotium tum aquaticarum tum olearium. Hæ nigræ sunt, &
perpolitæ, à barbitonsoribus quæsitæ ad cultri aciem leui-
gandam. Illæ nempe aquaticæ ex lapide constant harenoso, sed molli, & æquali, colore cinereo: ex ijs rotas versa-
tiles constituunt, vt ex earum motu circulari aqua cadente
ferrum atteratur: aliæ & præcipuè oleares oblonga figura,
& plana constant, vt placidiori motu leuigetur potius quàm
atteratur ferri acies. Alia præterea sunt genera cotium ad
aurum, & argentum explorandum attritione eorum super
lapidem de quibus inter marmora dicendum est.

CAP. X.

EX omni genere lapidum comminutorum gignuntur harenæ aquis deuoluentibus atterentibusque. Nam
Petræ in sua sede aut siccatæ, aut concussæ in terremotu, aut
euersione quacunq; scinduntur. Saxa autem discissa, aquarum vi torrentibus deuoluuntur, ac primùm attritis angulis rotunda fiunt, deinde paulatim abrasa in harenam, sabulum, & Glaream conuertuntur. Dicitur autem harena,
eum in partes minutissimas comminuta fuerint. Cuius tria
genera Plinio: Fossitia, fluuiatilis, & ex littore maris. Differunt

ferunt etiam ex quo lapide fiant . Aliquæ enim molliores,
pinguioresque sunt vt ex Saxo Calcario, Gypso , & reliquis
mollioribus : aliquæ asperę aridæque , vt ex marmore , Silice , Saxo harenario , & cęteris durioribus , Reperitur & harena carbunculosa , quę nigri coloris est . Quædam fusibiles sunt , quibus ad vitri confectionem vtuntur , candidę , ex
Silice , & alijs eiusdem naturæ lapidibus : asperioribus , te-
nuioribusque vtuntur ad marmora secanda , & ad Gemmas
poliendas . Medici vtuntur marittima & candida , quam
Dioscorides littoralem vocat , ad siccandam Hydropem ,
toti corpori aggerata excepto capite . Sabulum crassitie ab
harena differt : vocant autem Sabulum masculum , quod
durum est , fœminam verò mollem . Glarea calculis adhuc
crassioribus constat , petuntur ad purgandas aquas perco-
latione in Cisternis .

C A P. X I.

MArmora dicuntur , quæcunque duritie insigni præcidi
possunt , & nitorem assumere in statuas , columnas ,
& reliqua opera magna . Contingunt autem hæc , ob materiæ puritatem , æqualiter , & exacte concretam . Durities
enim insignis optimam concretionem sequitur , nitor autem
æqualitatem materiæ . Perfectionem quoque coctionis in
eorum generatione ostendit colorum viuacitas cuiuscunq;
generis : non enim consurgunt colores synceri nisi coctione .
Quos enim artifex efficere nequit commistione ; solus calor
efficit coctione . Exhalatio igitur sicca ignita pulu[e]res colo-
ratos efficit : ex ijsdem verò pulueribus solutis lapides simili
colore præditos , vt Cinnabari 3. Meteo. vltimo . Colorum
autem varietas , quæ in eodem marmore sæpe reperitur ,
exhalationis varietatem ostendit , aut quæ simul ascenderit ,
& concreuerit , aut quæ posterius aduenit , fragmenta prioris lapidis ferruminet : quomodo ophitis genera coagmen-
ti videntur : veluti punctis distincta .

Quemad-

Quemadmodum enim glareæ, & harenæ diuerſi generis
admiſta calce ferruminantur in lapidem vnum, ſic plerunq.
varia marmorum fragmenta noua exhalatione adueniente
veluti calce in vnum continuum lap. r. coeunt maculis diuerſis: quod in marmoribus magis contingit quam in ſaxis
ob exhalationis tenuitatem ad intima permeantem, & æqualiter congelatam. Si vero lapillos alterius generis ac molliores appræhenderit, lapis redditur veluti ſcabioſus, vt multa eorum ſunt, quæ vulgo Granita vocantnr. Pleraq. autem
vetuſtate adeo indurantur, vt ſcalpi nequeant: nam inſtar
Silicis diffiliunt: quod vetuſtæ columnæ Porphiritis oſtendunt. Qui enim tentarunt ex ijs noua opera præcidere diffi-
cultate victi deſtiterunt. Quod omnibus lapidibus commune eſt. Cum enim initio molles ſint, e ſubterraneis eruti, &
aeri expoſiti aſſidue ſiccantur, vt tandem in terram diſſol-
uantur, quod quibuſdam cito fit, quibuſdam in longiſſimis
æuis. Marmorum genera, & colores vt inquit Plinius, non
facile eſt enumerare in tanta multitudine, cum locus vnuſ-
quiſque ſuum habeat. Nos tamen breuiter ex numero colorum colligemus.

CAP. XII.

Notiſſimum eſt candidum, quale traditur Parium in Pa-
ro inſula effoſum. Pario etiam candidius eſt Lunenſe,
quod hodie Carrarieſe vocatur ex Oppido Aetruriæ in agro
Lunenſi: at nitore vincitur a Pario, vt videre eſt Piſis in templo diui Ioannis Baptiſtæ, ex eo enim conſtitutum eſt Pulpi-
tum varijs figuris inſculptum nitore eximio. Candoris exi-
mij ſcribitur Lygdinum ex Arabia aduehi ſolitum, ſed poſtea
in Tauro repertum magnitudine qua lances, & crateras non
excedat. Coralitico candor ineſt Ebori proximus, & ſimili-
tudo quædam. Candidus ſed varius eſt Alabaſtrites, qui &
onyx cognominatus eſt ob ſimilitudinem Gemmæ, cuius color vnguem humanum refert. Dictus eſt autem alabaſtrites
a loco Aegypti circa Thebas, vbi naſcitur. Sed circa Dama-

M   ſcum

scū Syriæ candidior est: probatissimus in Carmania. Probatur mellei coloris in vertice maculosi, & nō tranlucidi: damnatur color corneus, aut candidus, & quod inest simile vitro. Excauabatur Alabastrites ad vasa vnguentaria, quoniam incorrnptum vnguentū conseruare dicitur. Alabastrum pro vase vnguentario accipitur apud Hermolaum nō solum ex Alabastrite lapide sed & ex vitro. Idemque etiam exustus emplastris conuenit: sunt hodie qui crudum cerato imponant refrigeratorio, appellant vnguentum de Alabastro, ad capitis dolores. Dioscorides, & Galenus cremato vtuntur. Pice aut resina exceptus duritias discutit. Stomachi dolores cum cerato leuat, gingiuas comprimit: quidam eum bibendum dant stomachicis. Ostendunt ex Alabastrite duas ingentes columnas Romæ in templo sanctæ Agnetis atq; alijs locis maculosas. Alij Alabastrum esse genus limpidi marmoris & albi, quod visui est peruium: sed hi Onychem significant, quod vulgo Calcedonium vocamus inter Gemmas numerandum, vt loco proprio dicetur. Nam apud antiquos Alabastrites etiam Onyx dicebatur, vt apud Dioscoridem, & Galenum reperitur: forte propter similitudinem cum Gemma ab vngue cognominata. Plinius Onychem inter marmora alium esse inquit ab Onyche inter Gemmas. Qui inter marmora in Arabiæ montibus primo inuentus est, postea in Germania, ex eo fiebant vasa potoria, & pedes lectorum, & Sellæ, & Amphoræ, & vrcei: inuentæ sunt & columnæ, quæ pro miraculo positæ sunt. Si igitur hic Alabastrites est: maius erit miraculum ingentes columnas reperiri. Quod præterea vri Alabastritem in Medicamentis tradunt antiqui, significatur non esse Calcedonium: hoc enim in igne non crematur, cum ex ijs sit, qui attritu scintillas edunt, & funduntur. Quod in Volaterrano foditur Alabastri nomine, facillime quidem vritur, nec ingenti mole reperitur, materia pulcherrima candida, & varia, & aliqua ex parte translucida, vt Onyx: fragilitate tamen recedit a natura marmorum ideo repositum est inter genera Gypsi: Hoc igitur pro
Alaba-

Alabaftrite lapide vti non fuerit abfurdum: Candida igitur
marmora hæc funt.

CAP. XIII.

Luidum eft Numidicum fed eximio fplendore vt videre
licet Pifis in templo Epifcopali: Nam ex eo ftatua Her-
culis, quam Pifani ex Numidia tranftulerunt, vice columnæ
pofita eft fub marmoreo fuggefto. De Numidico Plinius inquit Marcus Lepidus Couful Primus omuiumlimina ex Numidico marmore in domo pofuit magna repræheufione, hoc
primum inuecti Numidici marmoris inueniri veftigium non
in columnis tantum, cruftifue, fed in maffa, & viliffimo li-
minum vfu. Sunt qui Numidicum tradunt colore flauo, ex
quo multæ columnæ vifuntur Romæ. Nigra vero traduntur
Alabandicum terræ fuæ nomine, quanquam & Mileti na-
fcens ad purpuram magis declinante afpectu: liquatur igni,
ac funditur ad vfum vitri. Tænarium ex monte eiufdem
nominis, & luculleum atrum. Obfidianus quoque lapis,
quem primo inuenit Obfidius nigerrimi coloris, aliquando,
& tranflucidi craffiore vifu, atque in fpeculis parietum pro
imagine vmbras reddente: vnde quatuor Obfidiani Ele-
phanti in templo concordiæ pofiti. Hodie foditur Scrauitiæ
& Carrariæ, in Aetruria quoddam adeo atrum, vt cum perpolitum eft fpeculi modo fynceras imagines reflectat. Huiufmodi vifitur Pifis ad poftes templi Epifcopalis. Extant &
diftincta venis candidis, & aureis, hoc foditur Scrauitiæ.
Duæ Columnæ atri coloris intercurfantibus raris venis albis nuper pofitæ funt in Campo fancto Pifano ad monumentum, quod Gregorius XIII. Pont. Max. fratri pofuit. Vocant
hoc genus marmoris Paragone, quia eo inftar Bafanitis lapidis vtuntur ad examinandum aurum, & argentum. Quondam ad hunc vfum fiebant coticulæ ex lapide Lydio, nec in-
ueniebantur nifi in flumine Tmolo Lydiæ, poftea vero paffim: Chryfitem vocabant ab auro explorando: Medici Ba-
M 2 fanitem:

ſanitem : hic lapis nihil ex ſe remittit, ſed rapit ſignum ex
auro, & argento, & Aere, ſi ad eum fricentur, vnde examen
fit. Hodie nigro genere marmoris vtuntur, & alio ſubuiridi, quod vocant Verdellum. Ferrei vero coloris marmor
duriſſimum Baſaltes appellatur in Aethyopia, quo vtuntur
pro incude. Ex Hiſpania affertur lapis niger duriſſimus, cuius puluere vtuntur ad vulnera glutinanda, appellant lapidem de Buga.

CAP. XIIII.

EX albo, & nigro maculis frequentibus conſtant genera Ophitis, dicta a ſimilitune macularum ſerpentum.
Eius multa eſſe genera tradit Dioſcorides, quæ tamen ad
tres differentias reducit. Vnum ponderoſum, & nigrnm :
alterum cinereo colore punctis diſtinctum : tertium lineis
quibuſdam candidis. Plinius ad duas reducit, candidum
quod molle eſt, & nigricans durum : Ex Ophite albo vaſa
etiam Cados faciunt. Meminit tamen poſtea cinerei, quem
Tephriam appellat a colore cineris, præcipue laudatum a
quibuſdam contra ſerpentes : licet omnes alligati ad ſerpen-
tium ictus proſint teſte Dioſcoride & ad capitis dolores. Qui
lineas habent candicantes Phreneticis, & Lethargicis auxiliari putantur. Ex Ophite nigro hodie viſitur parua columna
inter alias, quæ ſuſtinent ſuggeſtum in templo Diui Io. Baptiſtæ Piſis : vulgo vocant Viperam Aegypti, conſtat punctis
nigris iu liuido corpore. Quatuor aliæ in eodem loco eiuſdem magnitudinis ex Ophite cinereo, vocant Granitum
Syriæ : Inſunt puncta nigra in corpore candicante, vnde color cinereus. Quod lineis conſtat candidis in nigro, foditur
Serauitiæ cum alijs multis miſtis : Inter quæ reponenda videntur Auguſtum, & Tiberium in principatu eorum imperatorum in Aegypto reperta : differunt ab Ophite maculis
diuerſo modo diſpoſitis. Auguſtum vndatim criſpum in ver-
tices : Tiberium ſparſim conuoluta canicie. Neq. ex Ophite

te columnæ nisi paruæ admodum reperiuntur. Ex Seraui-
tiensi conficiunt paruos globos vt manibus contrectentur in
febre ardente. Hoc modo Ophitem Lethargicis & Phreneticis opitulari putandum est, marmoris frigiditate capiti, &
præcordijs communicata, arcere pestilentiam in qua apparent exanthemata, & serpentium virus. Galenus Ophitem
propinat cum vino ad lapidem frangendum : habere enim
vim abstergendi & confringendi vt vitrum. Albis & nigris
explicatis reliquos colores persequamur.

CAP. XV.

VIride est Lacedemonium præciosissimi generis & cun-
&tis hilarius. Hoc hodie vulgo Serpentinum vocant
ex Alberto, qui secundam speciem Ophitis viridem tradit
maculis candidis. Insunt enim in viriditate maculæ paruæ
& frequentes clariores similitudine Ophitis. Huius non reperiuntur nisi parua fragmenta, ex quibus pauimentum ex-
ornatum est Pisis in templo Episcopali,& parietesopere Mu-
saico : alibi quoque incrustationes ex eo habentur. Hoc alij
Laconium vocant. Alterum genus est varia macularum
compositione: cuiusmodi sunt duæ cruste quadratæ amplitudine cubitali ad monumentum Gregorianumin campo San-
&to Pisano: hilari viriditate splendentes, & duæ columnæ ad
sacellum san&ti Rainerij in templo. Ex hoc genere est Thyites, cuius mentionem facit Dioscorides: in Aethyopia gigni colore subuiridi similitudine Iaspidis cum tamen diluitur succum la&teum reddit: vehementer mordet, tenebras
quæ pupillis obuersantur, expurgat. Galenus inquit: valentem habere facultatem exterendi cicatrices oculorum
recentes, & vnguem, si non inueteratus fuerit auferre. Hermolaus lapidem mortariorum intelligi apud Plinium: quoniam Thya mortarium significat, vnde Thyites, & ab Hippocrate Acone, idest cotis, quia cotes ex eo fierent. An huiusmodi fuerint Cotes virides, quibus vtuntur ad aurum
exami-

examinandum, quod Verdellum appellari diximus. Reperiuntur & in fluminibus quibufdam huiufmodi lapides virides, qui fuccum lacteum remittunt. Virtutem autem exterendi oculorum cicatrices, ex participatione viridis æris haberi putandum eft, vnde & color viridis.

CAP. XVI.

R Vbet Porphirites in Aegypto, quod vulgo Porfidum
vocatur: cuius duæ extant columnæ præ cæteris exi-
miæ magnitudinis ante fores Sancti Io. Baptiftæ Florentiæ.
Ex eo candidis interuenientibus punctis, Leucofticos vocatur. Foditur quoddam genus Serauitiæ & in monte Pifano, non punctis, fed maculis vario modo agglomeratis, vt
videre licet Pifis eius cruftas in Aede fancti Ioannis. Id quod
minus maculofum eft, vocant Porfidum Liguriæ: alterum
magis varium ex monte Pifano. Porphirite Aegyptio præ
cæteris vtuntur pictores ad leuiganda pigmenta, & medici
ad fragmenta Gemmarum cote atterenda, duriffimus enim
lapis eft vt attritione nihil ex fe remittat. Ad Porphiritem
reducendus eft & qui colore conftat violaceo, cuiufmodi eft
in Campo Sancto Pifano ad monumentum Gregorianum.
Foditur & Serauitiæ, vt videre licet in Sacello Incoronatæ
Templi Epifcopalis, fed vbique albo interftinctus. Subrubet
Syenites circa Syenem Thebaidis, vel vt alij legunt apud
Plinium Stigmites, nam punctis nigris interftinctum eft:
vulgo Granitum rubrum, antea Pyrrhopœcilon vocabant,
quafi fuluo colore variatum. Trabes ex eo fecere Reges quodam certamine, Obelifcos vocantes Solis numini facros. Ra-
diorum eius argumentum in effigie eft. Quidam extant adhuc Romæ characteribus Aegyptijs infcripti, in quorum numero eft maximus ille Obelifcus e circo Maximo erutus, &
ad Aedem Lateranenfem erectus, & alter in Vaticano, qui
maxima cũ admiratione ex latere templi Sancti Petri tranf-
latus eft in Plateam Sixto V. regnante: cum longe mirabilius
fuerit

fuerit tantam molem mari Romam deuectam esse: de ijs
diligentissime agit Michaeles Mercatus . Rubet & The-
baicus aureis guttis distinctus, ex quo Coticulæ fiebant ad
colliria terenda, vulgo Broccatellum vocant, ob similitudinem telæ ex auro, & serico contextæ, quod Broccatum vocatur. Ex hoc lapide extant Pisis paruæ columnæ sustinen-
tes suggestum in templo Episcopali & in altero S. Ioannis.
Sanguineæ etiam maculæ reperiuntur in candido Lunensi,
vt Florentiæ videre licet in templo sanctæ Reparatæ.

CAP. XVII.

FLauo colore marmora fodiuntur Serauetiæ specie mellis, aut Terebynthinæ, vt videre est Pisis in sacellis
Templi Episcopalis. Huius coloris apud antiquos reperio
Alabastritem præ cæteris laudatum. Translucet Phengites
lapis apud Plinium lapidum Specularium modo, vnde appellatio. Repertum esse in Cappadocia duritie marmoris,
candidum, & translucidum, etiam qua parte fuluæ incide-
rant venæ. Hoc constructam esse ædem Fortunæ, in qua
etiam foribus opertis interdiu claritas diurna erat. Extat
Romæ in æde S. Mariæ in Porticu è Phengite columna dimi-
diata colore flauo, quæ parietis rimam obstruens externam
lucem auri fulgore intromittit : Sed multa sunt marmora
quæ secata in tenues crustas translucent. Cærulei coloris
lapides non inter marmora recensentur, sed inter Gemmas,
ideo in eum locum differantur. Selegerunt autem Medici
quædam genera marmorum ad mortaria, & cotes, partim
quæ nihil remitterent, vt Basanites, hodie Porphiritem se-
ligunt: partim quæ succum vtilem redderent, vt Thyites ad
medicamenta ocularia. Ex eodem autem lapide, & quod
substernitur excauatum mortarium parant, & cotem qua at-
teruntur colliria, & pigmenta, & margaritæ, ac gemmarum
fragmenta, vt in leuorem redigantur. Non enim in his conuenit Aeneum mortarium neque ferreus pistillus, quibus ad
res.

res molliores atterendas vtuntur. De saxis igitur & marmoribus hæc satis.

CAP. XVIII.

Gemmæ intelliguntur lapides insigniter duri, qui aut
ob perspicuitatem aut splendorem, visui grati sunt,
ideo anulos aureos exornant & monilia. In præcio autem habentur, tum ob substantiæ nobilitatem, tum quia
raræ & paruæ inueniuntur. Perspicuæ aliæ sola claritate ob-
lectant, vt crystallus, Adamas, Aliæ colorum quoque pulchritudine, vt Smaragdus, Carbunculus. Opacæ solo splendore, & colorum pulchritudine. Gignuntur intra alios lapides, aut veluti nodi, & tuberculi, aut scissuris eorum ad-
hærentes tanquam uerrucæ, ideo non ampla mole. Reperiuntur ut plurimum in fluminibus Indiæ atque Aethyopiæ
inter harenas a montibus deuolutæ: quasi calore torridæ re-
gionis egeant ad sui concretionem. Incipiamus autem a
perspicuis, quæ omnium colorum reperiũtur excepto nigro.

CAP. XIX.

Crystallus ideo dictus, quia videatur glacies: putatusq.
est vere glacies ex vehementi frigore in lapidem uer-
sus, quam sententiam superius reprobauimus, magis autem
nunc patebit. Loca enim ubi nascuntur Crystalli, Adamas,
& his affines non in Septentrione sunt, sed in India, Arabia,
& calidioribus regionibus. Sudines negat nisi ad meridiem
spectantibus locis nasci, quod certum est. Ostendit autem
& figura, quæ in omnibus sexangula est. Nam glacies figuram conseruat, uel continentis corporis, uel rotundam, aut
fortuitam, qualis est in gutta, cum in grandinem congelatur. At angulosa facie congelari uidemus alumen Rocchæ,
calcanthum, salnitrum, Saccarum candum cum post coctionem separatur humor a crassitudine terrestri. Idem ergo accidere

cidere cryſtallis putandum eſt. Sed illud admiratione dignum videatur, cur ſexangula figura perpetuo oriátur, nunquam aliter. Ab vna enim veluti radice multi egrediuntur ſexilateri in cuſpidem deſinentes: flectuntur autem latera prope mucronem angulis rectilineis adeo exactis vt ab artifice imitari vix poſſint. Corporibus vero inanimatis figuram certam aſcribere non videtur rationi conſentaneum: ad virtutem enim organicam pertinet certam figuram efficere, ideo ſolis animatis ineſt, anima alicuius gratia agente: Patet autem figuram determinatam organici eſſe non ſimilaris, quia quælibet pars pyramidis non eſt pyramis: ſimiliaria igitur corpora per ſe non habent determinatam figuram: Quoniam vero omne corpus figuratum eſſe oportet, particulæ humidorum cum per ſe fuerint, rotundæ fiunt, vt aquæ guttulæ, aut a continente figurantur: ſiccæ autem, qua contigerit diſcindi, talem figuram ſeruant. Quæ igitur in diſciſſione ordinatam habent diuiſionem, ordinatam etiam figuram retinere neceſſe eſt, quæ variam, variari etiam figuram. Diuiſio autem ſolidorum corporum aliquando fit ordinata, vt quæ in cruſtas ſoluuntur, ex quibus coaugmentata ſunt. Aliquando in varias fortuito vt cum frangitur malleo lapis. Poteſt vero & diuiſio fieri in coagulatione, dum humida adhuc ſunt corpora. Si enim in coagulatione partes in diuerſa tendant, diuiſionem fieri neceſſe eſt, & pro diuiſione figuras determinatas: perinde ac in exſiccatione ſoli paluſtris, ſcinditur enim in multas rimas vnde figuræ diuerſæ contingunt. Simile quid contingere putandum eſt in cryſtalli coagulatione. Succus enim lapideſcens cum totum ſpacium impleat loci in quo eſt, in coagulatione diſcedentibus in diuerſa partibus terrenis, & ad latera ſaxi continentis attractis, agglutinatiſque figuram quoque faciet in concretis lapillis, quæ apta nata ſit ſpacium replere. Si igitur non vniformiter, ſed vario modo diuiſiones contingant, etiam varietate figurarum implebitur ſpacium: Si autem vniformiter quod ob puritatem & æqualitatem ſucci contingit,

N

tingit, necesse est vnum genus figuræ oriri in omnibus, quæ
apta nata sit spacium implere. Tres autem sunt huiusmodi
apud Arist.3.cæl.66.Triangularis, Quadrangularis, & Hexagona. Non sit Triangularis quia medium non habet, ad
quod tanquam ad centrum vndiquaque æqualiter constrin-
gantur partes: Nec quadrangula, quia imperfecta, oriens
tantum ex duabus lineis se inuicem secantibus ad angulos
rectos. Quamuis autem quatuor quadranguli in vnum veluti centrum coeant, relinquuntur tamen quatuor anguli a
centro remotissimi. In omni autem coagulatione partes vn-
dique in idem coeuntes quam maxime accedere ad circu-
lum exoptant. Relinquitur igitur, vt sola Hexagona fiat,
sola enim perfecta est, quia fit ex triplici diuisione superficiei
ad angulos acutos, sex triangulis in vnum veluti centrum
coeuntibus, vt omnes anguli externi maiores sint recto, ideo
ad circuli naturam prope accedunt. Inspicere quoq, licet in
glacie angulos acutos, cum aquæ superspicies concreuerit:
nam lineæ quædam conspiciuntur nunquam ad angulos rectos, sed acutos concurrentes, vt ex huiusmodi positione li-
nearum trianguli videantur incoari, hi autem Hexagonam
constituunt triplici diuisione secundum lineas Parallellas. Si
autem huiusmodi superficiei diuisio in profundum tendat,
corpora constituet sexilatera, vt patet. Flectuntur autem in
Crystallo iuxta cuspidem latera, deficiente materia, quæ
cum purior quoque sit, & magis constringitur, & clarior apparet. Crassior enim & turbulentior, & plenior ad radicem
concrescit, ideo plerunq. in ea parte non pellucidi sunt Crystalli. Idem contingit in Adamate, & plerisq. gemmis translucidis. Contingit quoque lapidibus quibusdam ignobilio-
ribus, vt Hæmatiti, Gypso: præterea salibus quibusdam &
saccharo cando. Omnia enim hæc similem habent concretionem, sed ob materiæ impuritatem, & perturbationem figuræ minus distinguuntur. Hoc modo se habere putandum
est, quem Plinius Pangonium vocat, hic non longior digi-
to, ne crystallus videatur numero plurium angulorum ca-
uetur.

uetur. Et qui a quibusdam scribuntur fluminibus Allera, &
Ochra defferri constantes lateribus duodecim, sed fauorum
modo foraminulenti, nec pellucidi, & crystalli modo in mu-
croneni desinentes. Coeunt enim aliquando plures crystalli in vnum lapidem multos mucrones, & latera ostenden-
tem, vt apud nos prope Pisas? reperiuntur in quodam tor-
rente qui ex monte Magno fluit, in Verruca enim monte
propinquo fodiuntur inter saxa rupibus invijs, vix autem
scalpelio auelli possunt a saxis, quibus conglobati hærent.
Oritur crystallus, vt Plinius testatur, in cautibus alpium
adeo inuijs, vt sæpe homines fune pendentes, eam extrahant, quanuis & alicubi in campis aratro inueniri tradant,
fluminibus enim ex montibus deuoluitur. Oriens & hanc
mittit, sed Indicę nulla præfertur. Nascitur in Asia, item in
Cypro, sed laudata in Europæ alpium iugis. Cubitalem alicubi effossam esse tradunt, & in Lusitania perquam mirandi
ponderis. Qui Pisis reperiuntur, raro digitalem crassitudi-
nem excedunt, plerunque aceruatis paruis & frequentibus
in vnum lapidem crystallis. Infestari solent plurimis vitijs,
scabro, ferrugine, maculosa nube, occulta aliquando vomica, præduro, fragilique centro, & sale appellato. Est ali-
quibus ruffa rubigo, alijs capillamentum rimæ simile. Quæ
sine vitio puræ lympidæq. sunt, nec spumei coloris, hunc
Crystallum montanum vocant, & aquam marinam. Inter
crystallos esse videtur Iris appellata apud Plinium. Effodi
inquit in quadam Insula Rubri maris, cætera sui parte crystallum, ideo quidam radicem Crystalli esse dixerunt. Sex-
angulum esse vt crystallum constat, vocatur Iris, quia obie-
ctus Solis radijs colores arcus cęlestis eiaculaturin proximos
pariétes vmbrosos, quod ex repercussu fit in anguloso mu-
crone. Id pulcherrime faciunt exigui crystalli qui in Pisano
reperiuntur. Gemmarij concinnant ad similitudinem Adamantis, & anulis includunt appellantes Berillum, cum tamen alia sit Berillus, vt suo loco patebit. Aliam Iridem tradit Plinius cerę similem, præduram, in Perside, quæ crema-

ta, tufaq. ad Ichneumonnm morfus remedio eft. Similis eft
aſpectu, ſed non eiuſdem effectus, quæ vocatur Zeros alba,
nigraque macula in tranſuerſum diſtinguente cryſtallum.
Cryſtallini calyces expetebantur pro frigido potu, nam caloris impatiens eft. Hodie vitri genere lympidiſſimo imitantur, cryſtallum vocantes. Fit ex lapidibus cryſtallinis
fuſis in vitrum clariſſimum. Non autem per ſe funditur cryſtallus niſi adiungantur quæ fuſionem præſtent, vt nitrum &
alia quædam. Pila cryſtallina quidam medici vtuntur ad-
uerſis ſolis radijs appoſita ad inurenda corpora. Albertus
eius puluerem cum melle aſſumptum vbertatem lactis facere teſtatur.

CAP. XX.

A Damas quaſi indomitus Græca interpretatione, quia
eius duritia inenarrabilis eſt, ſimul, & ignium victrix
natura, & nunquam incaleſcens. Ideo in maximo præcio
diu non niſi regibus cognitus: Cryſtallo ſimilis obſcurior, vt
Gemmarij inquiunt: ac ſi in aqua lympidiſſima profundi putei viſus incidat. Traditur non niſi in Metallis reperiri, præcipue auri. Plinius ſex genera recenſet. Indicus non in auro naſcens, ſed quadam cryſtalli cognatione: ſiquidem
colore tranſlucido non differt, & laterum ſexangulo le-
uore turbinatus in mucronem: aliquando duabus partibus ac ſi duo turbines iungantur, magnitudine vero e-
tiam nuclei Auellanæ. At ſponte vtrinque turbinatos oriri non puto: ſed artificio confingi. Arabicus ei ſimilis,
minor tantum, ſimiliter & naſcens, cæterum pallore gentis,
& in auro non niſi excellentiſſimo natalis. Vtriq. incudibus
depræhenduntur, ita reſpuentes ictum vt ferrum diſſultet:
incudeſque etiam ipſæ diſſiliant. Vnum ex ijs Cenchron
vocant, quod eſt milij magnitudine. Alterum Macedonicum
in Philippico auro repertum, & hic cucumis ſemini par. Poſt
hos Cyprius vergens in Aereum colorem; ſed in medicina
efficaꝰ

efficacissimum: vltimo Siderites ferrei splendoris, pondere
ante cæteros, sed natura dissimilis: nam & ictibus frangitur,
& alio Adamante perforari potest, quod & Cyprio euenit:
degeneres, nominis tantum authoritatem habent . Puto
Cyprium inter Pyritas esse angulosum Adamantis similitudine . Sideritim autem in ferri Metallis simili modo angulosum, sed vtrunque negletum inter Gemmas. Ex hoc genere videtur esse Androdamas argenteo nitore vt Adamas
quadrata,& semper tessellis similis magnis: putantq. nomen
impositum ab eo quod impetus hominum, & iracundias do-
met. An Argyrodamas idem sit auctores non explicant.
Hodie duo genera Adamantis habent, vnum appellant de
Arce noua,præstantiorem: alterum de Arce veteri. Addunt
& factitium ex Saphiro fęmina igne dealbata, nam præ cæteris prædura est. Illud admirandum tradunt de Adamante: naturam ferri, & ignis contemptricem, hircino rumpi
sanguine, nec nisi recenti, & calido maceratam. sic quoque
multis ictibus egere,& eximias incudes, & malleos expofce-
re: rumpi in tenues crustas: expeti fragmenta a scalptoribus:
ferroq. includi, ijs nullam duriciem non ex facili cauari. Testatur Serapio solui etiam plumbo. Dissidet præterea cum
magnete, vt iuxta positus ferrum non patiatur abstrahi, aut
si admotus Magnes appræhenderit, rapiat, atque auferat.
Venena irrita facit, lymphationes abigit, metufque vanos
expellit a mête.Hęc omnia gestatione efficere posse putatur.

C A P. X X I.

INter candidas, & translucentes numerantur, quæ a stella nomen habuerunt: vt Asteria, quæ principatum habet
proprietate naturæ, quod inclusam lucem pupillæ modo cō-
tinet ac transfundit in inclinatione velut intus ambulan-
tem. Eadem opposita soli radios reflectit, vnde nomen.
Difficilis ad Cælandum : Indicæ præfertur in Carmania nata. Astrios crystallo proxima, cui intus a centro stella lucet
fulgore

fulgore lunæ plenæ: caufa nominis quibufdam, quod a-
ftris oppofita, fulgorem rapiat ac regerat.: in India na-
fcens & in Pallenes littoribus: fed optimam in Carmania:
Cerauniam vocati quæ fit deterior: peffimam lucernarum
lumini fimilem: Lychnitem hanc vocat Euftachius. De Ce-
raunia Plinius inquit, inter candidas fulgorem fiderum ra-
piens: albam effe Zenotemis fatetur, fed habere intus ftel-
lam concurfantem. Aliæ tamen funt Cerauniæ nigræ & rubentes, de quibus alibi dicendum. Aftroites in Magicis a
Zoroaftre miris laudibus decantata. At hæc non inter Gemmas, pulcherrime defcribitur a diligentiffimo Michaele
Mercato. Aftrobolos oculis pifcium fimilis, radiat candido
vt fol. Omnes hos lapides hodie vocant oculum felis, quia
pupillæ modo radiant vt felis, modo clarius, modo obfcu-
rius: in omnibus enim infpicitur lux veluti ftella: aut fol, aut
luna ob ambulans in declinatione. Conftant autem figura
orbiculari. Ab his diftat Beli oculus, vulgo Bellochio inter
Acates, non enim translucet.

CAP. XXII.

SElenites quafi lunaris a Galeno Aphrofelinon quafi lunæ fpuma vocatur. Diofcorides fic appellatum fcribit,
quia noctu inuenitur plenus Luna crefcente. Nafcitur in
Arabia candidus translucidus, ponderis exigui: huius fcobem comitialibus dant in potu: eum geftant mulieres ad ui-
tanda pericula. Videtur & arboribus applicatus frugiferas
reddere. Apud Plinium Selenites ex candido traslucet melleo fulgore imaginem Lunæ continens, redditq. eam in dies
fingulos crefcentis minuentifq. numero: nafciq. putatur in
Arabia. Ex varia hac hiftoria merito hæfitatum fuit in hoc
lapide. Nam ex Plinij hiftoria videtur conuenire cum Af-
trio: cui fententiæ aftipulatur Euftathius, qui Selenitē vocat
Afterium & Lychnitim. Recētiores putant intelligi lapidem
fpecularem, de quo diximus inter Gypfi genera, quia fpeculi

culi modo imaginem lunæ reddat. Melius Albertus ex quorundam sententia tradit nasci in quodam genere Testaceo
in India, frequentius inueniri in Perside, & in Arabia. Cum
enim inter Gemmas ponatur tum apud Dioscoridem, tum
apud Plinium. Quid si dicamus: Selenitem esse Margaritas, quas vulgo Perlas vocamus? De his enim solis inter
gemmas exploratum est plenas reperiri luna crescente, vt
Dioscorides tradit, testatur id Garzias Medicus Lusitanus
in India: cuius hæc sunt verba. Certum est Margaritas post
plenilunium captas cum tempore minui & decrescere, quæ
verò ante plenilunium capiuntur, huic vitio haudquaquam
sunt obnoxiæ. Quod autem scribit Dioscorides inueniri noctu, contingit, non quia Lunæ lumen receptum emittat, vt
interpretatur Plinius, sed quia conchæ eam ferentes noctu
pandunt se vt rore fruantur, quo conceptus fieri putatur, &
augmentum Margaritarum. Nam si tempestiuè satientur,
grandescere Margaritas, si fulguret, comprimi conchas, ac
pro ieiunij modo minui. Si verò tonuerit, pauidas, ac repente compressas efficere, quæ vocant Physemata, speciem
inani inflatam sine corpore, vt Plinius inquit. Cæteræ conditiones Selenitis manifestæ sunt: Nam Margaritæ candidæ,
pellucidæ, & leues inter cæteras Gemmas. Vires quoque
in medicina consentiunt: vt enim Dioscorides Epilepticis
propinat, sic Arabes ad roborandum cor exhibent: nam cum
temperamentum earum constituatur frigidum & siccum, prauas humiditates exsiccare possunt, sanguinem cordis clari-
ficare: conferre cardiacæ, tremori cordis, & Symptomatis
melancholicis ex humorum prauitate ortis: ab ijsdem autem Epilepsia nascitur. Margaritas ferunt vt Plinius refert,
conchæ non multum ab Ostreis differentes, quas indicus maxime Oceanus mittit. In nostro etiam Mari reperiri solitas
scribit ex conchis, quas Myas appellant circa Bosphorum
Thracium, & in Armenia, quæ Pinna vocatur, Testatur Albertus in mari Brittanico inueniri in ostreis, dum enim esita-
ret, decem Margaritas in ore sensisse. E iunioribus melio-

res

res gignuntur, fenecta flauefcunt, & rigis torpefcunt. in a-
qua molles funt, exemptæ protinus durefcunt. Porro oriri
quidam putant in media carne grandinis modo : alij vbique
adeo vt vifæ fint etiam in extremis marginibus veluti è concha exeuntes. Scribit Americus Vefputius, fe in vna oftreo-
la centum & triginta Margaritas reperiffe, monetque im-
perfectas effe, nifi maturæ fint, & fponte decidant ex oftreis,
Paulus Venetus teftatur in Zipangri Indiæ Orientalis reperiri Margaritas rotundas & craffas rubei coloris, quæ albas
pręcio & viribus longe præcellant. Pondus Semunciæ repertum fuiffe fcribit Plinius : paucæ vero fingulos fcrupulos
exceffere. Garzias oriri maximas ad Promontorium Coma-
rim, quæ pendebant centena grana tritici, quarum pręcium
aurei mille, & quingenti, multo maiores fe vidiffe ex Infu-
la Burneo quamuis minoris elegantię, quæ pendebant centum fexaginta grana tritici. Laudantur candidæ, magnæ,
læues, Graues. In his autem adeo difcrepant, vt raro duæ
reperiantur fimiles: vnde Vniones Romanis dicti: quáquam
funt, qui non omnes Margaritas Vniones appellent, fed tantum magnas. Conftant multiplici cute, adeo vt callum corporis videatur, & à peritis purgari poffint. Indici fpecula-
rium lapidum fquamas affimilant candore & perfpicuitate,
qui præferuntur. Sunt qui Margaritas liquore diffoluunt,
vt ex pluribus paruis vnam magnam conftituant. Diffolui
clarum eft fuccis acidis : fertur enim Cleopatra aceto diffol-
uiffe ingentem Vnionem, quem appenfum auriculæ gefta-
bat, & Antonio propinaffe, vt Magnificétia vinceret. Com-
mendant quoque ad Margaritas tabefaciendas fuccum li-
monum, omphacium accerbiffimum, & fuccum cucuminis
agreftis. Sed an refarciantur in lapidem perfpicuum, qui pri-
ftinam venuftatem retineat, incertum eft. Cum eæ quæ craffiores funt perforari foleant ad mulierum ornamenta, medici feligunt non perforatas, nam vfu, & geftatione vires amittunt. Ex ijs conficitur Diamargariton ad prædictos morbos.

CAP.

CAP. XXIII.

MEmphites & apud Diofcoridem numeratur inter
Gemmas, & a Plinio traditur Gemmantis naturæ:
reperiri in Aegypto circa Memphim calculorum magnitudine, pinguem, verficolorem, vt Diofcorides inquit. Hodie pingui afpectu eft Gemma, quæ in Germania a Lardo
nomen accepit, a quibufdam Huia appellata. Albedo ineft
lardo fimilis, quæ materiam diftinguit modo nigram modo
cineream. Vidi calculum nucis magnitudine, ex Alexandria
Aegypti allatum, cui ex vna parte albedo fublucens inerat,
fpecie lardi, fub eo pallebat magis translucidus veluti lar-
dum vetus diftinguente linea: ab altera parte definebat in
Onychem non translucidum. Huic infignem facultatem tribuit Diofcorides: nam illitus, vt Plinius addit, ex aceto ftu-
porem infert fine periculo, vt quæ vrenda funt, aut fecanda,
non fentiant cruciatum.

CAP. XXIIII.

VIrentis autem coloris præciofiffimus eft Smaragdus,
quo nullus iucundior eft: eius enim viriditas fulgens
omnia virentia fuperat: implet oculos vt nunquam fatiet,
atque interim oculorum aciem recreat, fi quando ob diur-
nam aliorum infpectionem debilitata aut obfcurior reddita
fuerit. Ideo Gemmarij libenter hunc fcalpunt, quia oculorum refectione dulci laffitudinem mulcent. Eius præterea
viriditas non minuitur ex longinquo, nec fole, nec vmbra,
nec lucernis: vifum enim femper admittit ob translucidam
facilitatem pro fui craffitudine quod vel in aquis ipfis tran-
lucidis minus fit. Ob hanc coloris nobilitatem vetitum fuit
infculpi: quanquam Scythicorum Aegyptiorumq. tanta
duricies eft vt nequeant vulnerari. Eius genera vltra duodecim a Plinio recenfentur, fed Scyticis fumma authoritas,

O   nullis

nullis enim maior aufteritas, nec minus vitij : & quantum
Smaragdi a cæteris Gemmis diftant, tantum Scythici a cæteris Smaragdis. Bactriani multo minores Scythicis reperiuntur in commiffuris faxorum. Tertium locum Aegyptij
habent, qui eruuntur in collibus, & cautibus, quorum dos
non in colore liquido nec diluto, verum ex humido pingui-
que imitante translucidum mare, pariterque translucet, &
nitet: Reliqua genera in ærarijs metallis inueniuntur, vt
Cyprij varie glauci magisque ac minus in eodem Smaragdo : alijs partibus tenorem illum Scythicæ aufteritatis non
femper cuftodientes. Quibufdam intercurrit vmbra, fur-
dufque fit color, & hinc genera diftinguuntur. Nam funt
alij obfcuri, quos vocant cœcos, alij denfi nec e liquido trás-
lucidi, quidam varia nubecula improbati. Aethyopici acriter virides, fed non facile puri aut concolores. Perfici non
translucidi, fed iucundi tenoris vifum implent, quem non
admittant ij, qui felium Pantherarúmq. oculis fimiles funt:
In fole hebetantur, vmbris refulgent, & longius quam cæteri nitent. Attici in Argentarijs metallis reperti minus
pingues, & longinquo fpeciofiores: ex his quidam fene-
fcunt paulatim viriditate euanida, & fole læduntur. Medici plurimum viriditatis habent, interdum, & ex Sapphiro, &
rerum diuerfarum imagines complexi. Charchedonij fragiles, colore incerti, & virentium in caudis pauonum, colum-
barumque collo plumis fimiles ad inclinationem magis, aut
minus lucidi, Smaragdites hic vocabatur. Smaragdus,
quem Cholam vocant in Arabia, ædificiorum ornamentis
includebatur. Recenfentur & Laconici Medicis fimiles, &
ficuli. Item quæ Tanos vocatur e Perfis veniens gemma in-
grate viridis, atque intus fordida: & Chalcofmaragdos, e
Cypro turbida æreis venis. Videtur hæc accedere ad Chri-
focollam, nam in Cypro vtuntur ad glutinandum aurum,
authore Theophrafto. Traditur & ingenti magnitudine,
vnde ftatuæ, & Obelifci erecti fint, quem Plinius Pfeudofmaragdum putat. In Cypro inuentum dimidia parte Smaragdum,

ragdum, & dimidia Iaspidem : Adulteratur hodie Smaragdus lapidibus chryftallinis tritis, & cum duplo pondere Sandycis, quod Minium vulgo vocant, in fornace vitraria fufis: lapis enim fit adeo fimilis Smaragdo, vt etiam peritos fallat. Sed in his præcipuum vitium eft Plumbago, hoc eft, quia in fole Plumbei videntur. Serapio ad tria genera reducit: Smaragdum, Smaragdeum, & Pfeudo Smaragdum. Vt interpretes vertunt. Smaragdum intelligit, qui acriter & impenfe viridis eft, & translucidus: cognofcitur, vt Albertus teftatur, quia aerem circunftantem inficit colore viridi. Smaragdeum, qui illum imitatur, fed obfcurior eft. Pfeudofmaragdum, qui non fimiliter translucet. Smaragdum, & Smaragdeum vtrunq. in metallis Auri inneniri. Porrò laudat Smaragdum ad venena lethalia, & ictus venenatos in potu pondere octo granorum Hordei, liberat enim a morte fi cito fumatur, ante quam venenum impreffionem fecerit: confert, & leprofis: geftatus quoq. præferuat, ab Epilepfia. Albertus Venerem prohibere teftatur, & compertum aliquando frangi fi geftetur in coitu. Recipitur hodie a medicis inter fragmenta Gemmarum: fed cauere oportet ne adulteretur Pfeudosmaragdo: quod depræhenditur igne, flammam enim edit vt Chrifocolla ob æris participationem.

C A P. X X V.

PRafius à fucco porri dictus, vulgo Prafma ponitur à Plinio inter viridantia vilioris turbæ: eiufque tria genera facit: primum quod fyncerum eft: alterum fanguineis punctis abhorret: Tertium diftinctum virgulis tribus candidis. Albertus inquit. Effe veluti Matricem Smaragdi, quia frequenter in eo reperitur inclufus: eique vires tribuit medias inter Smaragdum & Iafpidem: innuens quem Plinius in Cypro tradit media parte Iafpidem, media Smaragdum. Vt dubitandum videatur an Prafius inter non translucidas fit, quemadmodum Iafpis viridis. Quæ tamen hodie Prafma vocatur translucet, quanquam modice. Chrisoprasius Prasio nobilior porri succum, & ipsa refert, sed paulum declinans a Topatio in aurum. Amplitudo ea est, vt Cymbia etiam ex ea fiant: India eas gignit: hæc apud Plinium. Albertus tribuit Auri guttas. Aliam præterea tradit quæ luceat in tenebris, euanescat in lumine, vocat Crisopatium, innues genus Smaragdi, quam Plinius similem oculis felium Pantheramque scribit: nam hi in sole hebetantur, in vmbris refulgent.

CAP. XXVI.

INter virentes Plinius recenset Topatium Callaidem, Nilion & Beryllum. De Topatio inquit: placuisse suo virenti genere, & cum reperta est omnibus prælatam. Inuentam in Arabiæ Insula in Rubro mari, vnde nomen, postea & circa Thebaidis Alabastrum. Duo eius genera, Prasoides, & Chrysopteros similis Chrysoprasio. Eius enim tota similitudo ad succum porri dirigitur: amplissima Gemmarum: statua ex ea facta: sola nobilium limam sentit, cæteræ saxo, & cote poliuntur: hæc & vsu atteritur. Quæ conditiones Smaragdo magis: quam vulgari Topatio conueniunt: Describitur hæc ab Alberto: auri similitudinem habet duæ eius species: vna in omnibus est auro similis, quæ & præciosior est. Altera ad croceum magis vergit, & hæc vtilior est. Compertum enim esse feruorem aquæ bullientis sistere, vt sine noxa manu contrectari possit statim ea iniecta: ardorem etiam ventris extinguere: obiectum reddere vt speculum concauum: soli obiectam radios emittere, vt videatur ignem euomere. Callais viride pallens traditur extuberans oculi figura leuiter adhærens petris, vt videatur non agnata, sed apposita in rupibus inuijs, & gelidis Caucasi Montis, & in Carmania: tali sectura formantur, aliàs fragiles: Optimus color Smaragdi. Inclusæ decorantur auro, Aurumque nullæ magis decent. Quæ sunt earum pulchriores, oleo, vnguento,

guento, & mero colorem deperdunt. Viliores conſtantius
repræſentant. Nec eſt mutabilior alia, aut mendacior vitri.
At quænam ſit ex ijs quæ hodie habentur incertum eſt: niſi
intelligatur inter eas, quæ non tranſlucent, quam vulgo Tur
chinam vocamus, nam hæc non niſi oculi extuberantis figura cernitur: viride pallens pro colore aeris accipi poteſt: vt
Plinius ſolet: nam in Pæderote inquit: coeunt in tranſluci-
dam Cryſtallum viridis ſuo modo aer: alijs tamen placet
Turchinam inter Iaſpidis genera ponendam, quam Plinius
Boream vocat, vt ſuo loco dicetur. Quod ſi viride pallens
viriditatem Smaragdi vergentem ad pallidum ſignificet,
ambiget hæc Gemma inter Smaragdum, & Topatium. Ni-
lios in littoribus Nili reperta, quamuis & in India gignatur,
& Attica: fulgoris ſi ante habeas, breuis, & cum intueare,
fallacis: eſt color fumidæ Topatij aut aliquando melleæ.
Sed prædictæ cum non admodum tranſlucidæ ſint, ponuntur à Plinio inter virentes non tranſlucidas, Berylli verò
clarius quidem tranſlucent, at fulgorem non habent, niſi earum color ſurdus repercuſſu angulorum excitetur. Idcirco
ſexangula figura artificum ingenijs poliri ſoliti ſunt, placet-
que magis eorum longitudo, vt ex umbilicis aureis pende-
ant. Aut perforati geſtentur: quod non ſolum in virentibus
faciunt, ſed & in alijs multis. Ideo eandem multis naturam
aut certe ſimilem habere, Berilli videntur: In India originem habentes, raro alibi reperti. Probatiſſimi qui viriditatem puri maris imitantur: proximi qui vocantur Chryſobe-
rylli, & ſunt paulo pallidiores, ſed in aureum colorem ex-
eunte fulgore, Vicinum genus huic eſt pallidius, vocaturq.
Chryſopraſus. Quarto loco Hyacinthizontes, colorem ſcilicet Hyacinthi imitantes. Quinto Aeroides: poſt hos Ce-
rini, Oleagini, & tandem Cryſtallis ſimiles. Hæc Plinius.
Albertus deſcribit coloris pallidi, lucidi, & vt aqua perſpicui: cum vero voluitur videtur aqua innatare. Hodie gemmas ex Cryſtallo anguloſas Beryllos vocant: & lingua Ae-
truſca Brillare eſt ſcintillare, quod ob varium repercuſſum
facie-

facierum contingit in motione.

CAP. XXVII.

CHrysolithos Aethyopia mittit aureo colore translucentes. Præferuntur ijs indicæ, & si varie non sint, Bactrianæ: deterrimæ Arabicæ, quoniã turbidæ sunt & variæ, & fulgoris interpollati nubilo macularum, quæ etiam lympidis contigere veluti scobe sua refertæ. Optimæ sunt, quæ in collatione aurum albicare quadam argenti specie cogunt. Quidam Chryselectri appellantur, in colorem electri declinantes. Visam Chrysolithon duodecim pondo. Leucochrysæ dicuntur interueniente candida vena. Sunt & Capniæ: sunt & vitreis similes, veluti croco refulgentes: depræhenduntur a vitreis tactu frigidiori linguæ: nam visu depræhendi nequeunt. Melichrysi veluti per aurum syncero Melle translucente, quas India mittit, quamquam ad iniuriam fragiles. Hæc apud Plinium. Ex his colligere licet omnes aureas Gemmas Chrysolithos vocari inter quas tenet principatum Topatius vulgaris: dein quæ Chrysopatium vulgo appellatur inclinans ad Electri colorem, Hyacinthus vulgaris, qui perspicuitate vitrea ad Crocum tendit: & aliæ similes.

CAP. XXVIII.

ELectrum latine succinum dicitur, quia videatur succus concretus splendore Solis, qui Elector vocatus est vt Plinius refert, ex antiquorum Poetarum auctoritate, vnde appellatio Electri: quamuis hoc nomen significet quoq; aurum, cui quinta pars Argenti mista est, quod cum naturale fuerit venena depræhendit. Calyces enim ex Electro arcus cælestibus similes cum igneo stridore ostendunt. Pterigophoron quoque ipsum succinum appellatum est, quia pennas & leuia quæque trahit. Arabes Carabem vocant, vulgo Ambram flauam. Variæ eius traduntur historiæ circa originem,

quas

quasreprobat Plinius certitudinem nactus ex equite Romano, qui eius gratia missus fuit in Germaniam, Oriri Succinum in Insulis Oceani Septentrionalis, ex medulla arboris Pinei generis, vt Gummi ex Cerasis: erumpere ex ijs arboribus humoris abundantiam, qui frigore aut tempore Autumnali densatus rapitur vndis maris æstuantis in littora Germaniæ, vbi multa copia colligitur, indeq. Pannoniam & Venetias asportari, & circa mare Adriaticum. Esse autem ex Pinea arbore illud argumentum affert, quod eo attrito odor pineus sentitur, & accensum flagrat tædæ modo. Densari autem cum prius liquidum esset indicio est, quod sæpe intus translucentia apparent, vt formicæ, culices, lacertæ, & huiusmodi alia, quæ adhæsisse oportet cum liquidum esset & simul concreuisse. Alij quoque ante ipsum arboris lachrimam dixerunt: vt Dioscorides ex Populo iuxta Heridanum, vnde fabula de Phaetontis sororibus in Populum conuersis, & earum lachrymas in Electrum. Alij ex Cedro: alij ex alijs arboribus, quas Electridas vocant. Non defuere qui vrinam Lyncis esse putarūt condensatam in lapidem, vnde Lyncurium dictum est, e maribus Fuluum, & igneum, e fœminijs languidius, & candidum. De Lyncurio Plinius inquit. Lyncum humor glaciatur, arescitq. in gemmas Carbunculis, similes, & igneo colore fulgentes Lyncurion vocatas: atque ob id Succino a plerisque ita generari prodito, nouere hoc, sciuntq. Lynces, & inuidentes vrinam terra operiunt, eoq. celerius solidatur illa. Dioscorides affirmat Lyncurij nomine Electrum intelligi, non vrinam Lyncis esse. Circunfertur autem hodie aliud Lyncurion quem lapidem Lyncis vocant, de quo alibi dicendum est. Alia porro extat Electri sententia, non esse arborum succum, neq. animalium, sed rem fossilem, ex genere Bituminis, effodi vt Theophrastus est auctor, in Liguria: & Philemon in Scithia duobus locis: alij tradunt iuxta mare Athlanticum esse lacum Cephisida, qui Sole excalfactus e limo dat Electrum fluitans: & Cratim amnem in Sicione & lacu effluentem eo-

dem

dem modo Succinum ferre: vnde sudor terræ pinguis a Sole
excitatus existimatus est, qui densatus & vndis Ocœani ra-
ptus feratur ad littora Germanorum. In eadem sententia
Albertus fuisse videtur, & Euax Maurus: qui Succinum in
genere Gagatis reponunt: combustibilis enim est, vt cætera
corpora Bituminosa, at vero non est absurdum succum huiu-
iusmodi a quibusdam arboribus trahi, vnde emanare Electrum visum est, vt de canfora, & manna patet. Lapidescere autem huiusmodi succum aut sponte, aut virtute aquæ
marinæ non est absurdum. Forte & vrina Lyncis instar succi
lapidescentis alicubi faciat ad eius concretionem. Genera
eius multa, Candidum, flauum, colorem ceræ imitans, aut
auri, quale describit Dioscorides: hoc Falernum cognominatur quia imitatur vini Falerni perspicuitatem: aliud ignei
coloris magis est: aliud mellis decocti, aliud cinereum.
Omnia fricata trahunt Paleas, folia, pennas, & huiusmodi
corpora leuia. Flagrant quoque & odorem spirant, qui Indis gratior est. Thure. Candidum suauius est, ad Canforam
accedens, quod & leuissimum est, & hodie in maiori præcio. Antiquis contra Falernis maior erat auctoritas ob coloris gratiam. Nam ceteris magis translucent molli fulgore, & ignea quædam imago in ipsis non ignis placet. Habita sunt in delitijs adeo vt parua hominis imago præcia supe-
raret hominum viuentium & vigentium, vt Plinius testatur.
Ex his hodie fiunt monilia, quæ collo circundantur mulierum, vt quondam frequentissimus fuit vsus. Transpadanis
mulieribus, non solum decoris gratia, sed & medicinæ: quia
creditur resistere morbis faucium & gutturis, quibus illæ obnoxiæ sunt ob aquarum vitium. Ex succino candido fiunt
taxilli ad ludum quemadmodum apud nos ex Ebore. Laudatur in medicinis ad fluxiones sistendas tum sanguinis, tum
alui, & ventriculi, & humorum a capite defluentium: cor-
roborat ventriculum, & cor. Extant Trocisci de Carabe ad
ea omnia in communi vsu. Hodie quidam oleum per sublimationem eliciunt cuius guttæ duæ ex aqua Plantaginis potæ spu-

tæ fputum fanguinis celerrime fiftunt antequam putrefcar.
Suffitum emendat aerem peftilentem. Ad Succini genera
pertinere putandum eft, gemmas bene olentes, vt Myrrhi-
thes colore Myrrhæ, odore vnguenti. Et attrita etiam nardi, Myrfinites colore Melleo, odore Myrthi: Antachates,
quæ cum vritur, Myrrham redolet, Aromatites, quæ eandem colore, & odore imitatur. Zanthenes Electri colore,
quæ trita vino Palmeo, & Croco, lentefcit ceræ modo, odo-
ræ magnæ fuauitatis. Baptes mollis odore, excellit. Liba-
nochros Thuris fimilitudinem oftendit, fed mellis dulcedinem. Antizois fplendet argenti modo, trium digitorum
craffitudine, lentis figura, odore fuaui, Liparis fuffita omnes
beftias euocat. De Succino hæc fatis.

CAP. XXIX.

R Vbentes ob fplendorem & colorem igneum ardentes
vocantur, inter quas principatum tenent Carbunculi
a fimilitudine ignium appellati, cum ipfi non fentiant ignes,
ob id a quibufdam Apyroti vocati. Recentiores Pyropos
vocant, & Carbones, quia putantur in tenebris Carbonis
igniti modo lucere. Nam teftatur Albertus optimum carbunculum id præftare: poft ipfum qui affufa tantum aqua
lympida in vafe nigro emicat in tenebris: quod fi nullo modo luceat, improbari. Hodie tamen id famofum eft magis
quam compertum. Diffuadet præterea ratio. Nam quæ in
tenebris lucent, fi ponantur in lumine, alio colore fpectan-
tur: at carbunculi igneum colorem vibrant in lumine. Genera eorum nationibus diftinguuntur a Plinio & in vno quoq.
genere mafculi appellantur acriores, fœminæ languidius
refulgentes. In mafculis quoque alios obferuant liquidioris
flammæ, alios nigriores, & quofdam lucidius ac magis cæteris in Sole flagrantes. Optimos Ametyftizontas, quorum
extremus igniculus in Ametyfti violam exeat. Proximos illis quos Syrtitas vocant pinnato fulgore radiantes. Calli-

ſtratus fulgorem carbunculi debere candidum eſſe poſuit extremo viſu nubilantem, etſi ita attollatur, exardeſcentem: ob id a pleriſque hunc carbunculum candidum vocari. Indici traduntur minus clari, ac plerunque ſordidi, ac ſemper fulgoris retorridi: qui ex his languidius, & liuidius lucent, Lithizontas vocari:minus ſeſtarij vnius menſura cauari:candidiorer eſſe & inclinatione hebetari. Charchedonij multo minores Indicis, nigrioris aſpectus, ſed igne vel Sole, & inclinatione acrius quam cæteros excitari: vmbrâte tecto purpureos videri, ſub cælo flammeos,contra radios Solis ſcintillare, ceras liquefacere. In Carchedonijs maſculis ſtellas intus ardere, fœminas vniuerſum fulgorem fundere extra ſe, Aethyopici pingues lucemque non emittentes, ſed conuoluto igne flagrantes. Alabandici cæteris nigriores & ſcabri. In Thracia coloris eiuſdem ignem minime ſentientes:in Orchomeno Arcadiæ inueniri, & in Chio, illos nigriores, ⊃ quibus & ſpecula fieri. Eſſe & Troezenios varios interuenientibus maculis albis: item Corinthios ex pallidiore candidos. Hæc apud Plinium. Hodie Gemmarij alijs nominibus dixtinxerunt, ſex genera facientes. Primum Spinellas vocant, quarum rubedo dilutior eſt ſed maxime ſplendens,non reperiuntur niſi exiguæ: forte carbunculi candidi antiquis appellati. Secundum genus Rubinos vocatos continet intenſiori rubedine ac ſplendidiſſimi: reperiuntur hi maioris molis. Tertio loco Balaſci recenſentur dilutiores Spinellis, ac minus radiantes. Quarto Granati dicti a granis mali Punici, nigrioris aſpectus, nec radiant niſi in clariori lumine. Inter hos quidam cum rubore violæ colorem ſentiunt, quos violaceos vocant, cæteris præſtantiores, videntur hi. Ametyſtizontes vocati: Quinto loco Alamandini ponuntur quaſi corrupta voce Alabandici, Granatis nigriores. Vltimo Amandini varij coloris interſtinguentibus maculis albis, vt Troezenij apud Plinium. Omnium colores Gemmarij characteribus diſtinguunt, quibus præcia æſtimant. Ex his medici ſolum recipiunt Granatos inter fragmenta præcioſa. Vires.

res enim afcribunt lætificandi cor, & pellendi triftitiam. Albertus carbunculum teftatur vires habere cæterorū omnium lapidum, fed præcipue expellendi venenum.

C A P. X X X.

INter Ardentes eft & Anthracitis appellata, carbonibus fimilis, igneus enim ineft color vt fuperioribus. Reperiūtur quædam præcinctæ candida vena: Peculiare quidem his, quod iactati in ignem velut intermortui extinguuntur, contra aquis perfufæ exardefcunt. Fodiuntur in Thefprotia, tradunt & in Liguria nafci. Cognata his eft Sandaftros in India & in Arabia ad meridiem verfa. Commendatio fumma, quod velut in translucido ftellantes intus fulgent aureæ guttæ, femper in corpore, nunquam in cute: ferè ftellas Hiadas, & numero, & pofitione imitantes, vnde in religione habita, & in ceremonijs apud Caldeos. Mares aufteriores, quoniam vigore quodam appofita corpora tingunt. Indicæ etiam hebetare vifus dicuntur. Blandior fœminis flamma alliciens magis quam accendens. Arabicas fumidæ Chryfolitho fimiles dicunt. Negant aliqui Sandaftros poliri propter teneritatem. Ex genere Ardentium traditur Lychnites appellata a lucernarum accenfarum præcipua gratia, circa Orthofiam & tota Caria: fed probatiffima in Indis, quam quidam remiffiorem Carbunculum effe dixerunt. Lychiniti fimilis eft fedfecunda bonitate Ionis appellata a prelatis floribus: quædam radiat purpura, altera Cocco. Calfactæ a Sole aut digitorum attritu, paleas, & Chartarum fila ad fe rapiunt, quod & Charchedonius facere dicitur, quanquam multo vilior prædictis. Nafcitur apud Nafamonas in montibus, vt incolæ putant, imbre diuino: inueniuntur ad repercuffum Lunæ maxime plenæ. Potoria vafa ex hoc lapide & e Lychnite iactitata traduntur. Omnia hæc genera fcalpturæ contumaciter refiftunt, partemq. ceræ in figno tenent. Hæc apud Plinium habentur: an vero hodie nofcantur, incertum est: forte & aliquæ eǫdem sunt cum prædictis.

CAP. XXXI.

SArda gemma vulgaris, nec enim alia apud antiquos fuit
vsu frequentior, præcipue ad sigilla, nihil enim ceræ in
signo tenet. Primum Sardibus reperta, sed laudatissima circa Babylonem hærens in saxi corde. In India trium generum: Rubrum, & quod Demium vocant a pinguedine: tertium quod argenteis bracteis sublinitur. Indicæ prælucent:
crassiores sunt Arabicæ. Inueniuntur & circa Leucada Epiri, & circa Aegyptum, quæ bractea aurea sublinuntur. Mares excitatius fulgent, feminæ pinguiores sunt, & crassius
nitent. Damnantur ex his melleæ & validius testaceæ. Hæc
Plinius. Hodie Corneolus vocatur, vel potius carneolus dicendus est, ex colore carnis, vt Albertus vult: habet enim
rubedinem remissam veluti lotura carnis. Serapio inquit
multas eius esse species, melior autem est ille, qui magis vergit ad rubedinem: quidam similis in colore suo aquæ, quæ
distillat a carnibus salitis, in quo sunt lineæ albæ. Gestatus
stringit fluxum sanguinis vndecunque exit, præcipue Menstruorum: ex eius puluere dentifricium fit ad dentes dealbandos. Albertus hunc eundem Sardium vocat, Sardibus
scilicet repertum: habet inquit ruborem spissum cum substantia peruia: accendit animum ad gaudium, & acuit in-
genia, resistit malignitati Onychis. Aliam præterea idem
tradit Sardam, quæ potius Sagda dicenda est apud Plinium
colore virenti, cuius proprietas est tabulis ligni adhærere,
vt Magnes ferro, adeo vt e nauibus auelli nequeat, nisi pars
ligni abscindatur. Alius præterea est Sardonix, de quo inferius dicemus. Sardam etiam aliam Serapio tradit, quam sua
lingua vocat Hager albuzedi, lapidem rubentem languidius
quam Hyacinthus ac liuidius: Hyacinthi enim rubedo gratior est nullam admittens obscuritatem. Affertur hic ex
Oriente dum rudis est recens effossus, obscurus videtur, per-
politus

politus autem nitet: oculos tactu eius roborat. Fricatus ad
capitis capillos trahit paleas, vt Magnes Ferrum. Ex quibus
videtur significare Electrū: eodem enim colore constat quod
ex eo fuluum, & igneum est, vt Hyacinthus vulgaris. Cum
autem Sarda inter fragmenta praeciosa a recentioribus medicis reperiatur dubitatio est, an Corneolus eo nomine intelligatur, quae Sarda antiquorum videtur: an Serapionis
Sarda. Praeualuit autem consuetudo, vt Corneolus acci-
piatur, quia malignitati Onychis resistit, quod Albertus suo
Sardio tribuit. Confusionem autem peperit nominum mul-
titudo, quasi alius esse putaretur ab Alberto Corneolus, &
Sardius.

C A P. X X X I I.

PVrpureo colore seu Violaceo constat Ametystus, ratio
nominis, quia cum ad colorē vini inclinaret, priusquam
degustet, in violam desinit: ob id gestantem putant tutum
reddere ab ebrietate. Fulgor inest purpurae non ex toto
igneus, sed in vini colorem deficiens: perlucent omnes Violaceo colore. Inter eos quidam absolutum purpurae colorem
habent, vt Indici, quem tamen leniter blandum fundunt,
nec vibrant in oculos vt carbunculi. Alij ad Hyacinthi colorem recedunt. Tertio generi hic idem color inest, sed dilutior. Quartum colorem vini habet. Vltimum Crystallo accedit albicante Purpura, quod minime probatur. Optimus
censetur, cui inest in purpura refulgens quidam roseus nitor,
velut ex carbunculo, leniter tamen, qualis in primo genere
reperitur. Huiusmodi quidam Paederotas appellant, alij An-
therotas, & Veneris gemmam, quia specie, & colore maxime placet. Nota est hodie haec gemma, & Ametysti nomen
adhuc seruat: sed ad Medicinae vsum non venit.

CAP. XXXIII.

HYacinthus quoq. Violaceus est, quemadmodum & flos eius nominis sed multum distat ab Ametysto. Nam emicans in Ametysto fulgor Violaceus, dilutus est in Hyacintho, gratus primo aspectu, sed euanescit antequam satiet: adeoque nó implet oculos, vt pene non attingat marcescens celerius nominis sui flore. Ex Aethyopia habetur: Hæc Plinius. A quo non videtur recedere Albertus duas faciens Hyacinthorum differentias, vnum aquaticum, alterum Sapphirinum. Aquatico flauus & albescens inest color, in quo genere quidam est rubeus aquescens. Sapphirinus flauus est, & maxime perspicuus. Vtrique autem colorem tribuit Sapphiri, cum de Aquatico dicat ex quorundam sententia cæruleum esse. Omnes durissimi, vt scalpi vix patiantur, quod profecto Sapphiro contingit. Ex quibus colligere possumus Hyacinthi colorem ad cæruleum quidem accedere, sed ex aliqua rubei aut flaui mixtione eum fieri, quem vulgo dicimus a Pauone Pauonatium: a Latinis autem Violaceus, & Purpureus vocatur: vnde & Hyacinthinus color dictus est quia in flore Hyacinthi reperitur. Dicitur tamen & cęli color Hyacinthinus, vt Solinus scribit, nam cæruleus non multum recedit a Violaceo. At Serapio longe aliter describere videtur. Tres enim Hyacinthi differentias tradit, vnum rubeum, alterum flauum: Tertium coloris Ametysti, & Antimonij. Laudat autem magis rubeum, quia in igne rubescit absque læsione: minus resistit, qui flauus est: minime omnium tertius. Extollit Hyacinthum gestatum: nam tutum hominem reddit a peste, & fulmine. Sed quoniam addit sigillum ex eo idem præstare indicat ex Magicis vanitatibus vires has diuulgatas esse. Hodie pro Hyacintho Gemmarij Serapionem imitantes accipiunt Gemmam translucidam ex rubro ad croceum seu aureum inclinantem, quæ inter Chrysolithi genera reponenda videtur. Recipitur autem a

recen-

recentioribus inter fragmenta præciofa quæ in electuario de Gemmis recipiuntur. Antiquorum autem Hyacinthus inter Ametyfti, & Sapphiri genera ponitur.

CAP. XXXIIII.

CAerulei coloris translucet fola Sapphirus apud nos quam vulgo Zaffirum vocamus. Plinius hanc non Sapphirum fed Cyanum vocat. Nam Sapphiri apud ipfum nufquam perlucidę. De Cyano autem inquit, gratiam ineffe colore cæruleo : optimam Scythicam, dein Cypriam, poftremo Aegyptiam. Adulterari maxime tinctura, quod in gloria regis Aegypti afcribitur, qui primus eam tinxit, diuiditur in mares feminafque : ineft aliquando & aureus puluis, nõ qualis in Sapphirinis : Sapphirus enim & aureis punctis collucet, ex quibus patet Sapphirum apud eum effe, quem hodie lapidem Lazuli vocamus, de quo inter Opacas dicendum. Mares hodie intelligunt, quibus Cæruleus color ineft magis faturatus : feminas autem diluriores : aureus puluifsculus raro apparet. Albertus cælo fereno fimilem effe tradit, meliorem effe non admodum pellucidum, optimum qui habet nubes obfcuras ad rubedinem declinantes : inueniri etiam probum, qui albidas habet nubeculas cuius fubftantia vt nubes fufca aliquantum translucida. Idem teftatur eius tactu carbunculos extingui : & veneris ardorem, fudores cohibere : dolores fedare frontis & linguæ, fi imponatur ex aqua refrigeratus : eodem abftergi fordes ex oculisvtiliter, vt quidam fæpius in anulo geftans facere folebat. Diofcorides Sapphiri puluerem in potu laudat ad ictus Scorpionum ad exulcerationes internas : inhibere excrefcentias in oculis, vuafq. & puftulas, & ruptas membranas cogere : Recentiores recipiunt inter fragmenta præciofa.

CAP.

CAP. XXXV.

SVnt & inter perſpicuas, quæ motione varios colores oſtendunt, vulgo Scambia colore & Giraſole vt apud antiquos Pæderos & Opalus. In Pæderote inquit Plinius coeunt in translucidam cryſtallum viridis ſuo modo aer ſimulq.
purpura, & quidam vini aureus nitor ſemper extremus in
viſu, ſed purpura coronatus: nec Gemmarum vlla eſt liquidior, capiti iucunda, ſuauis & oculis laudatiſſima in Indis.
Opalus ob eandem rationem etiam Pæderotes appellata eſt,
in maximo præcio ſoli Smaragdo cædens: India ſola eum
gignit. Ineſt carbunculi tenuior ignis: ineſt Ametyſti fulgens
purpura: ineſt Smaragdi virens mare, & cuncta pariter incredibili miſtura lucentia. Alij ſummo fulgoris argumento
colores pigmentorum æquauere: alij ſulphuris ardentem
flammam, aut etiam ignis olei accenſi. Magnitudo nucem
Auellanam æquat: qualis viſa fuit Romæ ſeſtertijs viginti
millibus æſtimata. Opali genus eſt Sangenon: hæc mollius
nitet, raro non ſcabra color ex aere & purpura conſtat: viriditas Smaragdi deeſt: melior eſt cuius fulgor vini colore fu-
ſcatur, quam qui diluitur aqua. Gemmæ perſpicuæ tot modis variantur.

CAP. XXXVI.

INter opacas colore cãdido Onyx habetur ab vngue dicta
ob ſimilitudinem vnguis humani. Tranſiuit in gemmam
etiam a lapide ex Carmania, quem Alabaſtritem diximus
inter marmora, qua enim in parte fulget Gemma eſt: Gemma enim non ſolũ nitet ſed etiam fulget. Præterea in Alaba-
ſtrite traſlucere vitium eſt, & quod ineſt ſimile vitro & color
corneus, aut candidus. In Onyche gemma candor laudatur,
varietas colorum, igneus, niger, corneus cingentibus candidis venis oculi modo interuenientibus: translucere autem
traditur

traditur Onyx in Sardoniche. Onyx Arabica nigra inuenitur candidis zonis: multiſq. modis colores in ea componuntur, veram autem Onychem dici inquit Plinius quæ plurimas, variaſque cum lacteis zonis habet venas omnium in tranſitu colore inenarrabili, & in vnum redeunte cōcentum ſuauitate grata. Hodie candidum Onychem Calcedonium vocant, ſiue omnino opacus ſit, ſiue aliquantiſper transluceat. De quo Albertus inquit pallidum eſſe, & fuſcum quadantenus obſcurum: valere contra fantaſticas illuſiones ex melancholia ortas. Ex India Occidentali afferuntur quidam modice translucidi, ex albo palleſcétes, quidam lacteis zonis diſtincti, quos prædicant appenſos valere ad lactis vbertatem. Nigrum autem vulgo Sardonium vocant: Plinius Morion Indicam, & Pramnion, quæ nigerrimo colore tranſlucet: ex eodem genere Obſidianus lapis nigerrimi coloris, aliquando & translucidi craſſiore viſu: Gemmas multi ex eo faciunt, habetur ex Aethyopia, traditur in Hiſpania naſci ad Ocœanum. Afferuntur hodie ex Hiſpania calculi nigri ſplendentes Zonis candicantibus interſecti, cuius puluerem collyrij modo attritum propinant in vino ad calculum. Forte inter vitra obſidiana: omne enim vitrum calculum comminuit, vt Galenus tradidit. De nigro Onyche Albertus inquit, inueniri quidem nigri coloris, ſed melius eſſe illud genus, quod nigredinem habet albis venis diſtinctum, afferri ex India & Arabia, quod conſentit cum Plinio. Traditur hic geſtatus ſimilitudine nigredinis excitare triſtitiam & timores, & in ſomnia tumultuoſa: commouere enim atram bilem: augere in pueris ſaliuam ad os: corrigi eius noxam à Sarda admixta. Ex India Occidentali lapis quidam niger affertur, qui ſcalptura ſulcis quibuſdam interſectus, carni fricatus affigitur ad vteri dolores. Alia eſt gemma Samotracia apud Plinium, ex inſula eiuſdem nominis nigra ac ſine pondere ligno ſimilis. Hæc hodie ambra nigra vocatur, copioſa in Compoſtella: ex ea conficiunt imagines ſancti Iacobi Compoſtellani, quas peregrini ferunt religio-

Q ligio-

ligionis gratia: globulos etiam formant ad Coronas præca-
rias: conſtant ex materia Bituminoſa, exhalant enim, &
flammam concipiunt. At qui in genere Onychis continen-
tur, & duriores ſunt, & incombuſtibiles, ignem autem attritu facilime edunt. Ex his qui candidis Zonis interpollantur
vulgo Niccolos vocant, quaſi Onyculos: Albertus Onychi-
nos: compræhendens ea voce etiam Sardonychem: inquit
enim in noſtris Onychinis multos colores inueniri, albos nigros, & rubicundos, qui tamen omnes fricati ſimilitudinem
exprimūt vnguis humani. Scalpūt gēmarij has vario modo.
Si enim cruſta alba alteri nigræ ſuperpoſita ſit, aut ſecundum alios colores, vt rubens, albæ aut nigræ, aut e conuer-
ſo, ſcalpunt in ſuperiori imaginem, vt inferior veluti ſtratum
ſit, has vulgo Cameos vocant. Ex hoc genere Sardonyx
apud antiquos appellata eſt, nam ex eo nomine apparet intelligi Onychis candorem in Sarda, hoc eſt veluti carnibus
vngue homis impoſito, & vtroq. translucido, vt Plinius inquit tales autem Indicæ traduntur, quæ non translucent cæ-
cas appellant. Arabicæ nullo Sardarum veſtigio ſunt, cæpe-
runtque pluribus coloribus hæ gemmæ intelligi, radice nigra, aut cæruleum imitante & vnguem. In India reperiuntur torrentibus deteĉtæ tantæ magnitudinis, vt inde capulos
faĉtitarent. Placuere initio apud nos, quoniam ſolæ prope
gemmarum ſcalptæ ceram non auferrent. Arabicæ excel-
lunt candore circuli prælucido atque non gracili, præterea
ſubſtrato nigerrimi coloris, & hoc in Indicis cereū, aut cor-
neum, inuenitur etiam circuli albi, quædam in ijs cæleſtis
arcus anhelatio eſt, ſuperficies vero locuſtarum maris cruſtis
rubentior eſt. Iam melleæ & fæculentæ improbantur, etſi
Zona alba fundat ſe, non colligat. Simili modo ſi ex alio
colore in ſe admittat aliquid enormiter. Armeniacæ quoq.
improbandæ pallida Zona. Hæc de Sardoniche Plinius. Hos
omnes hodie Niccolos vocant, cum ſolum perpoliti ſunt: ex
ſculptos autem, vt ſubſtratum alterius coloris ſit, Cameos.

CAP.

CAP. XXXVII.

ACHATES ab his diſtare videtur ſola eorundem colorum compoſitione: non enim Zonis aut circulis, aut cruſtis compoſitus eſt, ſed lineis aut maculis vario modo varias rerum imagines præſeferentibus. Nam quæ in India reperiuntur, reddunt ſpecies fluminum, nemorum, & iumentorum: etiam eſſeda, & ſtaticula, & equorum ornamenta. Repertæ primum in Sicilia iuxta flumen eiuſdem nominis, poſtea plurimis locis excedens amplitudine numeroſa, varietatibus diuerſis mutantibus cognomina eius. Vocatur enim Phaſacates, Cerachates, Sardachates, Hæmachates, Leucachates, Dendrachates, velut arbuſcula inſignis: Antachates cum vritur, myrrham redolens. Corallachates guttis aureis Sapphiri modo diſtincta: qualis copioſiſſima in Creta, ſacra appellata. Putant eam contra Araneorum & Scorpionum ictus prodeſſe. Medici coticulas inde faciunt, nam ſpectaſſe prodeſt oculis, ſitimque ſedant in os additæ. Phrygiæ vires non habent. Thebis Aegyptijs repertæ carent rubentibus venis, & albis. Sunt etiam qui maxime probent vitream perſpicuitatem in his. Fertur admirabilis Achates Pyrrhi Regis, in qua ſpectabantur nouem muſæ, & appollo Citharam tenens, non arte, ſed ſponte naturæ ita diſcurrentibus maculis, vt Muſis quoque ſingulis redderentur inſignia. Notiſſimæ ſunt hodie hæ gemmæ, vulgo Agatas vocant. Extant Piſis duæ cruſtæ ex hoc lapide, ouatæ, amplitudine ferme cubitali ad monumentum Gregorianum in Campo Sancto.

CAP. XXXVIII.

VIridi colore Iaſpis vocatur, Smaragdo ſimilis vt Indica, quæ præ cæteris laudatur ad Amuleta vt Plinius tradit. Tranſijt tamen nomen ad alios colores, & miſturas.

Q 2　　　Nam

Nam alia Cryſtallo, & pituitæ ſimilis traditur a Dioſcoride: quæ Onychipuncta, & Iaſponyx a Plinio vocatur, quia Onychem complexa eſt: vel ſpecie nubis vel niuis, rutilis punctis ſtellata, & ſali Megarico ſimilis. Alia aeris colore: Plinius Boream vocat imitantem cœlum Autumnale matutinum: vulgo hanc Turchinam vocant. Alia fumo infecta, quæ Capnitis ob id vocatur vel Capnias, vt Plinius appellat. Alia venis albis & nitentibus interſtincta, cui nomen Aſyriæ, apud Plinium Grammatias vocatur, quæ pluribus Polygrammos, e Petra habetur. Alia Terebinthinæ ſimilis colore, vnde Terebinthizuſa dicitur: alia tandem Calaidem æmulatur, ſcilicet viride pallens. Omnes pro Amuletis geſtantur, & ad partus accelerandos apud Dioſcoridem. Plinius Iaſpidem etiam roſeam eſſe tradit, aliam purpuream, aliam Cæruleam: eſſe & ſimilem Sardæ, imitatam & violas: apud Cyprios Glaucam pinguemque. Hodie ex India Occidentali multæ afferuntur, inter quas quædam colore hepatis prædicatur ad eiuſdem affectus. Galenus Iaſpidem viridem (huius enim tantum meminit) teſtatur experimento compertum eſſe, ventriculi os adiuuare adhæſu propria natura: licet nonnulli hanc vim ineſſe ex imagine Draconis inſculpta tradiderint: nam expertum eſſe & cum imagine, & abſq. ſculptura idem præſtare. Ex India Occidentali afferuntur lapides virentes maculis albis, quas ſuſpendunt ad dolores colicos, & renales, vt particulam doloris tangant. Albertus Iaſpidem multorum colorum eſſe meliorem tamen, inquit, eſſe viridem perſpicuum habentem venas rubeas. Hunc laudat geſtatum ad ſanguinis fluxum, & menſtrua compeſcenda. Hodie ad ſiſtendum ſanguinem quoddam genus Iaſpidis accipiunt, colore ſanguineo, aut roſeo: Galenus meminit cuiuſdam lapidis, qui tacto vulnere ſanguinem emanantem compeſcit: quod totius ſubſtantiæ proprietate fieri tradit. 9. Simpl. 6. & Hieracitem, & Indicum ſanguinem ex hæmorrhoidibus ſiſtere. Deſcribitur autē Hieracites apud Plinium in hunc modū: Alternat tota miluinis nigricās plumis.

C A P.

CAP. XXXIX.

HEliotropium géma apud Plinium nascitur in Aethyopia, Africa, Cypro, porracei coloris, sanguineis venis
distincta. Causa nominis, quoniam deiecta in vas aquæ,
fulgorem solis accedentem percussu sanguineo mutat, maxime Aethyopica, eademq. extra aquam speculi modo solem
accipit, depræhenditque defectus subeuntem lunam osten-
dens. Eadem videtur quæ inter genera Prasij recensetur porracei coloris sanguineis punctis abhorrens. Afferuntur ex
India Occidentali efficacissimi ad sanguinem sistendum. Mo-
locchites non translucet spissius virens a colore Maluæ nomine accepto, reddendis laudata signis, & infantium custodia
quadam innato contra pericula eorum medicamine. Hermolaus putat Morochthum esse apud Dioscoridem : At is
non inter gemmas. Omnes hæ hodie nomine Iaspidis intelliguntur.

CAP. XL.

COlore cæruleo hodie lapis Lazuli vocatur: Plinius Sapphirum vocat aureis punctis, collucentem. Cæruleæ
enim vt Cyani, raroque cum purpura. Optimæ apud Medos
nusquam tamen pellucidæ. Præterea inutiles sculpturæ interuenientibus crystallinis centris. Quæ vero sunt ex ijs cya-
nei coloris, mares existimantur. Saturatior enim est Cya-
neus color quam Cæruleus. Nos tamen hodie nomine Sapphiri pellucidas accipimus, quas Cyanos Plinius vocat. Sed
apud Dioscoridem, & Galenum Cyanos pigmentum est,
quod Plinius Cæruleum vocat, de quo alibi dicetur. Hinc
error apud quosdam, qui lapidem Lazuli cum cæruleo con-
fundunt. Mesues hunc lapidem stellatum vocat, de quo inquit : est de genere marmorum habens maculas ex auro, &
est alius albus, & dicitur Marcassita : Alius viridis clarus cæ-
leftis,

leftis , & vocatur lapis Lazuli, & quandoque vterque simul
reperitur . Melior est, cuius color viridior in colore Lazuli ,
& habet maculas aureas : & mixtus cum Pyrite non est bo-
nus , & non maculatus est prauus, similiter lenis . Verbum
autem :viridis, clarus, cælestis, non accipiendum est,vt duo
colores significentur , vt in lapide Armeno, sed viriditas significat intensionem coloris cælestis . Similiter cum dicit ;
melior est cuius color viridior in colore Lazuli, idest saturatior . Sic apud Plinium videtur accipi, cum de Pederote
gemma inquit , inest viridis suo modo aer, idest cæruleus sa-
turatus . Temperamentum porro huius lapidis statuit Me-
fues calidum , & siccum in tertio ordine , nam acredinem
habet cum aliqua astrictione . Adurit , vlcerat , putrefacit ,
abstergit , & incidit : Aufert etiam pilos non lotus : si autem
lotus fuerit, palpebrarum pilos gignit . Præparatus vt decet ,
purgat humores melancholicos , & adustos : non lotus pro-
uocat per vomitum, & per alium humores crassos & melan-
cholicos:confert ægritudinibus cærebri, & cordis.Epilepsiæ ,
Maniæ & Melancholiæ, tremori cordis & syncopi : lætitiam
gignit, purgat Thoracem & pulmonem : confert Asthmati ,
lieni : conseruat in iuuentute :suppositus educit menstrua :
eius Dosis est a Drachma vna vsq. ad duas, & semis, ex quibus colligere licet hunc lapidem cum cæruleo multum conuenire : quemadmodum Smaragdum cum Chrysocolla:me-
tallicam enim naturam participant, præcipue æris, vnde vires aliqua ex parte maleficæ . Ex India Occidentali afferuntur lapides cærulei obscuri sine maculis , quos figura cordis
efformatos laudant ad cordis affectus gestatione .

CAP. XLI.

AD Gemmas non pellucidas reduci possunt genera corallij , rubrum , candidum , & nigrum , quod Antipa-
thes dicitur. Egimus autem de ijs inter plantas . Antipathi
similis est Ebenus fossilis,siue radix sit,lignumue Ebeni in lapidem

pidem concreti : fiue omnino lapis per fe genitus ligno fimilis. Differt à Corallio nigro : hoc enim non nifi in mari nafcitur: Ebenus foditur. Scribit enim Paufanias Ebenum radicem tantum effe in terra conditam, quæ nec folia nec fru-
ctus vllos ferat, ideo non omnibus facilem inuentu, fed peritis tantum. Et Theophraftus tradit Ebenum fofsilem inueniri inclufum alijs lapidibus tamquam fœtum in ventre.
Si igitur hæc vera funt, nec radix nec arbor dicenda eft in
lapidem conuerfa, fed lapis Ebeno fimilis in fibris Saxorum genitus: Nec tamen abfurdum etiam Ebeni lignum
intra terram diu conditum, lapidefcere, quod & alijs generibus lignorum contigiffe compertum eft. Abietes e-
nim in Elbogano, fimul cum corticibus lapideis inuentæ
funt, in quarum fciffuris Pyrites Aureus concreuit :
& Querna trabes lapidea in Hildesheimio. Lapidefcunt &
offa animalium, tefte oftrearum, ac reliqua conchila, & animalia integra: nam fuccus lapidefcens, quæcumque ipfum
biberint, in lapidem conuertit. Eadem ratio videtur in E-
bore fofsili apud Theophraftum, candido & nigro. Nam
aut ipfum met Ebur intra terram lapidefcit, aut lapides fimiles illi gignuntur vt corallium album, & apud Plinium
gemma Arabica Ebori fimillima, & hoc videretur, nifi abnueret duritia, quamque putant contra dolores neruorum
prodeffe habentibus. Reperiuntur, & in animalibus viuentibus lapides gemmantis naturæ, vt margaritæ in quodam
genere oftrearum, de quibus egimus. Sinodontides in cerebro pifcis Sinodontis, quem hodie denticem vocamus.
Lapis eft candidus, figura oblonga, altera parte gibba: laudatur ad dolores colicos. In eo genere funt Cinædie. In India
Occidentali ex pifce magno quem Tiburonem vocant fimiles lapides extrahuntur, pondere duarum librarum cuius
puluerem propinant ad dolores colicos & renales, expellit
enim calculos. Draconites feu Dracontias è cerebro draco-
num haberi traditur apud Plinium fed nifi viuentibus abfcif-
fum, nunquam gemmafcere inuidia animalis mori fe fen-

tientis

tientis. Ideo mos est dormientibus caput amputare: esse
candore translucido, nec postea poliri, aut artem admitte-
re. Albertus testatur se hunc vidisse colore nigro, figura pyramidis abscissæ, non pellucidum in circuitu colore pallido,
in quo pulcherrimus serpens est descriptus: inuentum in Sue
uia in capite serpentis magni. Apud me hic lapis est effigie
corniculi abscissa cuspide, colore partim nigro, partim na-
uescente splendido, non pellucido, ad cuius basim linea nigra circundat specie serpentis. Qui mihi tradidit affirma-
bat linguam esse serpentis cuiusdam magni in Germania:
ac ictum inferre lethalem. Sed si gestetur (suspenditur e-
nim ex vmbilico argenteo aut aureo) aduersari venenis ictu
illatis: abscinditur autem cuspis, ne aculeo offendat. Impo-
nunt & poculis aduersus venena. Ex hoc genere serpentis
forte fuerit Cerastes binis in capite corniculis, vt quidam re
ferunt, sæpe quadrigeminis vt Plinius scribit, nam linguæ
serpentum bifurcatæ sunt: quæ si duræ fuerint, aculei modo feriunt. Etiam in capite Rubetæ quem Bufonem vocant, lapidem reperiri tradunt. Albertus & Euax, lapidem
Nusæ vocant, subalbidum, vel nigrum, in quo aliquando
Rana rubeta reperitur depicta, hic prædicatur efficax ad venena depræhendenda, nam veneno præsente colorem mutare aiunt. Alectoria apud Plinium Gemma in ventriculis
Gallinaceorum inuenitur Chrystallina specie, magnitudine fabæ, qua Milonem vsum fuisse tradunt in certaminibus,
inuictum enim reddere gestantem volunt, De hac multa a-
lia promittunt Albertus & Euax: Optimam haberi ex Gal-
lis decrepitis Gemmatis naturæ videntur, & Vmbilici marini, lapilli enim sunt rotundi ac depresi fabæ domesticæ amplitudine, altera facie leuiter excauati instar acetabuli similitudine vmbilici humani admodum læues ac perpoliti colo
re candido, maculis flauis: altera parte plani, minus niten-
tes, lineis nigricantibus ad imaginem cochleæ circunductis.
Materies ostea & candida significat ex animalibus haberi.
Reperiri eos tradunt in littoribus maris cohærentes simul
multos

multos vt Dentales, afferri ex Venetijs. Recipiuntur a Nicolao Alexandrino in vnguento Citrino ad faciei maculas delendas: frigidi enim & ficci funt cum facultate abftergendi ob afperitatem. Theodorus Gazza vmbilicos vertit, qui apud Ariftotelem Cochliæ dicuntur. Figura autem & turbinis defignatio oftendit effe ex genere Cochlearum, quarum tefta non extra eft, fed intus condita, aut in genere terreftri funt, quos vulgo limaces, & Lumacones vocant iufta puteos degentes. Meminit & Cicero lib. 2. de Oratore inquiens: focerum fuum Lælium & Scipionem cum ruri degerent Conchas & vmbilicos ad Caietam, & Lucrinum legere confueuiffe. Sed Rondelletius pro vmbilicis pingit Cochleas quafdam, quarum tefta exterius alterum meatum oftendit inftar vmbilici, vnde vmbilicatas vocat. Dentales autem feu Dentali in eodem vnguento recipiuntur, quorum mentio reperitur tantum apud recentiores afferentes offa quædam effe candida inftar dentis canini longiora perforata, & intus inania, reperiri in cauernis lapidum in profundis maris. Eandem facultatem habere quam vmbilici. Venduntur hodie exiguæ quædam Cochleæ candidæ, & læues, rimula per longitudinem tendente, leuiter denticulata, vt quæ concha Veneris apud Rondelletium pingitur: mulieres vtuntur ad faciem abftergendam. Antali præterea adiunguntur a recentioribus, & in eodem vnguento ijs affines longiores dentalis, fuperficie non læui, fed virgulata, & tota alba, oriri tradunt in ijfdem locis & eafdem habere facultates. Oftenduntur inter parua conchilia, quæ turbinis modo lineis intortis in longitudinem mucronatam tendunt, frequentes in noftris littoribus, includunt autem vt plurimum cancellos. Sed de Gemmis hæc fatis.

CAP. XLII.

Q Vi communi nomine lapides vocantur difcedunt a
Gemmis, quia aut læuorem fplendentem non admit-

R tunt,

tunt, aut duriciem illam infignem non poffident. Nafcun-
tur autem in eifdem locis: nam quidam ex animalibus aut
plantis habentur: quidam in fibris faxorum, aut metallis reperiuntur. Dicamus autem primo de ijs qui ex plantis, &
animalibus ortum ducunt Syringites, Calamites, & Phycites apud Plinium, & Theophraftum, videntur frutices corallij modo in lapidem conuerfi. Syringites enim ftipulæ inter-
nodio fimilis perpetua fiftula cauatur. Calamites a calamo
dictus: ferunq. fimul plures inueniri. Phycites Algæ fimilis,
ideft fuco marino, qui futex eft corallio fimilis: Hi plerunq.
in cortice tantum lapidefcunt, vnde furculi fiftulofi redduntur: quidam etiam gemmantis naturæ in genere corallij candidi: ideo Plinius inter gemmas recenfet: Nam Syringites,
& calamites a candido corallio eo tantum differunt, quòd fiftulofi funt: verum enim corallium candidum folidum eft, &
ramofum, vt Rubrum. Phycites autem omne genus corallij dici poteft cum impolitum eft: obducitur enim lanugine
quadam inftar Phuci marini, quam corallinam vocant. Ex
Germania afferuntur veluti radiculæ aut furculi lapidei cinerei coloris, intus fpongiofi, fragiles, quos celebrant ad offa
fracta. Quæ rofa marina vulgo appellatur frutex eft lapi-
deus, figura fpongiæ, vnde fpongites apud Plinium dici poteft, inter gemmas fpongiæ fimilis: de hac egimus inter
plantas.

CAP. XLIII.

IN fpongijs reperitur lapis, qui lapis fpongiæ vocatur, candidus, & friabilis, quem Diofcorides laudat ad veficæ lapidem frangendum in vino potum. Galenus tamen id negat:
folum valere ad renum ealculos frangendos, vt qui ex Cappadocia conuehuntur: foluuntur ij in fuccum lacteum facultate extenuandi abfque infigni caliditate, lapis Cappadox a
quibufdam vocatur. Plinius inquit a quibufdam Cyfteoli-
thos vocari, quoniam veficæ medentur in vino poti: Nam
ealculos rumpnnt. Similis concretio reperitur circa frutices
maris,

maris, & aliquando in paluſtribus ſalſis iuxta harundines, & alias herbas: Spumam maris vocant, quia videatur ex ſpuma craſſeſcente congelari. Recentiores ſpumam maris vocant omne genus Alcyonij, de quibus egimus inter plantas: cum tamen id nomen ſoli quinto generi tribuat Dioſcorides, Haloſachne enim id eſt ſpuma maris patrio nomine in Propontide appellatur: figura fungi, ſine odore, aſperum parte interna, & quodammodo pumicoſum, foris ſeue, acre: valet ad dentifricia, & pilos euellendos. Ab hoc non valde diſtat Adarces ſeu Adarcha, vt Dioſcorides tradit. Eſt enim tanquam concreta ſalſilago in paluſtribus Cappadociæ, per ſiccitatem emergens circa harundines, & herbas colore floris Aſij lapidis, ſpecie Alcyonij mollioris, & cani, vt videri poſſit Alcyonium lacuſtre. Galenus Adarcion etiam vocari ſcribit, & Adarcon, acerrimum & calidiſſimum medicamentum foris tantum vtile alijs commiſtum, quæ eius vim frangant. Euocat ex alto, aufert lepras, & lentigines & alia cutis viria. Plinius Adarcha inquit, latine dicta, Calamochnus Græce, quaſi calami Lanugo, naſcitur circa harundines tenues e ſpuma aquæ dulcis & marinæ, vbi ſe miſcent: vim habet cauſticam: Alibi idem Plinius Adarcham in Italia naſcentem tradit paluſtrem, in cortice tantum ſub ipſa coma naſcentem. Huiuſmodi vidimus fruticulum quendam auium pennis ſimilem, quam Pennam marinam vocant, cuius cauliculo ſub coma lanugo adhæret mollis, inſtar ſerici; quam in parte inferna tegit cruſta lapidea acris. Calamochnus igitur lanugo eſt prædicta: Cruſta autem Adarcha. Quæ autem ſolidiori conſtat ſubſtantia lapillis agglutinata aut per ſe, candidior eſt, & mitior: hanc diximus Parætonium appellari apud Plinium, de quo ſuperius dictum eſt.

CAP. XLIIII.

L Apis Iudaicus in Iudea reperitur glandis effigie ſulcis veluti lineis ſecundum longitudinem diſcurrentibus,

quasi de industria excauatis, colore candido, fragmentis
splendentibus. Dioscorides inquit, lapis in Iudæa nascitur
glandis effigie candidus, scita ad modum configuratione lineis æqualiter inter se distantibus quasi de industria detor-
natis: solutus nullam qualitatem manifestam gustui repræ-
sentat. Potest ciceris magnitudine tritus ad corem vt collirium, cum tribus cyatis aquæ calidæ potus difficultati vrinæ
auxiliari, & calculos in vesica comminuere. Galenus non
vesicæ calculis prodesse, sed ijs, qui in renibus sunt, efficacem
cem esse. In libro de Renum affectum dignotione, & cura-
tione, qui Galeno ascribitur, traditur, potenter lapidem
diuidere, esse masculum, & fœminam: masculum ad lapidem
renum facere: Fœminam ad eum qui in vesica. At quomodo mas a fœmina discernatur, non explicat. Extant quidam
crassiores, breuioresque, quidam tenuiores, & ob longiores
nuclei oliuæ magnitudine, & sine sulcis: apud Plinium Teco-
lithos vocatur, quasi lapidem liquefaciens, inter gemmas;
sed non inest ei gemmæ honor: oleæ nucleo similis videtur,
lingentium calculos frangit, pellitque. Sed vnde eius origo,
& tam pulchra configuratio, res est contemplatione digna,
Profecto, & alij multi lapides varijs figuris reperiuntur a natura conficti, vt quos in Hildesheimio inueniri testantur
Tympani modo certis lineis ornatos, Trochitas vocant:
quosdam figura lilij: alios Sagittæ Belemnitas vocant, in
quorum genere est, & qui in fulmine creditur decidere Cerauniam vocant effigie vomeris linea alba in ambitu circun-
dante leuiter denticulata: & Glossopetra apud Plinium linguæ humanæ similis e cælo creditur cadere deficiente luna.
Cum igitur eadem figura in multis reperiatur, non casu, sed
aliqua ratione configurationem huiusmodi factam esse putandum est: Quæ enim casu fiunt, non in multis, nec frequenter, sed in paucis eadem, & raro contingunt: vt imagines quædam in marmoribus, & gemmis maculosis. Ratio
autem quædam ex fine habetur, vt in figuris organicarum
partium, quæ alicuius gratia ab anima fiunt, aut ab arte
alia

alia ex neceſſitate, vt in coagulatione Cryſtalli ſexangulæ
figura, de quæ egimus : aut quæ ex loco continenti inſequi-
tur, vt contingit ijs, quæ in cauernulis ſaxorum coagulantur. At vero finis cuius gratia rationem in ijs quæ carent a-
nima ponere non poſſumus, quanquam ſunt qui putent ob
influxus cæleſtes figuras animalium, & plantarum introduci
etiam in inanimatis : vnde Oſtreas & multa Conchilia, &
alia animalia lapidea reperiri. At facultatem organicam,
quæ animæ propria eſt, non offendemus, ſi dicamus : huiuſmodi corpora non pauca, ſed multa imo innumerabilia eandem prorſus configurationem cum viuentibus habentia, viuentia extitiſſe, ſed poſtea aut ſponte, aut ob aliquem ſuccum
lapideſcentem concreuiſſe in lapideam ſubſtantiam. Præcipue id patiuntur oſtrearum, & cæterorum ſimilium teſtæ, &
oſſa animalium, & ligna quædam intra terram diu condita :
cum enim minus putreſcant interim lapideſcunt ob terream
ſubſtantiam. Repertæ autem ſunt veluti Oſtrearum medullæ
figura craſſioris Amygdalæ aut mali Perſici, materia ad figuram continentis concreta. His ſimilem ortum habere putandum eſt lapidem Iudaicum : eſſe ſcilicet veluti medullam
concretam alicuius Conchilij, aut arboris fructum, materia
lapideſcente in eum locum corriuata. Sic videtur Belemni-
tes, Gloſſopetra, & ea quæ in fulmine putatur decidere, ex
Pinna, aut aliquo eius generis Conchilio ortum ducere. Neque mirandum in mediterraneis, & montibus altiſſimis reperiri animalia maritima in lapides conuerſa, non enim ab-
ſurdum eſt, vbique mare extitiſſe, imo neceſſarium vt tradit
Ariſtoteles. Alia porro videtur in Trochite, Entrocho, &
Pentacrino, vt recentiores vocant, figuræ ratio : & in ijs, qui
ſerpentes conuolutos in tenuem caudam ſenſim deſinentes,
aut vermiculos terreſtres imitantur, reperti in agro Senenſi
locis ſterilibus, & Cretoſis, colore candido, ſubſtantia Gy-
pſea : qui ſi frangantur, intus globuli inanes veluti ampullæ
ſpectantur aſſidue tenuiores prope caudam. Feruente enim
materia, vt ſæpe videmus in balneis ſulphureis, Bullæ attol-

lantur :

luntur : dum vero ſpiritus vario modo conuoluitur, is materiam ſequacem eodem modo ducit, quæ poſtea concreſcens,
eandem figuram retinet, vt patet in aluminis combuſtione.
Quemadmodum autem ſerpentes prædicti, & vermiculi ex
ſpherulis inanibus ordine quodam compoſitis coagmentati
ſunt, ſic Entrochi, & cæteri huiuſmodi veluti, ex vertebris
inuicem commiſſis ob eandem cauſam compoſiti ſpectantur.

CAP. XLV.

Apis Lyncis apud Euacem, fit ex vrina Lyncis, qui, vulgo lupus Ceruarius vocatur : hæc micta in montibus
coagulatur in lapidem, qui in domo ſeruatus gignit optimos
fungos ſupra ſe toto anno : valet contra dolorem ſtomachi,
Icteritiam, & fluxus ventris. Dioſcorides vanum putauit,
ex vrina Lyncis Lyncurinm appellatum fieri, ſed Electrum
eſſe. Alij lapidem diuerſum ab Electro, gemmam igneo colore carbunculo ſimilem, atque frigidam, quæ & ſcalpatur,
ſed e fæminis præſertim cicuribus candidam, & languidam
exiſtere : nec frondes & acus modo rapere, ſed æris quoque
ferrique bracteolas, vt Diocles, & Theophraſtus referunt.
Idem Theopraſtus lyncurio tribuit fungos ferre. Hodie
Neapoli notiſſimus eſt lapis, qui domi aſſeruatus ſi irrigetur,
fungos fert toto anno : de quo Hermolaus inquit : Oritur
fungus, & e ſaxo ideſt lapide Lyncurio ſiue Lyncæo vulgari
voce dicto admirabili natura : præciditur hic in eſum, & alius
ſubnaſcitur anno toto : pediculi pars relicta duratur in ſili-
cem, atque ita ſemper creſcit lapis reſtibili fæcunditate : nec
credidimus, antequam domi natos ita manducaremus. Forte Dioſcorides hũc ſignificauit : cum de Populo inquit : Cor-
ticem Populi albæ, & nigræ particulatim cæſum, & ſulcis
ſtercoratis mandatũ, omni tempore anni fungos ediles pro-
ferre, vt referunt. Quid autem mirum, eos cortices alicubi
aut ob loci naturam aut propter irrigationem certam, &
ſtercorationem, aut ex vrina Lyncis concreſcere in lapides
huiuſmodi,

huiufmodi, & populi lachrymam, in Electrum? Ineft enim
& in vrina humana vis quædam lapidifica, vt patet in matulis, quæ cruftam lapidofam contrahunt. Nec igitur Electrum, nec lapides qui ferunt fungos, ex humore illo conftare dicendum eft, hoc enim iure vifum eft incredibile, fed fuccum lapidefcentem qui latet in vrina, ad eorum concretionem facere. Circunferuntur lapides fub nigri maculis albi-
cantibus, aut cinerei, fungofi, fibrofi, fpecie quadam ligni,
friabiles. Sed a plerifque exploduntur, putantibus Lyncurium feu lapidem Lyncis inter Electri genera perquirendum
effe. Ideo in Germania pro Lyncurio affumunt lapidem Electro fimilem inter Belemnitas a quibufdam vocatas ob fa-
gittæ figuram. Alij oftendunt quoddam genus Electri colore mellis, non translucidum. At lapis Lyncis fungos ferens
longe diftat ab Electro: nec puto repudiandos effe lapides,
qui quafi per manus hucufq. ab antiquis traditi funt hoc nomine. Recipitur lapis Lyncis a Nicolao Alexandrino in
compofitionibus facientibus ad calculum, & vitia renum, ac
veficæ, quod & Populi albæ cortex facit tefte Diofcorides.

CAP. XLVI.

SVnt & lapides in viuentibus animalibus geniti, vt in renibus, & vefica, & alijs partibus, fed præter naturã: non
enim contingunt nifi morbofis, ex vrinæ quidem fedimento
in renibus aut veficæ condenfato: aliquando ex craffitie fel-
lis in eius vefica, qui crocei funt, aut fubuirides. At nulli ex
his ad medicinæ vfum affumpti funt. Bezaar fecundum
naturam videtur in animalibus eum ferentibus nafci, nam
in plerifque eius generis reperiri traduntur. Ferunt enim
Lufitani qui Indiam incolunt, capras effe filueftres magnitudine & figura Ceruis fimiles: cornibus Hirci. In eorum
ventriculo reperiri lapides, quos Arabes extollunt aduerfus
venena: animal in Perfia, & Corafone Pazan vocant, ideft
Hircum: lapidem vero Pazar, Indi Bazar: Arabes Bezaar.

Quoniam

Quoniam verò hic lapis vnice super omnia Alexipharmaca pollere visus est, ideo omnia Antidota, quæ à tota substantia venenis aduersantur, Bezaartica vocant, quasi Alexipharmaca. Concrescit hic lapis, vt referunt, in eorum ventriculo prope meatum, vnde pabulum ruminatum in alterum ventriculum transmittitur: initio iuxta paleam quandam tenuissimam, ex pabulo ruminato congestam, succo ambiente in crustam friabilem transeunte, superficie admodum læui & splendida colore herbaceo nigricante, aut pallescente, aut cinereo: figura in plerisque oblonga glandis effigie: interdum alia, atque alia forma. Superuenit in processu temporis alius, atque alius succus, vnde lapidis coaugmentatio fit per crustas instar cepæ. Maximi non excedunt oui Gallinacei amplitudinem: plerique vt oua columbarum & exiliores reperiuntur. Quò maiores eo valentiores existimantur, ideo in maiori precio habentur. Persici reliquos bonitate antecellunt. Reperti postea sunt & in India Occidentali magna copia in simili animali, sed caret cornibus, degit in locis frigidis in montibus Perù. Differunt quoque lapides eius: nam crustæ non eiusdem coloris sunt intus, & extra, vt Orientalium: sed extra quidem vt plurimum nigræ sunt, aut fuluæ, aut cinereæ minus splendidæ, inest aliquando veluti aureus puluisculus splendens: intus autem omnes subcandidæ sunt, veluti ex fibris compositæ: idcirco minus adulterari possunt quam Orientales. Depræhenduntur adulterati, nã calfacti mollescunt, si ferro candente perforentur: synceri nequaquam. Præterea adulterati, si frangantur, non habent in meditullio cauitatem, neque paleam, sed aliquid aliud. Quidam fabulati sunt lachrymam esse ceruorum in angulis oculorum congelatam, postquam afflatu serpentium molestati, in piscinas refrigerationis gratia se dimiserint: tunc enim lachrymam huiusmodi erumpere, quæ lapidescat in angulis: forte quia hic lapis aliquando lachrymam præ se fert tereti figura, nullo intus cauo instar guttæ congelatæ. Serapio tradit multos habere colo-

res:

res: nam inquit quidam lutei sunt, quidam cinerei, alij subuirides, alij candicantes. Probatissimi omnium lutei, deinde cinerei, qui ex Coralceni adferuntur: oriuntur in Syria: India, & Oriente. Multi alij lapides illi similes sunt,
qui non eandem habent naturam, neque accedunt ad eius
efficaciam. At Bazaar lapis est valde lubricus, lenis, & tactu
mollis, mediocriter calidus. Ex authoritate Rasis, inquit
lapis est citrinus, mollis, non habens saporem: aut vergit
ad citrinitatem, & albedinem cum quodam colore vini, lenis, & splendens sicut lumen. Aduersatur secundum totam
substantiam omnibus venenis tum calidis tum frigidis, seu
intus assumptis, seu ictu venenosorum animalium illatis:
tam haustus, quam gestatus, & impositus super plagas.
Assumptus pondere duodecim granorum hordei, aut plagæ
illitus liberat a morte & expellit venenum per sudorem:
confert quoque anulo inclusus, si ore exsugatur: vlcera purulenta ex veneno puluis eius inspersus purgat. Rasis testatur, bis vidisse efficaciam huius lapidis aduersus venenum
Napelli, quod est toxicum validissimum, quam nec in Theriaca, nec in alio vllo antidoto vidit. Lusitani eius vsum
transtulerunt ad multos alios morbos edocti ab Indis. Nam
pondere trium granorum hordei cum aqua florum Citri aut
Iamsæ, quæ ex floribus Aurantiæ habetur, aduersus omne
venenum exhibent: cum aqua verò Acetosæ ad febres pestilentes: ad animi deliquium, quod per interualla repetit, ad
stomachi vexationes, vteri molestias, vertigines, Epilepsi-
am, & tandem in omnibus morbis melancholicis, veluti in
scabie ferina, lepra prurigine, Quartana cum aqua Buglos-
sæ sæpius propinant ieiunio ventriculo post vniuersales pur-
gationes. Ad præseruationem ab ijsdem morbis solent
quinque diebus post purgationem hunc lapidem sumere:
quidam pondere decem granorum pro singulis vicibus exhibent cum aqua rosacea: alij audent vsque ad triginta propi-
nare: non timentes noxam ex medicamento, cui nulla sit
insignis qualitas. Sed cum omnia metallica, & quæcunque

S   venenis

venenis aduersantur, aliqua ex parte inimica sint naturæ
humanæ, non tutum est in magna quantitate vti vt Galenus testatur. 5. Simpl. cap. 18. Inquit enim: Quæ deleterijs
aduersantur, si largius sumpta fuerint, grauiter animantis
corpus oblædunt. Quamobrem ea moderatione quantita-
tis omnes id genus facultates exhibere oportet, vt neque
copia nimia corpus offendant, neque exiguitate sua à deleterijs vincantur. Hæc Galenus. Ideo melius qui circa Or-
muz degunt, non nisi in exigua quantitate exhibent, qui
vsus hodie in nostris regionibus inualuit. Nam pondus trium granorum exhibent, & quotidie per plures menses in
morbis diuturnis: cum vino vbi non adsit febris, aut cum a-
qua ex prædictis, vbi ea adsit. At vrgente qualitate vene-
nosa satius est ampliori pondere vti, idque rarius: vt vnica
vice, aut altera vincatur venenum, tardare enim & mollius
agere, periculosum est. Repertum porrò experientia est, si
lapis verus est, & syncerus, dentes eorum nigrescere, qui
hauserint, ideo cauent, cum deuorant, ne medicamentum
dentes attingat, cocleari intra fauces demisso. Hoc signum
est vim aliquam deleteriam continere vt solent Alexipharmaca. Quoniam vero Bezaar Occidentalis minoris effica-
ciæ compertus est, augent eius dosim vsque ad sex grana.
Cum igitur magna sit differentia inter optimum, qui ex
Persia habetur, & cæteros, qui in alijs regionibus inueniuntur, solebant experimento optimum depræhendere, sine
quo emptor recusabat. Id hoc modo fiebat: filum toxico
illinebant, qui apud eos est succus radicum Ellebori albi, deinde acu filum traijciebant per canis pedem, aut aliam animalis partem relicto filo in vulnere: cum verò vrgerent grauia symptomata, lapidem propinabant ex aqua: nam si le-
gittimus esset, auxilium ex eo remedio animal sentiebat:
sin minus, adulterinum censebant. Sed hodie mercatores
examen id recusant: quasi pauci effectis promissis respon-
deant. Alium lapidem prædicant in India Orientali, quem
Malacensem vocant, quia in Malaca inuenitur in felle Hi-
${}$striciis,

ſtricis, colore purpuræ dilutioris, guſtu amaro, tangenti
læuis, & lubricus vt Sapo. Hunc Malacenſes præferunt lapidi Bezaar aduerſus venena eodem modo exhibentes ex
aqua, quæ amara redditur : ſed hic rarius inuenitur.

CAP. XLVII.

AEtites, vulgo Aquilina, quia reperitur in nidis Aqui-
læ, vt Plinius teſtatur, ſimili ratione videtur compoſitus, vt Bezaar, habet enim in meditullio cauitatem in qua
aliud corpus continetur : ſed foſſilis eſt nō vt ille gignitur in
animali. Continet autem in aluo alium lapidem, qui dum
quatitur, ſonat, vt Dioſcorides tradit, quaſi prægnans a-
lium in vtero gerat: vnde grauidis conferre exiſtimatus eſt:
nam ſiniſtro brachio alligatus cuſtodire partus creditur : in
tempore autem parturiendi inde ablatus & fœminibus applicatus faciles partus reddere, vt legitur apud Dioſcoridem : multaque alia promittit vana, quę non ſolum Medicinæ, ſed & naturæ limites egrediuntur. Plinius tradit binos
in ueniri, marem, & fœminam : nec ſine ijs parere Aquilas,
& ideo binos tantum. Fœminam putant in Africa naſcentem puſillum, & mollem, intra ſe ac veluti in aluo habentem Argillam ſuauem, candidam. Marem autem in Arabia durum ſimilem Gallæ, aut ſubrutilum, in aluo habentem durum rapidem. Tertius in Cypro inuenitur colore ſimilis Africano, amplior, & dilatatus : nam cæteris globo-
ſa eſt facies : habet in aluo harenam iucundam, & lapillos,
ipſe tam mollis, vt etiam digitis fricetur. Quarti generis
Taphiuſius appellatur naſcēs iuxta Leueadem in Taphiuſa,
inuenitur in fluminibus candidus & rotundus, huic eſt in aluo lapis,qui Callimus vocatur,nec quicquā tenerius. Alius
præterea Aetites ponitur inter Gēmas dictus a colore Aqui-
læ cauda candicante. Item Enhydros ſemper rotunditatis
abſolutæ, in candore leuis, ſed ad motum fluctuat intus in ea
veluti in ouis liquor. Aetitem in Italia habemus colore ful-

uo intus magis nigricante figura varia, & magnitudine: eius
crusta prædura, densa, grauis, nunc aspera, nunc læuis: in
aluo nunc continet lapidem eiusdem substantiæ, nunc argillam pallidam, molissimā, bolo Armeno similem: nunc vtrunque. Reperiuntur & glebæ instar panis, plures Aetitas in se
continentes: Qnædam solidæ intra crustam ferrugineam, &
asperam farctos lapides multos continet, & cretam mollissi-
mam: aliquando eadem crusta intersectos, nullo inani spatio. Inter hos contineri lapidem Ostracitem puto. Nam glebæ solidæ sunt, lapidem continentes scissilem in plures lapides intercedente crusta, non in laminas, vt quidam inter-
prætantur apud Dioscoridem. Inquit enim Ostracites testæ
similitudinē habet, crustosus, & scissilis: mulieres vtuntur pro
Pumice ad pilos auferendos: Potus in vino drachmæ pondere, menses sistit: a purgatione sumptus prohibet conceptio-
nem: Mammarū inflammationibus imponitur, & ad nomas.
Alius porro est apud Plinium Ostracites siue Ostracias inter
gēmas, cui ostrea nomen & similitudinem dedere, vnus adeo
durus, vt eius ramentis aliæ gemmæ sculpantur, alter Acha-
tæ similis. Alius præterea est Ostraciti congener, de quo inter Hæmatitas dicetur. Oriuntur hi omnes in collibus sabu-
losis, & argillosis prope Leuanem, qua tenditur Aretium. In
eisdem locis reperitur & lapis Geodes, candidus figura oblonga vtrinq. acuminata specie stercoris canini, videtur ex
argilla parum addensata constare, si frangatur, plenus reperitur ex eadem substantia per crustas aggregata, friabili, instar Bezaar: Hunc forte quidam acceperunt pro Bezaar fossili
in Aegypto: Plinius Aetitem fœminam non absimilem tradidit in Africa nascentem. Geodes hic non ab re dici potest,
quia argilla quædam videtur lapidosa. Ei Dioscorides tribuit
vim astringendi, siccandi: caligines oculorum discutiendi: illiniri ex aqua ad testium, & mammarum inflammationes. Ex
hoc genere videtur esse lapius Samius, de quo egimus in terra Samia: nam simili modo nascitur in argilla candida, & creditur vt Aetites partus accelerare, & conceptus custodire.

CAP.

CAP. XLVIII.

Lapis Arabicus apud Dioſcoridem maeuloſo Ebori ſimilis: is tritus, & illitus hæmorrhoidas ſiccat, eius cinis dentifricio optimus. Effoditur hic in Montacutenſi Aetruriæ, & alijs multis locis cruſtoſus, ſed veluti ex fibris compactus, vt aliquando videatur Amiantus, ſed ſolidus & fragilis: colore candido, ſplendore Eboris punctis nigris intercedentibus, aliquando ſubuiridis, aliquando cinereus ſine ſplendore, inſtar oſſis combuſti: Appellant vulgo hæc oſſa Liocorni ſeu Alicorni medicamentum celebre aduerſus venena, & ad vermes necandos, & ad febres peſtilentes, ex aqua potum: at ſeligunt, Ebori ſimillimum, & quod linguæ admotum hæret, vt Bolus. Aliud tamen eſt cornu vnicorni animalis, cui eaſdem vires, & longe efficaciores tribuunt. Plinius inter gemmas Arabicam tradit Ebori ſimillimam, niſi abnueret duritia, vtilem habenti ad dolores neruorum: Oſſa autem e terra naſci, inuenirique lapides oſſeos idem teſtatur ex Theophraſto. Fodiuntur hodie prope oppidum S. Ioannis in valle Arni oſſa lapidea ingentis ſtaturæ, vnde putant fuiſſe ex Elephantibus ab Anibale ductis in Italiam. Extat humeri caput aut coxendicis magnitudine, quam vtraque vlna amplecti vix poſſit: Apud me ſunt fragmenta crurum intus ſpongioſa exterius ſolida, colore marmoris Porphiritis, nigriora, ſonora vt marmor.

CAP. XLIX.

Amiantus apud Dioſcoridem lapis in Cypro naſcitur alumini ſchiſto ſimilis: Ex eo vt pote flexili, inquit, vela texi ſpectaculi gratia, quæ ignibus iniecta inflammantur quidem, ſed ſplendidiora exeunt, non deuſta. Eodem adulterari inquit alumen ſciſſile, at guſtu non aſtringit. Plinius alumini quidem ſimileu eſſe tradit, at nihil igni deperdere.

Alibi

Alibi linum viuum appellat, quod ignibus non abſumitur: viſas eſſe mappas ex eo in focis conuiuiorum ardentes, ſordibus exuſtis ſplendeſcere magis igni, quam poſſent aquis. Regum inde funebres tunicas, quibus combuſta cadauera a reliquo cinere ſeparentur. Naſci in deſertis Indiæ, aduſtiſque Sole, vbi non cadunt imbres. Rarum inuentu, difficile textu propter breuitatem: cum inuentum eſt, æquare præcia Margaritarum. Ruſſus de cætero color ſplendeſcit igni, vocatur a Græcis Asbeſtinum, ex argumento naturæ, ideſt incombuſtibile. Paulus Venetus in ſuo Itinerario hunc lapidem appellat Salamandram, quia viuit in igne. Idem teſtatur effodi in Aſiæ prouincia quadam, & eſſe fila non diſſimilia lanæ, quæ Sole ſiccata teruntur in mortario æneo, deinde lauantur, & a terra purgantur, poſtea nentur, & demum texuntur. Pannos autem ſordidos non aqua ſed igne ad candorem priſtinum reſtituunt. Oritur, & in Italia, ſed adeo breue ac fragile, vt neri non poſſit: tantum eclichnia ex eo parari poſſunt in lucernis perpetua: vocant alumen plumæ, quia attritione ſoluitur in tenuia filamenta, inſtar plumæ caneſcentia: vnde pro alumine ſciſſili vſurpatum eſt. Nec deſunt, quibus etiam ſapor quidam aluminoſus ineſt. Ipſe lapis ligni modo fibroſus eſt, & mollis colore candido, aut ſubuiridi. Quod autem ex eo per attritionem effloreſcit in plumas, florem petræ vocant, quia forte putaretur eſſe Aſiæ petræ flos: nam cuti applicatus vehementer mordet, & vredinem gignit veluti ab vrtica tactis: quod videtur non ab acrimoniam fieri, ſed ob aſperitatem tenuibus aculeis carni infixis, mulieres vtuntur ad ſmegmata.

CAP. L.

PVmex veluti ſpuma eſt in lapidem concreta, ideo leuiſſimus, & ſolus aquæ ſupernatat. a Græcis Ciſſeris dicitur, quaſi eroſus. Cis enim vermiculum ſignificat qui triticum erodit. Dicuntur & Pumices ſaxa eroſa annis, vt Plinius

ȧius notat, qualia funt quæ in ædificijs Mufea vocant de-
pendentia ad imagiuem fpecus arte reddendam: vnde Mu-
ſaica opera hodie dicuntur in templis, ex varijs lapillis imagines diuerſas exprimentibus compoſita. De Pumice ſcribit
Victruuius quendam fieri exuſto alio lapide circa Aethnam,
& in collibus Myſiæ, qui Catacecaumenos ideſt deuſtus dicitur: Spongiam, & Pumicem Pompeianum vocari. Huiuſmodi & Lipareum eſſe Theophraſtus teſtatur, alioqui antequam vratur, nigrum, leuem, atque farctum. Et Pumicem
Siculum ponderoſum eſſe & nigrum. An ſpongiæ intelligan-
tur in genere molarum, de quibus egimus in Silice? Alius vero eſt pumex poliendis libris accommodatus, & mulieribus
ad cutem exterendam, & dentifricia: candidus, leuiſſimuſ-
que, de quo Dioſcorides inquit, probari valde leuem, ſpongioſum, ſciſſilem, nec arenoſum, teri facilem, & candidum.
Videtur enim ex capillis caneſcentibus coagmentatus, vt
Amiantus, & alumen ſciſſile. Reperitur in littoribus maris
vndis detruſus, copioſus in tractu maris Tyrrheni, quamuis
remotus ab Aethna monte. Laudatiſſimi præterea traduntur oriri in Melo Scyro, & Inſulis Aeolijs. Pumicem intellexit Plinius, cum inquit, lapidem e Scyro inſula integrum
fluctuare, comminutum autem mergi. Veteres e ſpuma maris aliquando coaleſcere, itemq. ex harena littorali teſtantur, vt in Inſula Cyclade, Niſiro, ut Hermolaus tradit.
Galenus ambiguus eſt, an inter lapides, an inter terras, vel
marina reponendus ſit: illud certum eſſe recipi inter Sarco-
tica medicamenta, & dentrifricia tum vſtum, tum non
vſtum. Splendorem corporibus conciliare non tantum facultate extergendi, ſed & aſperitate. Theophraſtus author
eſt potores in certamine bibendi præſumere Pumicis farinam, ſed niſi immenſo potu impleantur, periclitari: tanquam
vini reſtringuendi feruorem vim habeat, vt muſtra feruere
deſinant Pumice addito.

CAP.

CAP. LI.

ASsius seu Asius lapis in asso Troadis nascens Sarcophagus cognominatur idest carnem exedens : fissili vena scinditur : corpora defunctorum in eo condita absumi constat quadraginta diebus exceptis dentibus . Eius generis & in Lycia & in Oriente saxa sunt , quæ viuentibus quoque ad alligata erodunt corpora. Asius est gustu salsus , podagras lenit pedibus in vase ex eo excauato inditis . Eiusdem vero lapidis flos appellatur in farinam redigendam mollis ad quædam perinde efficax . Hæc apud Plinium. Dioscorides Asium inquit , seligendum colore pumicis , leuem , fungosum , friabilem , habentem venas luteas ad imum actas. Eius flos salsugo subflaua est summo lapidi insidens , tenuis , nunc alba , nunc instar pumicis ad luteum vergens , linguam aliquantum mordens . Vim vterque habet astrictoriam , & modice erodentem: longe validior est flos. Galenus lapidem esse inquit , non durum vt petræ , sed laxum , friabilem , consistentia , & colore quasi Tophi . Innutritur ei quiddam farinæ tenuissimæ adsimile , qualis in pristinorum parietibus adhærere visitur , quod petræ Asiæ florem vocant . Est vero subtilium partium , vt sine morsu carnes nimis molles , & fluidas eliquet . Petra uero , in qua nascitur similem sed infirmiorem uim habet : salsedinem quandam in gustu flos participat . Hæc Galenus . Hodie lapis hic non est uulgo notus : reperitur tamen in Ilua , & alibi , ubi alumen fossile , & Chalcanthi uena foditur , colore candido instar Sacchari uenis , uel maculis luteis , gustu substringente , & linguam modice mordente . Reperitur & sine maculis luteis pumici similis fungosus , in superficie concretio quædam est similis sali , sed lapidosa , sapore ferme insipido . Tertius durior uenis se inter secantibus in profundum: hic exterius in tenuem farinam candidam soluitur modice mordentem , qui eius flos est: non emanat autem flos luteus , nisi ex habente maculas luteas ,

cuius.

cuius sapor etiam est efficacior. Videtur autem hic lapis vaí-
mine & nitro participare.

CAP. LII.

PHrygius dictus, quia Phryges eo vtebantur ad tingendas vestes, quamuis inter lapides reponatur, glebam
tamen pumicosam esse Plinius testatur, nascitur in Cappadocia, vt Dioscorides tradit. Optimus pallescens modice
grauis, non solida corporis compage, intercedentibus albis
venis vt in Cadmia. Vritur vino optimo perfusus, viuis carbonibus perflatis, donec mutato colore ruffescat, ter opere
repetito. Vim habet astringendi, expurgandi, & crustas in-
ducendi. Lauatur vt Cadmia: vsus eius est tum crudi tum
combusti, hæc apud Dioscoridem. Galenus inter alias
facultates, vtilem reperit oculis, siccum medicamentum
adhibendo ad vlcera, & scabritias. Quamuis hic minime vulgo cognoscatur, existimo tamen haberi in Italia &
vbicunq. efficitur Chalcanthum. Cum enim ad tingendas
vestes eo vterentur antiqui, putandum est Chalcanthi vim
habere. Glebæ igitur quæ fodiuntur, ex quibus Chalcanthum extrahitur lapis Phrygius vocabatur: Sunt enim quædam pallescentes, quædam cinereæ, maculis aut venis aliquando candicantibus, aliquando subuirétibus, gustu astrin-
gente & mordaci. Ex eodem genere videtur esse Ageratus
apud Galenum, quo coriarij vtebantur, mistæ facultatis,
digerentis scilicet, & astringentis, quamuis gustu non eui-
dentem astrictionem, aut acrimoniam habere videatur. E-
uidenter iuuat Collumellas Phlegmone grauatas, mitiorem igitur vim habet, quam Phrygius. Ageratus ad nitorem calceis præbendum prædicatur, vt notat Hermolaus.

T   CAP.

CAP. LIII.

QVi autem Bituminofam naturam participant comburuntur in igne, & odorem Bitumini fimilem edunt. Huiufmodi eft Gagates à flumine Lyciæ dictus vt Diofcorides tradit. Eius plura effe genera idem innuit, inquiens: præferendi in genere Gagatarum, qui celeriter accenduntur, & odorem Bituminis reddunt. Lapis hic plerumque niger eft & fqualidus, cruftofus, per quam leuis. Plinius inquit, niger eft, planus, pumicofus, non multum à ligno differens, leuis, fragilis, odore fi teratur grauis. Fictilia ex eo infcripta non delentur: Cum vritur odorem fulphureum reddit; mirumque accenditur aqua, oleo reftingitur. Galenus teftatur vidiffe in Syria Cęle in colle, qui à mari mortuo circundatur, vbi, & Bitumen eft, lapides effe cruftaceos nigros, odore Bituminis, qui in ignem additi exilem flammam edunt. Apud nos prope oppidum Sancti Iohannis in colle, qui Villa Magna dicitur, pars quædam eft, quæ ex hoc lapide conftat: Cruftofus eft colore fuluo, aut cinereo veluti lignum vetuftate marcefcens: quo incolæ pro ligno vtuntur ad ignes: cum vritur niger fit, vt lignum femiuftum: & tandem in carbones tranfit. Eruuntur autem, vbi collis flagrat, carbones ardentes. Incolæ tentarunt initio ignem cafu accenfum extinguere fluuio propinquo ad eum locum deriuato, fed magis ac magis flagrabat, quod & imbribus contingit hucufque. Diftant hi carbones à terra Ampeliti, nam duri funt & lapidofi. Vtuntur in Germania vice carbonum ad fundenda metalla, quem vfum Ampelitis præftare nequit. Præterea de Ampelite Theophraftus Hermolao tefte, in Cilicia coqui tradit, atque ita lentefcere, vitefq́. obungere. At carbones foffiles nó foluuntur. In Olanda Belgiæ peninfula lutum prouenit nigrum in paluftribus, cuius glebas aggeribus compofitas durefcere tradunt in lapides, quibus vtuntur ad ignes parandos, & ex eifdem carbones efficiunt

efficiunt. Ex quibus colligere licet, plures esse Gagatis species, quasdam ligni effigie, quasdam carbonum: quibus adnumerare liceat Thracium ab inuentore appellatum, qui & Thracius dicitur: nascitur vt Dioscorides inquit, in quodam flumine Scythiæ, cui Ponto nomen est, uis ei Gagatæ: traditur aqua accendi, & oleo restingui, quod Bitumini accidit. Eadem apud Nicandrum leguntur, eiusque nidore fugare serpentes: quæ omnia Gagati insunt. Euax hunc lapidem nigrum esse tradit. Differt autem hic à Gemma Thracia, quæ trium generum à Plinio traditur: viridis, Pallidior, tertia sanguineis guttis: Et à Samothracia, quam diximus Ambram nigram vocari inter Gemmas. Gagatis vires emolliendi, & discutiendi. Galenus vtebatur ad genuum tumores flatuosos diuturnos, & ægre curabiles: miscebat & Barbaro Eraplastro, quod exsicantius effectum est, adeo vt & sinus contraheret, ne dum cruenta vulnera glutinaret. Mesues ex Gagate oleum per ignem extrahit, quod laudat ad Epilepticos, Dæmoniacos, Paralysim, conuulsionem, Tetanum: præstare magnum auxilium præfocationi vteri, iuuare ad conceptum. Simile oleum extrahunt ex ambra nigra: & ex Electro: Bituminosa enim est eorum natura.

CAP. LIIII.

PYrites autem ad Metallicam naturam accedit: nam specie Auri, aut Argenti, aut potius Aurichalci spectatur, sed substantia lapidea. Ab igne autem, quem continet, nomen habuit, quoniam plurimus illi sit ignis, vt Plinius interpretatur. Attritu enim alterius corporis duri multas edit scintillas, vtpote quia multa exit sulphurea exhalatio ab ictu decussa, & inflammata. Translata est tamen vox Pyritis ad corallium teste Plinio ob igneum colorem. Sed alius inquit etiam num est Pyrites similitudine Aeris: de quo Dioscorides inquit: lapis vnde æs foditur:

T 2 Eligi

Eligi debet Aeris similitudine facile scintillas edens. Alij interpretātur verbū ἀφ᾽ ἒ Χαλκὸς μεταλλέυεται a quo æs conflatur. At repugnat experientiæ conflari a Pyrite æs: quicunq. enim ignis scintillas edit, sterilis reperitur. At vena æris seu terra sit, seu lapis, ignem attritu non edit, ideo Pyrites non est dicendus. Ex eodem præterea Dioscoride & Galeno in Cadmia patet, alium esse Pyritem, & Aeris venam, quæ in fornacibus excoquitur in Aes: testatur enim Cadmiam ab vtroq. haberi in fornacibus. Recentiores quoq. fatentur a Pyrite quanuis colore vniuscuiusq. metalli reperiatur, nullum tamen metallum distillare, sed in igne euanescere in fumum relicto corpore quodam nigro, & inutili. Melius sententia Dioscoridis accipienda est, vt Pyrites lapis sit, qui in metallis Aeris reperitur: cui astipulatur Plinius cum inquit: In Cypro eam reperiri volunt, & in metallis quæ sunt circa Acarnaniam: vnum argenteo colore, alterum aureo: Auicenna etiam Aereo & Ferreo. Tandem recentiores putant vnumquodq. metallum suum Pyritem habere, Marcassitam vocant vulgo: adeo vt quidam innumeras ponant eius species, quia vnum vel plura metalla contineat, vel sterilis sit. Quamuis autem multi lapides reperiuntur, qui colore Metalla imitentur, non tamen Pyritæ dicendi sunt, nisi vibrent percussu ignis scintillas. At Serapionis interpres ex Dioscoride non bene hoc transtulit, dicens quando ponitur in igne, saliunt ex eo scintillæ facile: quasi eiectus in ignem frangatur & saliat, vt quidam exponunt. Ideo apud eos non est necesse Pyritem ictu ignem vibrare. Dicendum est igitur, si nomen habuit ab igne, qui ex eo eliditur, non esse Pyritem, cui huiusmodi ignis non insit: eumque apud Galenum & Dioscoridem vnum tantū esse scilicet Aeri similem. Sic enim Plinius accipit alterū genus a Corallio distinctum. Quod autem idem Plinius subiungit vnum argenteo colore, alterum aureo, de eodem profertur, qui est similis Aeri. Nam Pyrites Aurichalcum potius imitatur quā Aes simplex: eius autem color nunc flauior est & auro similius, nunc albidior

ad ar-

ad argenti speciem accedens. At colore omnino candido,
quale est argentum nullus adhuc Pyrites a nobis visus est,
nisi quis in genere Stanni id quod fragile est Pyritem esse
contendat: nam quidam Marcassitam argenteam vocant:
aut Talchum, aut lapidem argenteum quem diximus in Petra Sancta oriri. Colore autem ferri, vt Auicenna testatur,
reperiuntur lapides, qui scintillas edunt, sed hi in metallis
ferri oriuntur, & ferrum ab ijsdem excoquitur. Alterius igitur generis sunt a Pyrite Dioscoridis. Alia genera Dioscorides innuit, cum inquit: Seligendum esse æri similem quasi
reperiantur alij, quos respuit. Frequentissimus epud nos est
Pyrites non solum vbi æs reperitur, & Chatcanthum: sed &
in metallis ferri: adhæret enim quandoque ei vena ferri in
Ilua. Vbi reperitur indicium esse aiunt subesse metallum:
plerunq. veluti Zonæ quædam eius in montibus discurrunt:
Cohærent lapilli angulosi vt in crystallo nõ in cuspidem desinentes, sed magis tesseris similes: Ob similitudinem autem
Adamantis Androdamas inter gemmas a Plinio dicitur. Argenti nitorem habet, vt Adamas quadrata, & semper tessellis similis magnis. Et Amphitanes in Indiæ parte, in qua formicæ eruunt aurum, nascitur auro similis quadrata, virtute
magnetis prædita, nisi quod aurum quoq. trahit. Hæc Plinius. Quidam autem minutis granis constant, quidam grandioribus: minuti subesse magis metallum significant: color
Aurichalci splendens, aut aureus: in his aliquando interce-
dit quid similitudine Opali colores inclinatione mutans in
Smaragdi viriditatem, & Amethysti purpuram, quod granis
minutionibus magis contingit. Chimistæ sublimant colli-
gentes fumosam eius substantiam, quæ æri admista, albedinem præstat specie argenti. Et Dioscorides inter Cadmias
numerat eam, quæ ex fuligine Pyritis colligitur. Medici
carbonibus vrunt melle madefactum donec rufescat, & friabilis reddatur: vtuntur tam crudo, quam vsto ad caliginem
oculorum expurgandam: vnde Arabes lapidem luminis vocant, Durities concoquit, & concoctas discutit. Galenus

testatur

t eſtatur validam habere facultatē digerēdi in halitum : nam
ſæpenumero eo medicamento pus & conſiſtentia grummo-
ſa in ſpatijs intermedijs muſculorum nata per halitum dige-
ſta eſt : Sed præter Pyritem, qui ſimilitudinem æris præ ſe
fert, aliqui genus vnum faciunt, inquit Plinius, plurimum
habens ignis, quos viuos appellamus, & ponderoſiſſimi ſunt:
Hi exploratoribus caſtrorum maxime neceſſarij, qui clauo,
vel altero lapide percuſſi, ſcintillas edunt, quæ exceptæ ſul-
phuraris aut fungis aridis vel folijs, dicto celerius ignem trahunt. Quanquam hodie noſtri milites ad ignem in puluere
Sclopetorum excitandum vtantur Calcedonio, aut Marcaſ-
ſita circum acta rota quadam ferrea. Extat tamen lapis te-
ſtaceus ſubniger Cadmiæ ſimilis, alijs lapillis teſtæ modo
adnatus, in ſuperficie veluti bullis extuberantibus : Reperitur hic præcipue in fodinis Chalcanthi, ponderoſiſſimus,
atque admodum durus : attritu Calybis copioſiſſimas edit
ſcintillas, & odorē ſulphuris reddit: in igne flammam emittit ſulphuream. Galenus Cadmiam lapidoſam vocat, quam
in Cypro ſe reperiſſe teſtatur in mōtibus & riuis multo præ-
ſtantiorem omni Cadmia. Similis huic lapis deſcribitur a
Dioſcoride in fodinis repertus, & pro Cadmia a quibuſdam
receptus ob ſimilitudinem, qualis apud Cumas inuenitur.
Sed hos teſtatur nullam habere vim: leuiores eſſe Cadmia,
nullum ſaporem alienum mandentibus exhibere: dentes du-
ricie offendere: in igne proſilire, & fumum igni ſimilem pro-
ferre, poſt ingnitionem colorem mutare, & multo leuiores
fieri: forte hi fuerint, qui in agro Seneſi: Reperiuntur paruo
quodam loco in Greta quà ſpectat turrim Montalceti : cru-
ſtulæ quædam ſunt lapideæ rotundæ veluti clauorum capita,
aut nummi punctis quibuſdam extuberantibus impreſſi colore cinereo nigricante. Oriri videntur ex fumis ſubterraneis in ſuperficie terræ congelatis, ideo terram amplexan-
tur, qualis Cadmia Oſtracitis a Dioſcoride traditur : ut altera, quem Pyritem niuum diximus, lapillis adhæret. Ideo
Cadmia foſſilis non ex obbrutis habetur, ſed e ſubdialibus
petris

petris cæditur, vt Plinius teſtatur. Plinius inter gemmas a-
lium Pyritem tradit: nigra quidem hæc, ſed atttitu digitos
adurit: At mirum videatur ſolo digitorum attritu id præſtare. Albertus ſimili effectu tradit Pyritem ſeu Peridonium vocatum fulgore ignis, qui ſi manu arctius ſtringatur, adurit,
ideo leuiter rangendum eſſe, quod ipſe experimento verum
eſſe fatetur. Eius generis alium eſſe Chryſolitho ſimilem,
ſed viridiorem. Hi forte ex ijs fuerint, quorum caliditas excitari poſſit a calore manus, vt faciunt medicamenta Septi-
ca, inter quæ eſt auripigmentum, & Sandaracha: hæc quidem fulgore ignis conſtat: auripigmentum autem Chryſolitho ſimile: quorum ſubſtantiam eos lapides participare
putandum eſt, vt Pyrites ſulphuris. Sed de Pyrite hæc ſatis.

CAP. LV.

M Agnes ſupra omnes lapides admirabilis non ſolum
quia ferrum ad ſe rapit, ſed etiam quia lineam meri-
dianam commoſtrat, adeo vt ſine illo erronea ſit omnis na-
uigatio. Nomen habuit ab inuentore, vt Nicander teſtatur.
Nam paſtor cum armenta paſceret, inueniſſe fertur clauis
crepidarum, & baculi cuſpide hærentibus in Ida monte. Appellatur & Herculeus, & Sideritis a ferro: cui affinis videtur
& effectu attractionis, quæ inter ſimilia ſit, & viſu. Ferrum
enim rude videtur ſine ſplendore metallico. Differunt colore & efficacia: marem vocant, qui efficacius trahit: Fęmi-
nam imbecilliorę. Qui in Macedonia & Magneſia reperiuntur, ruffi, nigrique ſunt. Bęotius ruffi coloris plus habet,
quam nigri. Qui in Troade inuenitur, niger eſt, & fœmi-
nei ſexus, ideoque ſine viribus. Deterrimus in magneſia
Aſiæ, candidus, neque attrahens ferrum, ſimiliſq. Pumici.
Compertum eſt meliores eſſe quanto ſunt magis cærulei.
Aethyopicis laus ſumma datur, ponduſq. argento rependi-
tur. Hi Magnetem quoque alium ad ſe trahunt. In eadem
Aethyopia alius mons non procul gignit lapidem Theame-
dem,

dem, qui ferrum omne abigit, respuitque. Hæc apud Plinium. De Theamede qu d sentiam explicatur in Quæstionibus Peripateticis: nempe quodcunque fragmentum Magnetis oppositam faciem habere Theamedis: Magnetem non solum ferrum trahere, sed & Magnetem: Ferrum quoq. absq. Magnetis infectione & ferrum aliud trahere & Magnetem. Et quo modo acus Magnete infecta meridianā certius commostrat, quam ratio Mathematica. Dioscorides Magnetem præfert, qui ferrum facile trahit, colore ad cęruleum vergente, densus, nec admodum grauis. Habemus ex Ilua exterius sub ruffum, intus infracturis nigricantem, & parum tendentem ad cæruleum, densum, atqne admodum efficacem in attractione: qui dum percutitur, inhorrescit, lanugine quadam oborta, quæ transmigrat ad ferrum, si admoueatur. Vulgo vocatur Calamita. Reperitur in eadem Insula lapis quidam candidus lineis nigris inscriptus, quam Calamitam albam vocant. At hic non trahit ferrum: sed creditur carnem trahere, quia linguæ ad motus adhæret, vt alijs quibusdam contingit. Multa quoque promittunt de Magnete. At Medici cremato Magnete vtuntur pro Hæmatite. Dioscorides crudū inquit, habere vim purgandi humores crassos, si ex aqua mulsa detur pondere trium obolorum. Plinius scribit asperiora reddi vulnera, si Magnes telum infecerit. Remedio aiunt Magnetis puluerem inspersum: addi etiam solitum ad confectionem vitri, quoniam in se liquorem vitri quoque vt ferrum trahere creditur. Hoc genus hodie vulgo vocatur Manganese; ab Alberto Magnesia: lapis est niger Magneti similis, quo vtuntur vitrearij: Si enim modicum eius vitro admisceatur, illud purgat ab alienis coloribus, & clarius reddit: si verò amplius, tingit colore purpureo. Affertur ex Germania: Foditur quoque in Italia in montibus Viterbij, & alibi. Meminit Plinius & Pseudomagnetis: inquit enim, in Cātabria nascitur non illæ magnes verus caute continua sed sparsa, nescio an vitro fundendo perinde vtilis, nondum enim expertus est quisquam: ferri vtique inficit aciem, vt magnes.

magnes. Alius est lapis vitrum tingens colore cæruleo, &
si plusculum addatur, inficit nigredine: Zaffera vocant: hic
ex cinereo tendit ad purpureum, ponderosus, & friabilis:
per se solus non funditur, sed cum vitro fluit aquæ modo.

C A P. LVI.

HAematites a sanguine appellationem habet, tum quia
succum sanguineum reddit ad Cotem: tum quia vtilis
est ad sanguinis fluxum. Dioscorides præfert friabilem, &
saturato colore, aut nigrum; sed per se durum, & æqualem
nulla sorde admissa, aut septo intermedio. Adulterari enim
solet gleba rotunda, & densa lapidis schisti (quales sunt, quæ
eius radices vocantur) torrefacta in fictili inter cineres, donec ad cotem colorem Hematicæ reddat. Sed depræhenditur dolus primum quidem intersectionibus, nam hic in laminas rectas frangitur: Hæmatites autem non eo modo: deinde colore, hic enim floridum reddit, Hæmatites autem sa-
turatiorem Cinnabari similem. Reperitur autem Hæmatites etiam in Rubrica Sinopide. Fit & e Magnete lapide cremato, donec sufficiat. Natiuus autem in Aegypto foditur.
Vritur vt Phrygius irrigato vino. Sic enim Græcus codex
Aldinus habet: sic & Serapio legit. At interpretes ex Plinio
vertunt: Vritur vt Phrygius, sed non extinguitur vino. Modus vstionis, vt modice leuis fiat, & bullis quibusdam intu-
mescat. Plinius ex Soraco vetustissimo authore Hæmatita-
rum quinque genera tradit. Primum Aethyopicum proue-
niens vbi magnes in Aethyopia sanguinei coloris, sangui-
nemque reddens, si teratur, & crocum: in attrahendo ferrum non eadem natura: hic medicamentis oculorum vtilissi-
mus, & ijs quæ Panchresta appellantur: item ambustis. Alterum Androdamanta vocari, colore nigro, pondere ac duritia insignem, & inde nomen traxisse, præcipueq. in Africa repertum, trahere autem in se argentum, æs, ferrum. Experimentum eius esse in cote ex lapide Basanite: reddere

enim succum sanguineum, & esse ad Iocinoris vitia praecipui
remedij. Tertium genus Arabici facit, simili duritia, vix
reddentis succum ad cotem aquariam, aliquando Croco similem. Quarti generis Elatitem vocari quandiu crudus sit:
coctum verò Miltitem, vtilem ambustis ad omnia vtiliorem
Rubrica. Quinti generis Schistos haemorrhoidas reprimit,
qui diuersus est ab altero Schisto, de quo inferius. Hodie
vtuntur Haematite lapide durissimo in coticulas formato artifices ad auri, vel argenti bracteas ferro sublinendas, & per-
poliendas. Color coticularum est instar ferri perpoliti, nigrior: tingit tamen colore sanguineo si alteri coti duriori af-
fricetur. Nascuntur in Ilua in Metallis ferri meliores afferuntur ex Compostella: constant figura angulosa vt Pyrites,
splendidi colore ferri nigricantis: cohaerent racematim nunc
magnitudine nucis, nunc exiliores, nunc veluti squamae piscium compositae: saepius in cauernulis rubricam continent.
Excoquunt autem hunc lapidem in ferrum cum reliqua materia, in qua nascitur. Reperij in his aliquam vim Magnetis trahendi ferrum, licet obscuram. Possumus igitur asserre-
re, inter hos esse Androdamanta nigram, vt inter Pyritas
argenteum, vtrumq. figura quadrata: & Haematitem Schistum, qui scilicet squamis constat, sed non scinditur in squa-
mas. Alterum genus in eisdem metallis reperitur globosum
colore partim Rubricae, partim ferri nigrantis. Hic friabilis
ob inaequalitatem, durus tamen. Huiusmodi videtur descri-
bi à Dioscoride, saturato colore aut nigro, friabilis, per se
durus, adulterari solitus gleba radicum Schisti. Nam caete-
ri solidiores adulterari nequeunt, neque colore sanguineo
spectantur, sed ferri perpositi. In hoc genere quidam reperiuntur colore profundiori, simul & puluisculum croceum
fundentes, quales describuntur a Plinio in Aethyopia nati.
Ad hoc genus reduci posse reor lapidem ferrugineu grauem
obductum Rubrica, & supra rubricam creta pallida, vltimo
tegitur crusta simili Aetiti tenuiore, & fragiliore, quae & se-
pe modo peruadit ad intima. Lapis hic ad cotem croceum,

ceum, & fanguineum fuccum parit. Reperitur Aretij, vbi
fons eft Acidulæ: congener Oftraciti, de quo fuperius in Ae-
tite dictum eft. Vim habet aftringentem, & aliquantum
excalfactoriam & extenuantem, vt Diofcorides tradit: ideo
exterit oculorum cicatrices, & fcabritias cum melle. Facit
& ad lippitudines, & oculos fractos, & cruore fuffufos cum
lacte muliebri. Bibitur ad difficultatem vrinæ, & fluxus mu-
liebres, & ijs qui fanguinem reiecerunt. At Galenus non
excalfactoriam vim ineffe, fed refrigeratoriam: inquit enim:
Lapis Hæmatites tantum frigiditatis habet, quantum aftri-
ctionis. Alexander Trallianus extollit hunc lapidem optime
contritum ad cotem, ad fanguinis reiectiones, & vlcera pulmonis purulenta: exficcat enim & glutinat cū efficacia abíq.
calefactione: exhibet autem pondere fcrupulorum quatuos
in potu frequenti.

CAP. LVII.

S Myris ab abftergente facultate dictus, vulgo Smeriglo
duriffimus quidam Hæmatites videtur effe: nam ad cotem aquariam aliquem fuccum fanguineum reddit, vt videatur apud Plinium tertium genus Hæmatitis, quod Arabicum vocat fimili duritie, vt fecundum, vix reddens fuccum
ad cotem aquariam, aliquando croco fimilem. Lapis eft fer-
rugineus ad nigredinem vergens, adeo durus, vt eo Gemmarij vtantur ad Gemmas fcalpendas, & arma expolienda.
Oritur in Metallis ferri. Diofcorides inquit: lapidem effe,
quo Gemmarij fcalptores poliendis Gemmis vtuntur: vtilis
ad erodendum, & vrendum: & ad gingiuas humentes, &
dentifricia.

CAP. LVIII.

S Chiftus ideft fciffilis apud Diofcoridem in Iberia Hifpaniæ nafcitur, optimus exiftimatur, qui colore ad croceum

vergit, facileque friatur, ac scinditur sua natura: similis autem est sali Ammoniaco ratione cópositionis, & cohærentiæ laminarum. Eius glebæ densæ, & rotundæ Schisti radices vocantur, quibus vstis Hæmatites adulterari solebat, sed franguntur in rectas laminas, quod Hæmatiti non inest. Plinius addit Schistum peculiarius splendere, à Sotaco Antracitim vocari: nasci in Africa nigrum: attritu reddere aquarijs cotibus ab ea parte, quæ fuerit ab radice, nigrū colorem, ab altera parte croci: ipsum vtilem esse oculorum medicamentis: valere autem ad eadem, quæ Hæmatites, sed imbecillius, testatur Dioscorides. Hodie Schistus incognitus est vulgo, quanuis quidam ostendant varios lapides. Reperitur tamen verus Romæ in Vaticano effossus e fundamentis. Glebæ sunt colore nigro, quæ laminas complectuntur admodum tenues inuicem hærentes, vt in lapide speculari: sed colore ex nigro ad croceum inclinante, splendentes, & perspicuæ: per quas si Sol inspiciatur, videtur croceus: inspici autem potest sine noxa. Idem in saxo nigro & durissimo reperitur in Montacuto prope Anglarium. Nam eius montis cacumen ex hoc lapide constat.

CAP. LIX.

TAlcus vulgo appellatur in Italia lapis ex tenuissimis laminis veluti bracteis argenteis constans, vnde & hic scissilis dici potest. Distat autem a Schisto non solum colore, sed & quia non in rectas laminas scinditur, flexibiles enim sunt & vario modo complicatæ. Eius glebæ ponderosæ, & subuirides, licet bracteæ separatæ sint argenteæ: in igne peremnis est, neque enim funditur, neque comburitur, neque colorem amittit: ideo & Ellichnia ex eo complicato faciunt perpetua, vt ex Amianto. Chimistæ tamen artificio soluunt in liquorem, quod oleum Talci vocant, sperantes argenteum splendorem æri tribuere. Nam puluis eius Aeri mistus ipsum dealbat: & fictilibus nitorem argenteum tribuit. Forte hic

te hic

te hic fuerit Argyrodamas apud antiquos vocatus, quasi argentum indomitum cum in igne perseueret inuictus. Et Ar-
gyrolithos a Chimicis vocatus diuersus a Lithargyro, quanuis Hermolaus hoc nomē tribuit Seleniti : nam Chimici Lunæ tribuunt argentum. Diogenianus Magnetem vocat non
eum qui trahit ferrum, sed hunc tam argento similem, vt decipiat. In multis præterea saxis, harenis, & terris, eius micæ splendent stellæ modo, vnde nomen barbarum desum-
ptum videtur : nā apud Mauros Talc Stellam significat, quo
nomine stellam Samiam intelligere putantur. Auicenna tamen eo nomine manifeste non terram, sed lapidem, de quo
loquimur, aut Schistum intelligit. Inquit enim periculosum
esse si assumatur interius, quia eius laminæ hærent infixæ
ventriculo, faucibus, & gulæ. Ideo eget magna industria vt
soluatur, & percoletur, & propinetur cum aqua gummi. Sed
vstum efficacius esse ac tenuius : ipsum vero non adurit ignis
nisi cum artificio. Frigidum est in primo, siccum in secundo
ordine : astringens, retinet sanguinem : prohibet abscessus
mamillarum & testiculorum, & quæ post aures, & in partibus laxis fiunt. Datur cum aqua Plantaginis ad sputum sanguinis, & fluxum menstruorum, & Hæmorrhoidarum : infunditur dissentericis : quæ facultates conueniunt Schisto paulo
ante explicato. Lapis quidam argenteus crustosus & fragilis in colle Petræ Sanctæ, quem ignis non absumit, forte a-
pud Plinium est Galaicos Argyrodamanti similis, paulo sor-
didior. Multi præterea lapides veluti armatura ab his ve-
stiuntur, quidam aureo colore, vt Hammochrysos inter gemmas, cui videtur aurum in esse harenis missum. & quædam
harenæ apud nos, aurei coloris, quas scriptores aspergunt
chartis præscriptis. Ex Schisto aut Pyrite hunc colorem haberi putandum est : vt argenteum ex Talco.

CAP. LX.

GAlactites a Lacte nomen habet, quia lacteum succum
emittit, cum alioqui cinereus sit, & dulcis vt Dioscorides

rides tradit conditur aqua tritus in Plumbea pixide ob vim
glutinis, quæ in eo continetur. Ex quibus colligimus cum
Plumbo affinitatem habere: nam & Ceruſſa candida eſt, &
dulcis: Laudatur ad oculorum fluxiones, & vlcera. Galenus
in caliditate, & frigiditate ponit temperatum ob dulcedinem. Plinius meminit inter Gemmas. Galactites inquit,
ex vno colore lactis eſt: eandem dicunt Leucogeam, & Leu-
cographiam, & Synephitem lactis ſucco, & ſapore notabi-
lem. In educatione nutricibus lactis fæcunditatem: infantium quoque alligata collo ſaliuam facere dicitur, in ore autem liqueſcere: eandem memoriam adimere. Mittit eam
& Achelous amnis. Sunt qui Smaragdū albis lineis circum-
ligatum Galactitem vocent. Hæc Plinius. Ex eodem genere eſt Melitites, & Morochthus. Melitites quidem a melle
appellatus eſt, quia melleam habet dulcedinem. Eſt inquit
Dioſcorides in omnibus Galactiti ſimilis, ſed ſuccum dulcio-
rem parit, & valet ad eadem. Plinius inquit. Melitites lapis ſuccum remittit dulcem mellitumq. tuſus, & ceræ miſtus
eruptionibus pituitæ, maculiſq. corporis medetur, & vul-
uarum dolores impoſitus velleri. Galenus huic caliditatis
nonnihil adiunxit, ideo colligere poſſumus aliquam vim abſtergendi habere. De Morochtho Dioſcorides inquit: aliqui
Galaxiam a Lacte ſcilicet appellant aut Leucographida,
quia ſcilicet eo lineæ albæ ducuntur: in quem vſum hodie
Mathematici aſſumunt. In Aegypto naſcitur, quo vt pote
molli, & facile liqueſcente vtuntur ad lintea dealbanda.
Vim habet obſtruendi corporis ſpiracula, ideo confert ijs,
qui ſanguinem expuunt, Cæliacis, & veſicæ doloribus ex
aqua potus: & fluxionibus vuluæ impoſitus velleri: mollibus
oculorum collyrijs miſcetur: explet caua, & lachrymas ſiſtit.
cum cera ducit ad cicatricem vlcera in teneris partibus. Galenus inquit: hunc minime omnium qualitates participare,
nec aſtrictionem, nec morſum, nec abſterſionem præſeferre.
Quocirca hoc ipſum dumtaxat huic lapidi ineſſe; quod deſic-
cet: hunc quidam Moroxum, nonnulli Graphida nuncupant

quia

quia vſum calami ſcriptorij præſtat. Plinius Meroctem vocat inter gemmas, porraceam, quæ lacte ſudat. Hodie omnes hos lapides habemus in Aetruria, pictoribus & Mathe-
maticis cognitos ad lineas ducendas. Reperiuntur in fluminibus deuoluti ex Apenino in Lunenſi regione. Quidam cinerei, quidam nigri: alij ſubuirides, alij mellei coloris: omnes tactu adeo lubrico, vt peruncti videantur ſaponis modo: omnes ſuccum lacteum reddunt ac dulcem, facileq. ſoluuntur. Qui igitur cinereo colore conſtat, aut nigro, Galactites fuerit: qui flaueſcit mellis ſimilitudinem etiam in colore præſeferens, merito dici poſſit Melitites. Subuiridis autem Morochthus. Nitet autem gemmæ inſtar Morochthus
magis quam cæteri.

CAP. LXI.

Inium Græcis Ammion appellatur, quia ex harena
quadam rubente in metallis argenti fieret, vt tradit
Plinius: in Hiſpania reperiri, ſed durum, & harenoſum.
Optimum ſupra Epheſum: harenam eſſe Cocci colore: hanc
teri, dein lauari farinam, & quod ſubſidet, iterum lauari.
Quod poſtea deſijt, quia magni operis erat. Celeberrimum
ex Siſaponenſi regione in Betica, quod non licebat inibi per-
ficere, & excoqui: ſed Romam perferebatur vena ſignata,
ibique lauabatur. Harena hæc ſine argento excoquitur.
Adulterari autem multis modis: eſſe enim alterum genus,
quod ſecundarium vocatur, in omnibus fere argentarijs, &
Plumbarijs Metallis, quod ſit exuſto lapide venis permiſto,
qui non rubeſcat niſi in fornacibus, exuſtuſque tunditur in
farinam multum infra naturales illas harenas. Hæc apud
Plinium. Dioſcorides non videtur hoc diſtinguere quod ſecundarium dicitur, ab altero. Nam vbi Minium a Cinnabari diſtinguit, tradit Minium fieri in Hiſpania ex lapide quodam permiſto argenteæ harenæ, qui non dignoſcatur, niſi
in fornacibus: inibi enim permutari in florentiſſimum & fla-

gran-

grantissimum colorem. Vbi autem de argento viuo agit,
inquit, fieri ex Minio, quod male a quibusdam Cinnabaris
dicitur. Lapidem hunc, qui continet argentum viuum tanquam vomicam, etiam in argentum excoqui testatur Plinius:
compertum est rubicundum esse, licet guttæ argenti viui in
eo appareant sparsæ. Ex his colligere licet, Minium quoddam ex harena rubra continente argentum, fieri: hæc aliquando Carbunculum imitatur, vnde Victruuius Minij glebam Anthracem a Græcis appellari scribit: aliud ex lapide
continente argentum viuum, vt Dioscorides testatur: Tertium ex harena propria, in qua nullum metallum, vt Sisa-
ponense. His addi potest quartum, Minium scilicet secun-
darium, quod ex sterili lapide fit, nec rubente nisi in fornacibus. Qui Minium in officinis poliunt, faciem laxis vesicis
illigant, ne in respirando pernicialem puluerem trahant:
& tamen vt per illas spectent: Idem efficiunt & fossores in
Metallis, vt testatur Dioscorides: nam strangulantem halitum emittit. Fuit autem inter pigmenta magnæ authorita-
tis. Aristoteles 3. Meteo. in fine: id vocat Cinnabari: esse lapidem inter eos, quorum consistentia est puluis coloratus:
sic & Galenus vocat. Sed alia est Cinnabaris apud Dioscoridem, de qua egimus in Plantis. Plinius inquit vocem esse,
Indicam significantem sanguinem Draconis. Ipsum Cinnabari hodie vocāt Cinabrium, sed fossile non amplius in vsu,
inuento alio genere, quod sit ex sulphure, & argento viuo
simul vstis. Hoc vtuntur pictores, & quidam medici in suf-
fumigijs ad morbum Gallicum: & Ceratis excipiunt ad vlcera maligna: habet enim vim causticam, & erodentem.
Minij autem nomen in Sandycem Dioscoridis transtulerunt, de qua inferius dicetur.

CAP. LXII.

Ochra a Græcis dicta, quia luteo colore constat, pictoribus in vsu pro auripigmento, vt Theophrastus refert.

Diosco-

Dioscorides eligendam esse leuissimam & omnino luteam, saturatam, non lapidosam, friabilem, & natione Atticam: vri, & lauari vt Cadmiam. Vim habere astringendi, erodendi, dissipare collectiones, & tubercula: reprimere excrescentia in carne: caua explere cum cerato, & articulorum tophos comminuere: Quæ facultates ostendunt multum continere de substantia metallica ignea: ideo extrinsecus tantum adhibetur. Plinius inter pigmenta vocat Sil, qui proprie limus est in metallis argenti & auri, teritur tamen difficillime, forte ob lentorem Plumbeum, vnde nasci videtur. Optimum quod Atticum vocatur: proximum Marmorosum: tertium genus est Pressum, quod alij Scyricum vocant. Videtur autem aliud intelligere Sil, & Ochram: De Ochra enim inquit, ex Iuba, nasci in Insula maris Rubri, sed inde non adueni ad nos. Fieri autem ex Rubrica vsta ollis nouis luto circumlitis: vt factitium in locum natiui cesserit. At de Sile alias regiones recenset, ex quibus habebatur pigmentum pictoribus necessarium ad lumina & vmbras: quod hodie arte paratur ex plumbo vsto, vulgoque Giallolinum vocant. Quod autem Rubrica vsta luteum colorem acquirat, non consentit cū eo, quod scribit Dioscorides: Ochram per vstionem transire in Rubricam. Habetur hodie Ochra proprio nomine appellata pictoribus notissima, quæ multis in locis foditur: videtur ex Plumbi fumo, qui luteus est, ortum duxisse: ideo in metallis Plumbi reperitūr. Quidam inter terras reponunt, sed lapidosior est: ideo inter metallicos lapides reposuimus.

CAP. LXIII.

CHrysocolla inter pigmenta recensetur colore virenti: limus autem potius est quam lapis: humor per venam auri defluens crassescente limo rigoribus hybernis vsque in duriciem Pumicis. Laudatior in Aerarijs metallis, proxima in argentarijs: inuenitur & in Plumbarijs vilior etiam auraria.

ria. Fieri etiam traditur cura in omnibus ijs metallis multum infra naturalem illam: immissis in venam aquis leuiter hyeme tota vsque in Iunium mensem, dein siccatis in æstate, vt plane intelligatur nil aliud Chrysocolla, quam vena putris. Natiua duritie maxime distat, luteam vocant. Et tamen ille quoque tingitur herba quam Luteam appellant. Hæc Plinius. At quæ sit herba lutea incompertum est, qua etiam tusa Cæruleum tingi scribit, quod pro Chrysocolla venditur vilissimo genere, & fallacissimo. Videtur autem Plinius ex vulgata opinione loqui, cum dicat. Luteam putant a Lutea herba dictam. Verisimilius enim est præparatione floridum colorem acquirere qualis est herbæ segetis lætæ virentis, in quo summa est eius commendatio: qui color Græcis χλωρός dicitur: & a quibusdam vertitur luteus, vt auis χλωρίς lutea Latinis appellatur. Dicitur autem Chrysocolla quasi auri-glutinum, non quia hæc in eum vsum veniret, sed quia imitaretur aurificum Chrysocollam, quæ ex Cypria Aerugine, & pueri impuberis vrina addito Nitro temperabatur, Santernam Latini vocant. Huius loco hodie quodam genere nitri vtūtur ad aurum glutinandum, quem Boracem vocant. De natiua Chrysocolla Dioscorides inquit, laudatissimam esse in Armenia colore porri quam simillimo. Secundo loco Macedonicam: deinde Cypriam, quo in genere præfertur pura, damnatur quæ terram aut calculos collegerit. Sæpius tunditur, lauatur, percolaturque & siccatur, donec syncera spectetur. Vim habet valenter digerendi, & siccandi, carnem liquat absq; insigni morsu: Cicatrices exterit: excrescentem carnem coercet, astringit, & purgat: Intus assumpta vomitiones concitat, & enecare potest. Easdem facultates habet aurificum Chrysocolla, sed tenuior est quam metallica: magis desiccat & minus mordicat, commodissima vlceribus contumacibus apud Galenū. Hodie etsi in metallis præcipue æris Chrysocolla inueniatur, qualis descripta est: non tamen assumitur in vsum quempiam. Nā pictores pigmenta viridia alia ratione parāt.

CAP.

CAP. LXIIII.

Lapis Armenus pigmentum facit, quod Armenium vocatur. Armenia eum mittit: est Chrysocollæ modo infectus: optimumque est Armenium quòd maxime viride est communicato colore cum cæruleo. Inuenta per Hispanias harena est similem curam recipiens: Distat a cæruleo candore modico, qui teneriorem hunc efficit colorem. Hæc apud Plinium. Dioscorides inquit. Armenium præfertur leue colore cæruleo per quam æquabile & syncerum, friabile. Eadem præstat, quæ Chrysocolla, sed inefficacius. Amplius vim habet ad pilos in palpebris alendos. Galenus Armeniacum inquit, vim habet abstergentem cùm leuicula acrimonia, & leuissima astrictione: ideo ocularibus miscetur facultatibus, & per se ad pollinis læuorem redacto vtimur sicco ad pilorum in palpebris incrementum. Sed præter has facultates Alexander Trallianus primus laudauit lapidem Armenum optime lotum ad purgandos humores crassos, & melancholicos felicius quam per Elleborum album: a quo cum accepissent Arabes, experti sunt efficaciorem quoque esse lapide Lazuli. Oportet autem eum præparare diutius terendo, & lauando. Quod si non præparetur, mouet simul per inferiora, & superiora cum labore: at lotus per inferiora tantum & sine noxa. Confugiunt autem ad hoc medicamentum, vbi alia non prosint. Extant & pillulæ de lapide Armeno apud Mesuem. Sed vtrum hunc lapidem legitimum habeamus a multis dubitatur. Nam controuersiæ ortæ sunt ex varia descriptione. Dioscorides enim colorem cæruleum ei tradit, similiter Auicenna. Plinius viridem esse prædicat, vt Chrysocolla, sed admisto cæruleo. Mesues inquit, melior est habens colorem medium inter viridem, & obscurum terreum & Indum, & habet macularum distinctiones virides, & nigras, & qui non est lapidosus, sed facilis dissolutu in puluerem: & qui est tactu lenis carens asperitate. At in lapide,

X 2   qui

qui hodie appellatur Verdazur vulgo, quasi viridis & cæruleus, sedantur controuersiæ. Nam etsi Dioscorides præferat eum, qui est colore cæruleo, innuit tamen viridem esse, cum eundem coniungat cum Chrysocolla etiam viridi: vnde non mirum, esse vomitorium medicamentum vt Chrysocolla nisi optime lauetur. Color vero Indus, quem Melues illi tradit, cæruleum significat: Indicum enim inter pigmenta est, quod diluedo misturam purpuræ cæruleiq. mirabilem reddit, vt Plinius inquit. Habetur hic lapis multa copia ex Germania, ex quo pictores pigmentu Armenium conficiunt, appellantes Verdazurrum. Lapilli sunt varij maculis alijs virentibus, alij cæruleis, alijs nigricantibus: in quibusdam vincunt cæruleæ, quales præferre videtur Dioscorides: in quibusdam virides pictoribus magis expetiti, vt innuere videtur Plinius, optimum Armenium prædicans, quod maxime viride est. Constat igitur hic lapis ex Chrysocolla & cæruleo, vtrisque vim purgandi habentibus: sed Chrysocolla periculosior est, vt pote quæ ex ære ortum ducat, & ad Aeruginem accedat. Sic & Smaragdi puluis vomitorius est: ab eodem enim principio ortum ducere videtur. Alia vero est terra Armenia, seu Bolus Armenus, licet & hic lapis a quibusdam dicatur.

CAP. LXV.

Caeruleum harena est vt Plinius inquit, in auri, & argenti metallis. Huius genera tria antiquitus. Aegyptium quod maxime laudatur. Scythicum, quod facile diluitur, cumq. teritur, in quatuor colores mutatur, candidiorem, nigriorem, crassiorem, tenuioremque. Præfertur huic etiamnum Cyprium: Accessit his Puteolanu, & Hispaniense, harena ibi confici cæpta. Tingitur omne, & sua coquitur herba: bibitq. succum: reliqua confectura eadem quæ Chrysocollæ. Atquæ herba sit, qua tingitur non explicatur: vt hoc quoque fabulosum putetur, quemadmodum in Chrysocolla. Quod ex eo arguitur, quia adulterari scribit in cocta

viola

viola arida, & fucco expreffo in cretam Eretriam, fed depræhendi fyncerum igne, vt flagret: ignis enim quemcumq; fuc-
-cum herbaceum abfumit, metallicum nequaquam. Ex cæruleo præterea fit quod Lomentum vocatur: perficitur id lauando terendoque, & hoc eft cæruleo candidius. De eodem
inquit Diofcorides. Cyanos oritur in Aerarijs metallis in
Cypro: copiofior ex harena littorali iuxta quofdam fpecus
maris excauatos, qui magis probatur. Eligi debet valde faturatus. Vritur vt Chalcitis, lauatur vt Cadmia. Vim habet reprimentem, & modice erodentem, cruftas gignit, &
exulcerat. Galenus quoq; medicamentum afferit acri facultate tum detrahendi tum digerendi potentiore quam Cinnabari. Ineft quoque ei nonnulla aftrictio. Hodie hoc habemus inter pigmenta nobilia: appellant azurrum vltra marinum, quod forte Aegyptium fignificat cæteris prælatum.
Alterum ex Germania habetur vilius, quod Scythico videtur refpondere. Differt autem Cæruleum a lapide Lazuli inter gemmas quamuis eandem naturam participare videantur, vt Smaragdus, & Chryfocolla. Gemma enim non adeo
copiofa eft, vt fpecus eius harena pleni reperiantur, vt in Cypro: præterea durities renuit, vt pigmenta ex ea fiant: quamuis fint qui teftentur ex lapide Lazuli fieri cæruleum vltra-
marinum optimum, quod non eft abfurdum. Apud Serapionis interpretes lapis Lazuli vocatur, qui apud antiquos eft
lapis Armenus: forte ob cæruleum colorem, q i ei admiftus
eft. Vnde fignificatur hanc vocem Lazuli, quod apud barbaros cæruleum fignificat; omnibus accommodari, quæ eum
colorem participant, feu gemmæ fint, feu harenæ. Omnes vim
purgandi habent, vt de Armeno patuit & de lapide Lazuli
apud Mefuem: Sed de lapidibus hæc fatis.

FINIS LIBRI SECVNDI.

DE

DE METALLICIS
LIBER TERTIVS.
ANDREA CAESALPINO
AVCTORE.

C A P.   I.

AM ad Metalla accedamus, & ea quæ ex Metallis feparantur. Prius autem eorum generationem explicemus. Vulgata eft Chimiftarum fententia: Metalla omnia ex fulphure tanquam femine maris, & ex argento viuo tanquam menftruo coagulari. Pro differentia autem iftorum principiorum diuerfa oriri metalla, partim quidem ex argenti viui puritate, & impuritate, partim vero ex fulphure coagulante: quoddam enim ponunt incombuftibile album, vel rubeum, vnde argentum vel aurum fieri afferunt, quæ igni refiftunt: quoddam combuftibile vnde fiant cætera metalla imperfecta. Inter eos autem quidam videntes tam fulphuris, quam argenti viui effe proprias fodinas: in Metallis autem neutrum reperiri, nifi forte raro: dixerunt vtraque principia in terream quandam fubftantiam conuerti; quæ fublimata, & aquis lambentibus purgata, calore

subterra-

subterraneo in Metallum transeat. Non absimilis est sententia, quam Democrito ascribunt, calcem & lixiuium, seu, cinerem infusum, vt alij dicunt, materiam esse Metallorum. Has sententias ex arte Chimistarum prolatas esse testatur Albertus. Alio tamen modo naturam Metalla parere, quam imitari in omnibus ars nequeat. Ex propria igitur sententia idem asserit: Metallorum materiam vt omnium liquabilium aquam esse, at non simplicē, facile enim in igne metalla euanescerent: sed vnctuosā seu viscosam, non tamen cremabilem, vt sulphuris, puram non fēculentam admistam terreo tenui optima permistione, vt tangenti non adhæreat. Hanc materiam inquit coctione, non assatione perfici, & in metallum conuerti. Non desunt, qui hanc quoque impugnent, quia pinguedo nulla reperiatur incōbustibilis. Idcirco aliam rationem excogitarunt. Aqueam quidem esse Metallorum materiam, pauco terreo admistam, vnde perspicuitas auferatur: humorem hunc a frigore congelari, & in metallum verti. Sed admodum frigida est ratio. Quid enim non aqua, & terra constat mistorum, quæ hic sunt? Præterea qua ratione lapidum perspicuorum generatio distabit apud eos? ponunt enim aquam esse a frigore congelatam. At vero neque lapides opaci & fusibiles distabunt a metallis. Amplius nullus humor aqueus frigore densatus ductilis est, sed fragilis, vt glacies. At Metalla ductilia sunt & pressilia. Melius igitur Albertus humorem pinguem posuit, non frigore, sed calore addensatum: sic enim multos succos videmus post eorum incrassationem præssiles esse, vt lac:plantarum succi. Sed tamen a Peripatetica disciplina & ipse recedit, neq. solū ipse, sed quicunq. humorem materiam ponunt seu a calido, seu a frigido condensatum. Quod videntur etiam intellexisse, qui calcem & lixiuium, seu cinerem infusum dixerunt. Si enim humor aliquis esset qui incrassetur: in fodinis metallorum veniret aliquando in conspectum non adhuc densatus, aut non integre: nullibi tamen hoc apparet. Præterea possemus per ampliorem decoctionem corpora mollia, vt Plumbum,

& Stan

& Stannum indurare, quod non contingit: nam in igne aut totum euanescit in fumum, aut relinquitur quiddam, quod metallum non est, vt Scoria: siquid autem remanet in forma Plumbi, aut Stanni, eandem mollitiem & fusionis modum habet, vt prius. In eandem difficultatem inciderunt, qui conati sunt argentum viuum coagulare per decoctionem: non enim ad id peruenire potuerunt, vt contingere videmus in cera resinis liquidis, & succis. Relinquitur vnus modus ab Aristotele positus 3. Meteo. cap. vlt. quem aut non animaduerterunt posteriores, aut non bene intellectum audactius reprobauerunt quidam. Verba Aristotelis in hunc modum habent. Facit autem hæc omnia exhalatio vaporosa inclusa, & maxime in lapidibus propter siccitatem in vnum coarctata, & coagulata, veluti ros aut pruina, cum segregata fuerit: hic autem antequam segregetur, generantur hæc. Quo loco per siccitatem exhalationem siccam intellexit, quæ est coagulationis causa in Metallum. Vult igitur Aristoteles quemadmodum fossilia omnia ab exhalatione fumosa fiunt, vt superius explicatum est: sic metalla omnia ex vaporosa ortum ducere: humiditas enim præualet, cum fusilia sint aut ductilia. Modum autem generationis hunc esse: vt vapor subterraneus inclusus præsertim in lapidibus, propter siccitatem idest siccam exhalationem, quæ sursum ducebat, coarctetur in vnum, & coaguletur veluti ros, & pruina, in minimas scilicet guttas: quod profecto sine frigiditate non fit: sed hæc differentia est quod in roris, & pruinæ generatione, separatur dicta siccitas, quæ sursum ducebat: at in metallorum ortu, segregatio illa non fit, simul enim compræhenditur sicca exhalatio. Nam antequam vapor qui erat potétia aqua, verteretur in aquam actu, coagulata exhalatione vertitur in metallum: quod fieri nequaquam potuisset, si iam transijset in aquam: ex aqua enim tum simplici tum aliquid passa, vt humores, non fit metallum, vt superius patuit. Fit autem id sub terra, & in lapidibus magis, quia exhalatio fumosa minus separatur in loco angusto. Appræhensus igitur

huius-

huiufmodi fpiritus, & coagulatus fimul retinet vaporem fibi
vniformiter coniunctũ, eumq. indurat, antequam in aquam
vertatur. Ideo non adhæret tangenti, neque madefacit: aerea enim humiditas non bibitur a terra, vt aquea, neq. madefacit. At in locis patentibus euanefcente fpiritu vapores
derelicti a calido, in aquam vertuntur. Hinc fit, vt omnia
metalla præter aurum comburantur: habent enim ficcam
exhalationem, adeo vt quædam flammã edant fulphuream,
vt Aes: aurum autem folum non comburitur: poft ipfum argentum: Quoniam ficca exhalatio quædam incombuftibilis
eft, vt ea, ex qua fales gignuntur. Hęc Chimici intellexiffe videntur, cum fcribunt: argentum viuum ideft vaporem coagulari odore fulphuris ideft a modica quantitate exhalationis ficcæ, quam duplicem ftatuerunt, appellantes vnum fulphur comburens, alterum incombuftibile: Vbi igitur minima eius portio appræhenfa fuerit, eaque combuftibilis, argentum viuum fit, quod liquidum eft, & facillime euolat in
igne, nihil enim habet quod refiftat, ne iterum exhalet. Vbi
vero maior eius portio appræhenditur, vt foliditatem præ-
ftet, fed maiori ex parte fit combuftibilis, metalla fiunt mollia, vt Plumbi genera: pinguedo enim exhalationis facilem
præftat fufionem. Quæ autem exhalationem fortita funt magis incombuftibilem, hæc difficilius funduntur, vt corpora
dura. Aes, ferrum: aurum, argentum. Iucombuftibilis enim
exhalatio non patitur fui rarefactionem. In ferro igitur maxima eft huiufmodi portio, quæ & craffiffima eft: ideo inter
illiquabilia aliquando ponitur ab ipfo Ariftotele. Si autem
ferro addatur fulphur, facile funditur, vt patet experientia.
In Aere plus ineft exhalationis combuftibilis, ideo flammam
edit, & facilius funditur quam ferrum. In auro & argento
exhalatio in minima quantitate eft, eaque aut omnino incombuftibilis, vt in auro, aut paulo minus, vt in argento.
Hæc enim ob paucitatem non difficilem reddit fufione: quia
vero incombuftibilis eft, in igne plus refiftunt quam cætera
Metalla, ne euolent. In combuftione autem Metallorum,

Y   fi quid

si quid relinquitur, incombustibile est, vt scoriæ appellatæ, quæ fusionem patiuntur vt vitrum: vaporosa enim exhalatio siccitati optime admista fusionem præstat, siccitas autem frangibile reddit corpus. Ideo Scoriæ fusibiles sunt, non ductiles. Quod autem roris, aut pruinæ modo fiat exhalationis condensatio in metallum, illud indicio est. Quia in fodinis metalla non reperiuntur coagulata in molem ingentem, sed aut sparsim minutis granis intra terram, aut in tenuissimas bracteas composita, quod in vena ferri maxime spectatur similitudine lapidis Schisti. Nam ob materiæ exiguitatem, celeremq. coagulationem, glutinari nequeunt in massam insignem, vt contingit aquæ pluuiæ, sed aut corpuscula admodum minuta consistunt glebam constituentia magis & minus lapidosam: aut in latitudinem quandam vniformiter distensa coagulantur secūdum tenues crustas coagmentata, quia altera materia aduenens hærere quidem potest crustæ coagulatæ, glutinari autem illi nequit: hoc pacto laminosum corpus fieri necesse est. Pilorum autem instar fibrosum in metallis minus reperitur, sed magis in fossilibus, vt alumini scissili, & Amianto lapidi contingit: emanant enim hæc ex radice quadam vt situs efflorescens. Quod aliquando in argéto, & auro vidimus, cum artificio per argentum viuum sublimantur, ascendit enim ex massa capillorum modo substantia vasculis adhærens. At generatio metallorum non ex sublimatione metallorum fit, sed ex exhalatione prædicta abiuncta a corpore vnde nascitur in profundis terræ. Quod vero scribunt massam aliquando insignem auri, aut argenti, aut aliorum metallorum in fodinis repertam esse, id fit ob materiæ abundantiam, quæ tota simul coagulata molem huiusmodi constituerit, sed id raro contingit. Raro etiam purum metallum in fodinis reperitur: frangibile enim est, non ductile ob lapidosæ substantiæ admistionem, quæ in igne fundente separatur in Scoriam: purgato interim metallo ab alienis substantijs admistis. Vnde quis merito dubitare possit, vtrum a natura an arte metallum gignatur: eget
enim

enim artificio, vt etiam vitri confectio. Sed ars separat tantum quæ a natura condita sunt: efficere autem nequit metallicam substantiam: quod forte idem contingit in vitro, extrahitur enim liquor huiusmodi ex lapidibus illum continentibus. Purum tamen aliquando metallum repertum esse in fodinis testantur. Quid enim prohibet, separationem terreæ substantiæ quam facit ars, sponte aliquando fieri a natura? De generatione igitur metallorum in communi hæc dicta sint.

CAP. II.

DIuisio autem eorum summa est in liquabilia & ductilia. Liquabilia vt Plumbum, Aes, aurum, & cætera, ferro excepto: hoc enim illiquabile ponitur, licet excessu ignis liquetur cuius causam attulimus: sed ductile est, vnde reponitur inter metalla, cum alioqui illiquabilia ponantur inter sicciora 4. Meteo. cap. 6. Quod igitur liquabile tantum est, non ductile inter metalla stannum reperitur: Ductile autem non fusile, solum ferrum. Ductilia simul & fusilia, cætera metalla. Omnia autem humidiori materia constare necesse est. Non enim in igne funditur nisi humidum a frigore congelatum: nec malleo ducitur nisi molle, hoc autem ad humidum pertinet. Sed merito quis dubitabit, propter quid non omne liquabile etiam ductile sit, & e converso cum vtraq. affectio ab humiditate fiat? Dicendum est liquabilia esse, quæ potentia humida sunt, sed actu sicca, vt glacies. At ductilia sunt quæ actu aliqua ex parte sunt humida, non omnino humida, aut sicca. Nam neque aqua ductilis est, neque lapis, sed vtraque frangibilia sunt. Vitrum igitur & glacies liquabilia quidem, quia humiditatem habent a frigore congelatam: at non ductilia, quia actu omnino sicca sunt. Argentum autem viuum fragile est vt aqua, ideo & metalla, quibus iungitur reddit fragilia. Idem efficit Stannum: nam si Aeri admisceatur, aut argento, fractionem affert.

fert. Ductilia autem funt cætera metalla, quia in coagulatione non ex toto reddita funt ficca, fed mollities quædam
magis & minus relicta eft. Ideo ferrum quò durius eft eo
minus ductile, vt patet, quando in Calybem conuertitur
per iteratas fufiones, fi præfertim in fuccis quibufdam aftrin-
gentibus extinguatur : fragile enim redditur, neque ductile
fit, nifi igne mollificetur. Quomodo autem fub hac diuifio-
ne contineantur omnia corpora metallica, tam venæ metallorum, quam quæ ab ipfis egrediuntur vt Scoriæ, & quæ fimilem naturam habent, vt vitrum, fuperius explicatum eft.
Omnia enim hæc dominantem habent vaporofam exhalationem, ideo inter ductilia funt aut fufilia. Metallorum autem fpecies quidam feptem ponūt fecundum numerum Planetarum, a quibus exortus principia duci creduntur : Vnde
Chimici nominibus Planetarum fingula appellant, afcriben-
tes Saturuo Plumbum : Ioui Stannum : Marti Ferrum : Soli
aurum : Lunæ argentum : Veneri Aes : Mercurio argentum
viuum. Imitati Platonicos, vt Ficinus teftatur in Critia :
fed quibufdam mutatis. Nam Ioui Electrum tradunt : Marti Aes & ferrum : Mercurio Stannum : eximunt autem argentum viuum e numero metallorum. Alij fex tantum effe
Metalla : duo perfecta aurum & argentum, quatuor imperfecta, quorum duo dura funt, ferrum & Aes : duo mollia
Plumbum & Stannum. Argentum viuum non adhuc metallum effe fed in quodcumq. mutari poffe, fi congeletur. At
hoc opus, hic labor eft. Ponitur enim ab Ariftotele incoa-
gulabile. Quod fi hoc verti nequeat in metalla, quorum putatur effe materia, multo minus ipfa metalla inuicem tranf-
mutari poffunt, nifi vertantur in materiam vtriufq. communem. Oportet igitur tam metalla, quam argentum viuum
refoluere in vaporofam exhalationem, ex qua facta funt &
famofam vniufcuiufque, vt iterum perficiantur. At id impoffibile effe ipfimet Chimiftæ fatentur. Quod enim natura
calore cælefti fublimando perficit in vifceribus terræ, non poteft artifex calore ignis in vafis exiguis imitari. Ideo quidam

ex ijs

ex ijs aliam rationem excogitarunt, vt ex Metallis iam natura conditis elicerent id quod perfectum est in ipsis. Putant autem in omnibus contineri aurum, & argentum, sed latere ob impuritatem admissam in metallis imperfectis. Vt igitur hanc eliciant, & de commisto separent, medicamentum componunt, quod, proiectum super illa in fusione, id præstet. Quoniam vero attractio non sit nisi inter similia, ideo innuunt obscuris tamen verbis, vt solent, medicamentum id fieri ex auro ad extrahendum aurū, & ex argento ad argentum. At vero experti ea in sua crassitie minus penetrare in profundum eorum quibus commiscetur, varia adhibet artificia ad attenuandum, partim coquentes cum argento viuo, cuius natura est peruadere in profundum Metallorum, partim cum aquis acutis ex salibus & aluminibus, varijsque ingenijs lapidem constituere profitentur rubrum aut album, fusibilem vt cera, ingressiuum in metalla, & tandem purgatiuum ab omni impuritate id quod inest in ipsis auri, aut argenti, colorem addendo, & pondus & cæteras conditiones perfectorum. Verum etsi reperiantur aliquando in fodinis metalla mista cuiuscunque generis, non tamen post eorum separationem quæ artificio sit in fornacibus, remanere semper alterius mistionem verisimile est. Hoc enim esset secundum Anaxagoræ opinionem putare in vnoquoque cætera inesse, & nullum dari simplex corpus separatum. Inanis igitur est eorum labor, qui tentant extrahere aurum, & argentum ex ijs corporibus, in quibus non est. Dehisf autem sunt a varijs eorum pigmentis, quibus aliqua ex parte veluti palliantes imperfectorum metallorum sordes, putant se extraxisse ab ijs aurum & argentum. Sed cum in eorum profundo materia adsit combustibilis, & impura nequaquam tolerare possunt quodcunq, examen, aut igne factum, aut ples sed cos acutos erodentes eorum substantiam. Sed nostrum non est eorum ineptias redarguere. Ideo institutum persequamur. Illud contemplatione dignum est, omnia metalla quanuis ex vaporosa exhalatione constent, pondere tamen vincere

omnia

omnia corpora, tam lapides quam terram ipsam omnium
grauissimam. Nam fusis metallis omnia alia supernatant, vt
aquæ oleum aut lignum. Quod argento viuo maxime contingit: nam illi etiam omnia reliqua metalla supernatant
excepto auro. Auget admirationem eius natura aerea, ponitur enim ab Aristotele inter ea, quæ plus aeris habent,
4 Meteo. cap. 8. nam facillime euolat in fumum, quod significat, id maxime ex exhalatione constare: ideo Chimistæ
inter spiritus connumerant. An corpora tenuia & humida
in vnum & angustum magis compingi possunt, quam crassa
& sicca? sicca enim non inuicem glutinantur in vnum: crassa vero difficilius penetrant in angustum. Quando autem
multa materia grauis in vnum compingitur, grauius redditur, quam vbi pauca: tanta enim est grauitas, quanta est
materia, vt tanta est albedo, quanta est superficies. At me-
talliorum materia cum vaporosa sit, vtrunq. possidet, tenuis
enim est & humida. Patet autem experimento. Nam aurum grauissimum omnium, simul & tenuissimarum partium:
duci enim potest in bracteas adeo tenues, vt euolent in auram. Nec mirum vaporem vtpote aereum leue esse, grauitatem autem acquirere in metallorum generatione ampliorem quam aqua: nam ab exhalatione sicca alteratus có-
ditiones terræ acquirit, grauiorq. fit ipsa terra, quia humiditatem actu retinet, qua ductibilitas oritur, & tenuissimarum est partium. Talis est humiditas metallica omnium gra-
uissima, non adhærens tangenti, nec madefaciens vt aqua:
nulli alij similis: non enim aqua est neque ex aqua, sed erat
potentia aqua antequam metallum fieret. Ideo bene a Medicis omnia Metallica terræ species appellantur, etiam ipsum argentum viuum: & omnia vim exsiccandi habent. Sed
iam singula explicemus exorientes a perfectioribus: vltimo
quæ ab illis egrediuntur, perquiremus.

CAP.

CAP. III.

AVrum cæteris metallis prælatum non ob colorem flauum, quia clarior in argento videtur, & longius fulget: nec pondere, aut facilitate materiæ, quia in vtroq. vincitur a Plumbo, vt Plinius putat. At contrarium apparet, si vtraque proijciantur in argentum viuum: Plumbum enim supernatat, aurum solum mergitur, grauissimum igitur omnium. Sed perfectionis signum est quia solum inter metalla in igne nihil deperdit, durante materia etiam in incendijs, rogisque. Quinimo quo sæpius arsit, proficit ad bonitatem. Præterea quia visu minimum eius atteritur, cum alijs metallis lineæ producantur, & manus sordescant decidua materia. Hinc anuli aurei, cum primum e ferro instituti fuissent a Prometeo, tantum in signum vinculi, sed postea successerunt aurei in signum bellicæ virtutis apud Romanos, aut etiam dignitatis gratia publice dabantur ijs, qui legati ituri essent ad exteras nationes. Nullum præterea aliud latius dilatatur, aut numerosius diuiditur: vna enim vncia in septuagenas, & quinquagenas, pluresq. bracteas quaternum vtroq. digitorum spargitur apud Plinium: sed hodie drachma quinquagenas sex digitorum facit apud Aromatarios. Ideo legendum puto apud Plinium: Septingentas, & quinquagenas. Apud Pictores autem triplo numerosiores, & tandem tenuissimas eius bracteas argento subitrato eousque dilatant, vt color tantum non substantia videatur remanere, quibus inaurant æs, ferru, ligna, marmora. Ducitur quoq. eadem ratione in filum tenuissimum, quod stamini circumductum, & per se sine stamine texitur. Accedit substantiæ incorruptibilitas: solum enim nullam contrahit rubiginem, nec squalorem, adeo vt contra salis & aceti succos rerum domitores constans perduret. Id autem contingit tantum in auro purissimo. Nam impurum fioret quidem, sed cæruleum hac enim issimum. Vna tantum res est, quæ veneni modo

do

do ipfum corrumpere videtur:hoc eft argentum viuum: nam
quamprimum illud tetigerit, permeat intus, frangit, & tandem in puluerem conuertit, nulla auri fpecie apparente.Sed
in igne refurgit pulchrius quam prius. Hæc igitur indicia
funt nobilitatis fubftantiæ,vt merito præciofiffimum habeatur. Eius autem vena, vnde excoquitur, varia eft: nam vel
in fluminum harenis reperitur, quod genus perfectius eft,
curfu ipfo & tritu perpolitum, in quorum numero Padus eft
Italiæ: in montibus enim abradi eius micas tenuiffimas vnà
cum lapillis creditur: aut exhalationes fubterraneæ in ipfo
curfu aquarum purgatæ, lapillifque hærentes in aurum conuertuntur. Aliud genus effoditur puteis aliquando fumma
tellure inuentum, inhæret autem glareæ marmoreæ in Hifpania: at in Oriente Sapphiro, quem lapidem Lazuli vocari diximus: & Thebaico, alijfque gemmis. Tertia ratio eft
excauatis montibus cuniculis per magna fpatia actis ad lucernarum lumina. Vena enim propria in fibris faxorum continetur præcipue vbi Silex fuerit, duriores enim lapides a-
mat. Teftatur Albertus eandem auri fibram vifam per Silicem tranfeuntem, degeneraffe in argentum cum ad aliud
genus lapidis mollioris rariorifque peruenifet. Ex quo col-
ligit magnam vim loco ineffe ad generanda Metalla,cum ex
eadem materia diuerfa corpora ob id fiant. An tenuior exhalatio, quæ in aurum conuertitur, exhalat facilius, & eua-
nefcit in lapide rariori? craffior autem cæteris metallis propria non penetrat in lapides denfiores? Quanuis autem excoqui uenam oporteat, ut perfectum aurum eliciatur, reperiri tamen tradunt in metallis perfectum, quod igne non e-
geat. Factum quoque aliquando aurum ex auripigmento
in Syria pictoribus effoffo, fed tam parua quantitate, ut maius effet difpendium. Auro omni argentum ineffe teftantur
uario pondere, alibi dena, alibi nona, alibi octaua parte.
Cui quinta pars eft, Electrum appellatum eft, cui maxima
authoritas apud antiquos,& quia clarius fplendet quam argentum ad lucernarum lumina:& quia natiuum uena de-

præhen-

præhendit: nam in calcybus discurrunt arcus cælestibus similes cum igneo stridore. Quod vero aurum purum est, & ab omni argento separatum, Obryzum appellatur, quod igne depræhenditur, si rubeat colore quo ignis. Cum enim ignitur & funditur, rubedinem fulgentem, ignis modo acquirit. Difficillime quoq. accenditur. Est & alterum sine igne purum, quod Apyron appellatur, quale Arabicum esse traditur: cætera argentosa Græcis leuca appellata. In medicinis vsurpantur auri bracteæ, quæ folia appellantur, ad cordis palpitationes cæterasque eius imbecillitates præsertim ab atrabile ortas: nã arabes vim lætificandi illi tribuunt. Sua enim frigiditate repellit a corde prauas fluxiones. Siccitate autem ac substantia incorruptibili tuetur, ne putrescat. Chimici promittunt eius solutionem, vt poculentum fiat, cui vires tribuunt aduersus omnem morbum: reficere omnes corporis imbecillitates, & in iuuentute conseruare: cum tamen aurum ostensum sit a nullo solui, præterquam ab argento viuo, quod venenum est. Quanuis autem ponatur in aquis acutis, quas aurifices parant ad separandum aurum ab argento: non tamen in liquorem soluitur: tantum diuiditur in partes insensibiles, quæ iterum siccatis aquis glutinari possunt in pristinum corpus. Tanto igitur minus soluetur ab alijs aquis quæ vim erodendi non habent. At eius puluisculus ab omni aliena substantia abiutus, vtpote tenuissimus, ex quocunque liquore assumi potest, quo modo potabilis redditur. Qui vero putant aurum elixando qualitatem auream iusculis communicare, inanem operam moliuntur. At extinctione eius forte aliqua virtus imprimi possit in liquoribus, sed ea potius ex igne erit, quam ex auro. Cauterium tradunt ex auro ignito factum, non excitare bullas, & vlcus citius ad cicatriem perduci. Plinius experimentum quoddam probabile affert: Iubet aurum torrefieri cum salis grummo triplici pondere, & rursus cum duabus salis portionibus, & vna lapidis Schisti: ita enim virus tradit rebus vnà crematis in fictili vase ipsum purum, & incorruptum, vtitur autem

Z   reliquo

reliquo cinere cum aqua ad Lichenas,'& fistulas, & Hæmorrhoidas, atque alia . Aurum pollere tradit contra maleficia
applicatum, inesse tamen ipsi superlato vim maleficam.

CAP. IIII.

ARgenti paulo infirmior est natura, nam in igne aliquid
deperdit, licet modicum, & a Sulphure comburitur, si
illi fuso admisceatur. Et super vapores acutorū expuit suam
rubiginem, difficulter tamen, quæ cærulei coloris est hamę-
ni, pictoribus charior cæruleo vltramarino dicto . Lineas
autem ducit ex se nigras, ideo manus inficit. Dilatatur malleo in amplam latitudinem, sed minus quam aurum, quia
durius est & crassius. Eodem quoque leuius est, & Plumbo:
nam fusum illis supernatat olei modo, quibus rationibus di-
scedit ab auri perfectione, sed cæteris longe præstat . Nam
splendore & candore omnia vincit . Dilatatur, & texitut vt
aurum, aliaque opera ex eo similiter fiunt . Vena, vnde excoquitur, non nisi in puteis reperitur nulla sui spe, vt Plinius
scribit, nullis enim scintillis lucet, vt aurum . Nam terra
est alia ruffa, alia cineracea, sed hoc in Hispania . Alibi enim
lucentibus scintillis reperitur, vt in Germania tradunt, &
in Aetruria vidimus Serauitiæ . Laudant autem fossores
eam, cui minutissimæ sunt scintillæ . Item quæ in lapide cando & Plumboso reperitur, aut quæ soluta est in superficie
terræ, sed hæc minus splendet, quam reliquæ. Non laudant
in lapide duriori, aut vbi Pyrites aureus mistus est, sterilior
enim reperitur . Vbi Pyrites candidior, rarior, & minutior,
maiorem spem præbet . Albertus Magnus optimum argentum nasci tradit molle sub terra, vt spissæ pultes, quod tamen
aeri expositum siccatur, & congelatur, funditurque in optimum argentum, sed huic admistum est argentum viuum.
Minium quoque, cuius vomica est argentum viuum, excoqui in argentum testatur Plinius. Reperitur & carbunculo
similis: quod genus Minij Victruuius Anthracem vocat. Tradunt

dunt in Germania repertas effe in fodinis argéti maffas, quę
ope ignis non indigeant: quarum vna gloriatur Dux Saxo-
niæ, ea forma genita vt pro menfa eius vfus fit. Quemadmodum autem cum auro vt plurimum coniunctum eft argé-
tum, fic cum argento Aes, & Plumbum, aut argentum viuum. Non poteft autem excoqui argentum, nifi cum Plumbo aut vena Plumbi: nam eius auxilio purgatur. Odor ex
argenti fodinis omnibus animalibus noxius eft, præfertim
canibus vt teftatur Plinius. Arabes etiam argentum affumunt in medicamenta. Laudant enim eius fcobem ad cordis palpitationem, facultate fcilicet refrigerandi, & ficcandi.

CAP. V.

AEs imitatur colore quidem aurum, fi enim eius rubedo
modice diluatur, aurichalcum fit auro fimillimum.
Subftantia autem tractabili, & fufionis tarditate argentum,
expectat enim ignitionem antequam fundatur. Differt autem ab vtrifque, quia ignium examen non tolerat, fed comburitur vniuerfum, vnde fignificatur multum continere exhalationis combuftibilis, nam præ cæteris odorem & flammam fulphuream reddit. Præterea madefactum facillime
contrahit fuam rubiginem, quæ Aerugo dicitur colore viridi, quod imperfectam miftionem fignificat exhalationis ad-
uftæ cum vaporofa: humore enim non foluitur, nifi quod
vftionem paffum eft. Eo Chimiftæ facile adulterant aurum,
& argentum. Tingitur enim argento viuo, aut arfenico,
aut Talco in fpeciem argenti, præcipue addita aliqua portione argenti: Cadmia autem in fpeciem auri, quod aurichalcum vocant, vulgo ottone. Tradit Plinius etiam a natura fieri aurichalcum, quod ob præcipuam bonitatem admirationem obtinuit, fed poftea defijt. Effoditur æs multis locis, fed non eadem bonitate. Quondam primatum obtinuit
Cyprium, quod Palladius Cuprinum æs appellat, vnde a-
pud barbaros Cuprum affumptum eft pro Aere. Poftea alia

multa huic prælata sunt partim a dominis metallorum appellata, vt Salustianum, Liuianum, Marianum: partim a loco, vt Cordubense, quæ naturalia erant. Alia laudata sunt ex artificio officinarum, vt Corinthium, quod in eius vrbis conflagratione repertum est a fortuna mistum, postea ab artificibus imitatum, omnium nobilissimum propter colorem. Quoddam enim argenteum videtur, quoddam aureum, quoddam Iocinoris imaginem imitatur, vnde Hepatizon appellatum est. Aliàs laudatum fuit Aegineticum, & Deliacum, ex loco vbi erant eius officinæ. Misturæ quoque eius diuersæ repertæ sunt ad diuersos vsus, vnde & Aeris cognomina multa. Nam quoddam Coronarium appellatum est, quia dilatatum in tenuissimas laminas, & felle tinctum speciem auri probet in Coronis histrionum: cuius exemplo hodie appellare possemus id quod vulgo appellatur Oroscrillo, ad ornatum solum in vsu. Aliud Caldarium, quod tantum fusile, sed malleo non extensibile, quoniam frangitur. Aliud Ollarium, quia Ollæ ex eo fierent: Aliud statuarium: aliud Formale, quod ex mistura eum colorem contrahebat, quem Græcanicum vocant. Præcipue autem Stannum Aeri admiscent, vbi opera fusoria fiat, sic enim facilius decurrit, & facilius recipit signa: quam mistionem hodie appellamus Bronzo, ideo nullum malleo extensibile ob Stanni mistionem, quod fractionem præstat. In præcio hoc fuit quondam ob statuas & signa, & vasa, candelabra, & templorum valuas, ac limina: quorum exempla hodie Florentiæ videri possunt in templo S. Ioannis Baptistæ: & Pisis in Aede Episcopali. Similis mistura hodie expetitur ad tormenta bellica, quas Bombardas vocant, & ad Tintinnabula, quas campanas appellant. Quod autem in igne ab omnibus vitijs purgatum est, Regulare appellatur. Aera extersa rubiginem celerius contrahunt, quam negleta, nisi oleo perungantur: seruari autem ea optime tradunt in pice liquida, qua forte obducta sunt Emblemata illa Imperatorum, quæ adhuc tot annis condita intra terram, eruuntur illæsa. Excoquitur autem

autem Aes ex vena propria, quam Galenus aliquando terram, aliquando lapidem appellat, coloris purpurei inter-
stinguentibus lineis viridibus, vt Metallici notarunt. Plinius hunc lapidem Chalcitim vocat, in Cypro, vbi prima
fuit Aeris inuentio: ex quo eraditur Aerugo Scolecia, & ipsum Aes coquitur. Alium praeterea esse lapidem Aerosum,
quem vocant Cadmiam cuius celebritas in Asia & quondam
in Campania, tandem in Bergomatum agro extrema parte
Italiae: in Germania etiam repertum. De quo inquit: Ipse
lapis ex quo fit Aes, Cadmia vocatur fusuris necessarius,
medicinae inutilis, qui in fornacibus aliam dat Cadmiam,
quam medici quaerunt. Distat Chalcitis ab huiusmodi Cadmia, quod illa super terram ex subdialibus petris caeditur:
Chalcitis ex obbrutis mollis natura, friabilis, vt videatur
lanugo concreta, & continet tria genera: Aes, Misy, & Sory. At de huiusmodi lapidibus dictum est superius in Pyrite, & Chalciti. Aes in medicina multiplicem habet vsum,
praesertim ad vlcera sananda. Intra noxius est eius vsus: ob
id abdicantur aenea vasa tum ad esculenta, tum ad poculen-
ta, nisi illita fuerint Stanno: nam cum facile aeruginem fundat, noxas inducit graues: Elephantiasim, Cancrum, dolorem Iocinoris, & lienis; praesertim si vasa acidos succos con-
tineant, aut vina dulcia: eoque magis, si moram in illis tra-
xerint, amarescunt enim. Testantur Arabes: si vas aeneum
superponatur piscibus frixis adhuc calentibus, eos inficі, adeo vt instar veneni lethales reddantur. Quod si aera illinuntur Stanno, cohibetur aeruginis virus. Pro vlceribus autem
vritur es diuersimode: vt Dioscorides docet: vel cum sulphure tantum, aut addito alumine, aut per se solum. Optimum aes vstum conficiebatur in Aegypti Memphide, deinde
in Cypro: cuius notae sunt: vt sit rubrum, & attritu colorem
Cinnabaris imitetur: nam nigrum plusquam decet exustum
est. Hodie in Hispania conficitur, appellant autem Feret-
rum, sed nigrum est, inficit nigredine, ideo vtuntur ad capillum denigrandum. Habet autem acrimoniam cum astrictione

ctione coniunctam, sed si lauetur, optimum sit medicamentum ad cicatrices inducendas.

FErrum vilissimum omnium censetur, quanuis vitæ humanæ sit maxime necessarium, quia robustissimum est. Ignobilitas tamen significatur, primum ob fusionis impotentiam, significat enim multum continere exhalationis siccæ atque admodum crassæ & terrestris. Deinde ex colore liuido materiæ impuritas significatur: facillime quoque contrahit suam rubiginem, & in puluerem tandem vertitur. In examine tamen ignium diutius perdurat, quam reliqua imperfecta, quia multam habet terram incombustibilem. Purgatum vero accedit maxime ad argenti albedinem, vocaturque Calybs & Stomoma Græcis a Latinis autem acies, vulgo Acciaio. Cuius perficiendi rationem docet Aristoteles 4. Meteo. cap. 6. Ferrum enim igne vehementissimo fundunt, vt fluat sicut reliqua metalla: in quo opere separatur multa Scoria, redditurque ferrum purius, ac durius, quod cum sæpe effecerint, sit Calybs. Sed quia ob vim ignis multum ab eo abscedit, vnde corpus minuitur, non curant vltimam eius perfectionem, præsertim cum tandem reddatur inutile operibus, nam sit frangibile: operius autem est commodius, quod minus purgatum est. Durius quoque redditur aquarum ratione, in quibus extinguitur postquam ignitum fuerit: extant autem aliæ aliis præstantiores. In Italia Comum ob huiusmodi aquam est nobilitatum. Ferrum enim ibi aquarum vi optimum paratur: varij quoque succi excogitati & medicamenta, quibus loricas, enses, aliaque instrumenta sæpius extinguunt, vt robustiora fiant aduersus omnes ictus, & durissima quæque scindant, & gemmas insculpant. Albertus ad id laudat succum Raphani adiunctis lumbricis terrestribus. Ferri differentiæ in mollitie, & ductibilitate, quod syncerum est, magis probatur. Admistum cum Aere

aut

aut Stanno agrestius redditur, operibus fragilius, & difficilioris fusionis. Vena eius copiosissima est in Italia: ob eam nobilitata Ilua Tyrrheni maris insula, incredibili copia etiã nostris temporibus eam gignens: nam terra quæ eruitur, dum vena effoditur, tota procedente tempore in venam conuertitur. Laudant candidiorem, & quæ Rubricam habeat admistam: damnant luteam aut nigram. Quædam minutis scintillis aut veluti bracteis lapidis scissilis modo composita est, glebosa, quæ magis probatur. Alia lapidosa, in qua tanquam in radice angulosi lapilli aliquando visuntur, splendidi, de quibus diximus in Hæmatite. Illud mirum: venam sine multo labore fundi, vt ferrum aquæ modo decurrat, ipsum autem ferrum nó posse nisi aucta vi ignis. Quod ostendit in igne deperire multum de eius humiditate fusionem præstante. Si autem sulphur aut Stibium admisceatur, minimo labore funditur. Ferri natura est exsiccare astringereque. Cadens extinguitur sæpius in aqua aut vino aduersus cæliacam passionem, dissenteriam, choleram, stomachi dissolutionem, & lienosos apud Dioscoridem: prodest humiditates exsiccando & astringendo. Ad hæc præstanda efficacior est Calybs. Sunt qui huius scobem in vino generoso infundant, quod multis diebus propinant ieiuno ventriculo, vt statim a potu deambulent, aduersus magnas Hepatis aut Lienis obstructiones: aut ipsam met scobem cum Diarhodon aut cum Hiera exhibent pondere scrupulorum quinque: sed tutius est in minori quantitate sumere, præsertim si præparetur, vt iubent cum aceto, nam in rubiginem conuertitur, quæ malefica est.

CAP. VII.

PLumbum quanuis apud Latinos in duo genera distribuatur, nigrum, & candidum, vt inquit Plinius. Apud Græcos tamen Molibdos nigrum significat, quod nos simpliciter Plumbum vocamus: Cassiteron autem candidum, quod vulgo Stannum dicimus. Quanuis hoc nomen Plinio aliud

aliud fignificet. Non conueniunt autem nifi in mollitie &
fufionis celeritate: in cæteris valde diftant, vt patebit. Nam
Plumbum grauitate aurum imitatur, nullumque fonum edit,
ideo mutum vocant. Eius albedo admodum liuida eft, vnde color Plumbeus dicitur de ijs, quorum virtus emoritur.
Peculiare huic, quod derelictum fertilius reuiuifcit, crefcit
enim imbribus: vnde Chimiftæ argumentum fumunt, etiam
aurum, & argentum augeri poffe. Sed illud magis admiratione dignum eft, quod vftum in fornace, donec cinis fiat,
crefcit eius pondus octo aut decem pro fingulis centenarijs
vt Metallici teftantur. An idem lateribus in fornace coctis
contingit? nam & higraniores poft affationem redduntur:
cum tamē oppofitum debuiffet fieri, abfumpta multa eorum
fubftantia in igne. Sed in locum deperditæ fubftantiæ accē-
dit fuligno ignis, quæ adhærens lateribus in poris conden-
fatur: fimili modo, & cineribus Plumbi, vnde pondus augetur. Id vero magis in Plumbi vftione fit, quia in furno, quem
Reuerberi vocant, reflectitur flamma fuper cineres, ibique
fuam fuliginem reponit. Huius fignum eft, quod fi iterum
cinis fundatur vertitur quidem in Plumbum, fed admodum
diminuta mole, reliquum in recrementum tranfit. Vftione
igitur non augetur Plumbum, fed minuitur. At imbribus
augetur, vt in tectis plumbeis refarcitis experimento compertum eft: & Galenus teftatur, Plumbea ftatuarum vincula
creuiffe, & quædam adeo intumuiffe, vt ex lapidibus depen-
derent inftar glaciei: contingere id inquit ob aeream fubftantiam, quam continet cum aquea. Si enim condatur in
ædibus fubterraneis aerem turbidum habentibus, fitum
contrahere. Oportet igitur Plumbum exhalationem ficcam,
& vftibilem habere multam, quam aeream fubftantiam Galenus vocat: hæc igitur in locis humidioribus vaporofam
exhalationem Plumbo hærentem coagulat, efficitque veluti fordem circa Plumbum, vnde augetur eius fubftantia.
Non contingit autem id cæteris metallis, quoniam aurum
quidem & argentum non habent exhalationem vftibilem:

Aes

Aes autem & ferrum plus habent de combuſta exhalatióné, quæ non amplius exhalat niſi in igne. His adde attractionem quandam fieri a Plumbo vaporoſæ quidem ſubſtantiæ, quando ea ſuperet in Aere humecto & turbido, ſumoſæ autem in fornace. Vnde ibi quidem augetur Plumbi ſubſtantia, hic autem recrementum. Nam etſi cætera metalla in eodem furno vrantur, vt flammam reflexam recipiant, non tamen ijs adhæret fuligo, vt Plumbo: hoc enim ſolum retinet, cætera reddunt cum ſubſtantia euaporante. Ideo cætera aſſimilantur calci, quæ leuior redditur ex vſtione. Plumbum autem lateri, qui grauior euadit. Plumbi vſti cinis luteum colorem contrahit ob nigram fuliginem albedini miſtam. Stannum vero candidum reddit cinerem. Illo vtuntur pictores ad lumina & flammam repræſentandam appellantes Giallolinum. Hoc figuli ad albedinem fictilibus præſtandam. Alia præterea eſt Plumbi conditio maxime neceſſaria. Eſt enim veluti Sapo ad ſordes abſtergendas auri, & argenti, & gemmarum: nam ſine eo nequaquam purgari poſſunt ab ijs, quæ eorum ſubſtantiam inficiunt. Iungitur enim Plumbum facillime cum cæteris metallis fuſis, ſed cum diutius vim ignis tolerare nequeat, dum abſcedit, ſimul aufert eorum ſordes. Efficiunt autem hoc opus in auro & argento, quia hæc in igne perdurant illæſa, dum Plumbum euaneſcat. Cætera metalla aut non iunguntur, aut coniuncta, non ex toto recedunt, aut tardius. Qui modus purgandi Capella appellatur ab aurificibus. Quibus iungitur Plumbum aut vena Plumbi, facilius funduntur: ideo expetuntur ad venas agreſtiores: neque argentum excoqui poteſt ſine ijs. Gemmæ ſordidiores, & obcæcatæ ſi incoquátur in Plumbo, ſplendidiores redduntur: quod oſtendit aliquam vim attrahétem in Plumbo contineri. Sunt qui teſtantur, ex Plumbo aliquam portionem argenti viui ſublimari, quia multum cum eo conuenit in ſubſtantia euaporabili. Impuriſſimam autem eſſe eius ſubſtantiam oſtendit color liuidus cum modico ſplendore: & quia plusquam cætera metalla, tractantium manus

A a   inficit

inficit nigredine. Facillime quoque rubiginem contrahit, quæ Cerussa vocatur. Plumbi vena nunc per se reperitur, nunc cum argento, mistisq. venis conflatur. In Hispania, & per totas Gallias eruitur laboriosius, sed in Britania summo terræ corio adeo large, vt lex vltro dicatur, ne plus certo modo fiat. Alicubi terra est cineracea scintillis minutis splendentibus. Alicubi lapis splendore Plumbeo ex quadratis veluti tessellis constans inhærentibus saxo candido aut russo. Melior quæ in saxo candido, aut terra minutis granis. Dioscorides ipsam venam harenam vocat Plumbariam in spuma argenti. Recipitur Plumbum inter medicamenta externa ad refrigerandum, & astringendum: sistit fluxiones, & cicatricem inducit: ad quem vsum teritur, & lauatur, vt docet Dioscorides, in mortario Plumbeo & Plumbeo pistillo: facile enim ob mollitiem succum reddit: Galenus varios liquores adiungit simul terens, vt efficaciores reddantur. Aut vritur & lauatur ad eosdem vsus, quod sic antius redditur, & acrius. Plumbi laminæ tumois adalligantur ad refrigerandam venerem. & Ganglijs imponuntur, nam ea dissipant.

CAP. VIII.

POst Plumbum meminit Dioscorides lapidis Plumbarij, quem Molibdoidem vocat, dictum a Plumbi similitudine, cuius vis respondet recremento Plumbi, & eodem modo lauatur. Hic profecto alius est a vena Plumbi, quam harenam Plumbariam vocat, Græce Molibditim, ex qua sit quædam species Litargyri. Puto autem Molibdoidem esse lapidem quendam in nigro splendentem colore Plumbeo, tactu adeo lubrico, vt perunctus videatur, manusque tangentium inficit colore cinereo, non sine aliquo splendore Plumbeo: vtuntur eo pictores coticulis in cuspidem excisis, ad figuras designandas: appellant autem lapidem Flandriæ, quia ex Belgia affertur. Eundem reperiri tradunt in Germania, vbi Bisemutum vocant, quem assumunt cum stibio,

mi-

miſtura liquefacta ad formandos Characteres, quibus im-
preſſores librorum vtuntur, materia admodum dura ac fran-
gibili. Teſtantur ex eo quandoque excoqui argenti aliquid,
& vbi reperitur, ſubeſſe argentum ſperant. Aliud genus affertur nigrum vt carbo & cruſtoſum, quem pictores Matitam
nigram vocant. Hi lapides ſi vrantur, in Lithargyrum vertuntur, vt vena Plumbi.

CAP. IX.

ALter eſt lapis Plumbo ſimilis, quod Stimni Græci vocant, Latini Stibium: vulgo Antimonium: de quo inquit Dioſcorides, optimum eſſe, quod ſplendidiſſimum eſt,
atq́; emicat, confractu cruſtoſum nihil terræ aut ſordidi habens, friabile. Plinius inquit: In argenti Metallis inuenitur,
vt proprie dicamus, lapis ſpumæ candidæ nitentiſque, non
tamen tranſlucentis. Duo eius genera: mas, & fœmina:
magis probant fœminam: horridior eſt mas, ſcabriórque, &
minus ponderoſus, minuſq́; radians, & harenoſior. Fœmina contra nitet, friabilis, fiſſuriſq́; non globis dehiſcens. Videtur autem Plinius ad marem reducere Molibdoidem, de
quo diximus, hic enim non fiſſuris ſcinditur, horridiorque
eſt, minuſq́; radians: cum alioqui Molibdoidis nuſquam meminerit. Affertur hodie Stibiū ex Germania fuſum, & in maſ-
ſas congelatū, quo vtuntur præcipue fuſores æris ad campanas conſtruendas, nam ſonum adauget: Admiſcent & vaſis
ſtanneis, & ad ſpecula. Ferro admixtum reddit fuſibile. Vnde globos conficiunt, quos Bombardæ eiaculantur: ſed metalla, quibus admiſcetur, fragilia reddit, præter Plumbum.
Reperitur & in Aetruria in agro Seneenſi pluribus in locis.
Vim habet aſtringendi, meatus occludendi, refrigerandi:
cohibet excreſcentia in carne, & vlcera ad cicatricem per-
ducit: aufert ſordes oculorum, & ſiſtit ſanguinem ex mem-
brana cerebri profluentem: & vt in vniuerſum dicatur, vis
vſto Plumbo ſimilis eſt: priuatim autem ad ambuſta, non

patitur puſtulas erumpere. Torretur autem certo modo, & vritur vſque ad ignitionem: nam ſi amplius, funditur in Plumbium. Hæc apud Dioſcoridem; At Plumbum id candore argentum imitatur, ſed vitro fragilius eſt. Ex eo Chimiſtæ conficiunt oleum rubicundum, quod prædicant ad tingendum argentum colore auri, & ad vlcera contumacia, exedit enim. Nuper ex eo parant lapillos rubentes aut flauos Hyacintho emulos, diutius vſto donec luteus quidam fumus exierit, & in cinerem conuerſum fuerit iquem addita portione Botacis, aut ſalis Armoniaci confiant, & fundunt ſuper æris laminam, aut marmor: coit enim in lapillos tranſlucidos Hyacinthinos, quod Antimonium præparatum vocant. Hoc poſtquam ad metallorum tranſmutationem reperiſſent inutile, conuerterunt in vſum Medicinæ. Exhibent enim eius in puluerem comminuti grana tria, aut quatuor, aliquando vſque ad octo, & amplius cum ſaccharo roſaceo ad purgandos humores craſſos, & melancholicos, in morbis contumacibus. Ducit per ſuperiora, & inferiora: & hanc purgationem ſæpius repetunt. Sanari teſtantur tremorem cordis: Hypochondriacam paſſionem, Aſthmaticos, Hydropicos, Phthiſicos. Sunt qui in robuſtiſſimo corpore exhibuerint vſque ad grana duodecim: Eicere etiam ſanguinem nigrum, concretum felici ſucceſſu.

CAP. X.

STannum a Latinis vocatum deriuato nomine a Stimmi, ſimilem enim habet naturam: ab Homero Caſſiteron vocatur. Non reperitur autem apud Dioſcoridem niſi velimus cum Stibio compræhenſum eſſe, quod enim ex eo conflatur, & candore, & fragilitate non differt a Stanno: Plumbum tamen id vocat Dioſcorides, & Latini diſtinguentes Plumbum candidum appellant. De quo inquit Plinius. Præcioſiſſimum candidum a Græcis appellatum Caſſiteron, fabuloſeq́ narratum in inſulas Atlantici maris peti, vitilibuſq́

nauigijs

nauigijs circumſutis corio aduehi. Nunc certum eſt in Luſitania gigni, & in Gallecia ſumma tellure harenoſa, & coloris nigri. Pondere tantum ea depræhenditur: interueniunt
& minuti calculi maxime torrentibus ſiccatis. Lauant eas
harenas metallici, & quod ſubſidit, coquunt in fornacibus.
Inuenitur & in aurarijs metallis, quæ Elutia vocant, aqua
immiſſa eluente calculos nigros paulum candore variatos,
quibus eadem grauitas, quæ auro. Et ideo in Calathis, in
quibus aurum colligitur, remanent cum eo: Poſtea caminis
ſeparantur, conflatique in album Plumbum reſoluuntur, Albi natura plus aridi habet, ideo nulli rei ſine miſtura vtile
eſt. Nec argentum ex eo plumbatur, quoniam prius liquatur argentum. Hactenus Plinius. Videtur autem ſignificare Stannum non vtile eſſe ob ſiccitatem ad argentum: quod
non contingit Plumbo, hoc enim ſua humiditate velocem
reddit fuſionem argento. Ideo ſuperius dixit: nec ex albo
argentum, cum fiat ex nigro. Ex quibus patet Stannum per
ſe ſolum ob ariditatem inutile eſſe, difficile fundi tam ipſum
quam eius venam: egere Plumbo mollificante: quod hodie
affirmant, qui Stannum ex Anglia aduehunt eius metalli
fertiliſſima. Hinc nomen Stanni miſturis datum eſt. Nam
primũ miſtis venis argenti & plumbi primus liquor qui fluit
in fornacibus Stannum appellatur Plinio, frangibile enim
eſt. Hoc illitum æneis vaſis, ſaporem gratiorem facit, &
compeſcit æruginis virus: mirumque pondus non auget, ſpecula quoque ex eo laudatiſſima. Sed poſtea adulteratum eſt
ſtannum addita Aeris candidi tertia portione in Plumbum
album. Fit & alio modo, miſti albi plumbi, nigrique libris,
hoc aliqui argentarium appellant: idem & tertiarium vocẽt,
in quo duæ nigri portiones ſunt, & tertia albi: & hoc fiſtulæ
ſolidantur. Hodie hoc genus vulgo Saldaturam vocant,
ferro enim ignito rapiunt aliquam eius partem, qua illico
ad eius tactum liquata illinunt Aera, ſubiecta pice colopho-
nia, ſic enim cohæret, & diuerſas partes veluti glutem colligat, & rimas claudit, vnde vulgo deriuatum eſt verbum:

Sta-

Stagnare. Hoc eodem illinunt ollas Aeneas,ne ærugo eflo-
refcat. Sed fi plus addatur Plumbi facile contrahunt ceruffæ fæditatem. Improbiores ad Tertiarium additis æquis
portionibus albi argentarium vocant, & eo incoquunt quæ
volunt. Nam fi album incoquatur Aereis operibus, vix difcerni ab argento poffunt. Simili modo argentarium inco-
quere cæperunt, equorum maxime ornamentis & alijs multis. Hæc apud Plinium leguntur. Patet igitur Stannum,
quod hodie affertur ex Anglia ad vafa conficienda, Plumbi
portionem habere, extenfibile enim eft, & facile funditur.
Sed cum flectitur, aut dentibus mordetur ftridorem quendam edit, qua difrumpâtur particulæ ftanni humore Plumbi glutinatæ. Si autem cæteris metallis admifceatur, fragilia reddit, excepto Plumbo & auro puriffimo, etiam fi in minima quantitate addatur,adeo vt folus odor aliquando fufficiat ad fragilitatem præftandam. Si enim in carino in quo
ftannum fuerit conflatum, Aes aut argentum fundatur, fractionem patiuntur. Cum Plumbo autem conuenit: nam iun-
gi inter fe plumbum nigrum fine albo non poteft, vt Plinius
inquit, ac ne album quidem fine nigro: Quod hoc modo
intelligendum videtur. Ex vtriufque enim miftura corpus
fit magis extenfibile, quam fingula feorfum: nam ftannum
per fe non extenditur. Plumbum autem extenditur quidem,
fed non in multam latitudinem, difrumpitur enim : at com-
miftum tenuius dilatari poteft abfque fractione. Oportet
igitur tam plumbum fua humiditate extenfionem communicare ftanno, quam ftannum fua tenuitate plumbum tenuius ducere. Effe autem admodum tenuem ftanni fubftantiam ex eo patet: quod inquit Ariftoteles 2. de gen. & cor.
tex. 90. Stannum in exigua admodum quantitate Aeri miftum colorat tantum, vt videatur effe paffio fine materia,
quod profecto non contingeret nifi tenuiffimarum partium
effet,vt diffundi in Aeris ingentem molem poffet,& fi autem
ftannum tenuius fit plumbo, non tamen grauius, quoniam
ariditas eius non patitur tantam condenfationem, quanta

fit in plumbi humiditate . Colligi etiam potest eius ariditas
ex sono , quem Aeri communicat admistum : Tinnitus enim
non in molli & flexibili corpore fit , sed in duro , & quadantenus rigido , vt vno ictu sæpius aer verberetur . Idem præstat
& Stibium , & Molibdoides , nam & ipsa sua rigiditate Aeris
flexibilitatem contemperant . Affertur ex Germania quoddam genus argenteo splendore adeo fragile , vt vitrum videatur : compositum ex squamis quadratis ad similitudinem
Pyritis : Ideo quidam Marcasitam argenteam vocant , sed
facillimè funditur . Admiscent id Stanno Anglico , vt lique-
factum facilius decurrat . Tradunt ex fæcibus argenti viui
diaberi . Stannum difficile rubiginem contrahit , quæ candida est : appellatur album Hispaniæ : hodie Biaca Alexandri-
na qua mulieres libentius vruntur , quam cerussa ex plumbo . Si vratur , vertitur in cinerem candidum , qui condari
iterum in Stannum vix potest sed in substantiam vitream
colore lacteo , quo fictilia illinunt , vt in igne crusta vitrea ,
& candida obducatur . Vasa e stanno post aurum & argentum cæteris præferuntur ; quia rubigine minus fædantur :
ideo ex eo Aera illinuntur . In medicinis Serapio vim tribuit
siccandi , & refrigerandi : in potu remedio est scorpionis ictui
in tenuissimum puluerem tritum . Reperiri in suis fodinis
frustulis trium aut quinque drachmarum .

C A P.   X I.

ARgentum viuum opposito modo discedere videtur a
natura metallorum , ac Stannum , & ferrum , nam
illa ob siccitatem aut illiquabilia sunt , aut fragilia . Hoc ob
humiditatem actu inexistentem neque liquabile dici potest ,
quia liquidum est : per se enim fluit vt aqua , quod cætera
metalla in igne tantum fusa id patiuntur : neq. ductile , frangitur enim in guttulas minimas : ideo & metalla quibus iungitur , fragilia reddit , etiam plumbum & aurum : quod efficere nequit ipsum stannum : nam eius ariditas quæ fractionem

nem affert, ab eorum humiditate temperatur. Quod autem
humiditas argenti viui metallica sit, patet: nam cum omnibus commiscetur: auidissimè autem combibitur ab auro, &
argento; deinde a plumbo & stanno: difficilius adhæret Aeri, difficillime ferro. Chimistæ Amalgama vocant quodcunque metallum cum argento viuo solutum, quod ad similitudinem pultis redditur, quale Albertus sponte aliquando
reperiri tradit in metallis argenti. Vnde significatur vaporosam exhalationem in argento viuo minimè congelatam,
ea facilius penetrare, quæ similem naturam habent dominantem: ob similitudinem enim fit attractio & adhæsio. Aeri igitur & ferro difficilius commiscetur quia magis terrestria
sunt: impuram autem esse eius substantiam, patet, nam albedinem habet liuidam ad plumbeum accedentem: & cum
tractatur, nigredinem multam relinquit: Quoniam autem
in igne facillime euolat cum tota substantia, significatur exhalationem continere non vstam, sed vstibilem: hæc enim
attollit vaporosam: non comburitur autem, quia vniformiter cum aquea humiditate dominante commista est, quæ ab
vstione defendit. Ideo aeream esse eius naturam tradit A-
ristoteles, atque ob id incoagulabilem 4.Meteo.cap.8.Cum
autem huiusmodi sit eius natura, cur pondere vincit alia omnia præter aurum, alibi explicatum est. Plinius duo eius genera facit, vnum appellat argentum viuum, alterum Hydrargyron idest argentum aqueum. De argento viuo inquit. In venis auri & argenti lapis est, cuius vomica liquoris æterni argentum viuum appellatur: venenum rerum omnium: exedit ac perrumpit vasa permanans tabe dira: Omnia ei innatant præter aurum, id vnum ad se trahit, ideo &
optimè purgat cæteras eius sordes expuens crebro iactatu in
vasis fictilibus: ita vitijs abiectis vt & ipsum ab auro discedat,
in pelles subactas effunditur, perque eas sudoris vice deflues
purum relinquit aurum. Ergo & cum Aera inaurantur, sub-
litum bracteis pertinacissime retinet, qui vsus & Hydrargyro adulteratur. Et aliàs argentum viuum non largum inuentum

rum est: eius lapis etiam in argentum excoquitur. De Hydrargyro autem inquit inuentum esse ex Minio secundario
inuicem argenti viui: fieri autem duobus modis. Aeneis
mortarijs pistillisque trito Minio ex aceto: aut patinis fictilibus impositum ferrea concha, calyce coopertum argilia super illita: deinde sub patinis accensum follibus continuo
igni: atque ita calycis sudore deterso, qui sit argenti colore, & aquæ liquore. Idem guttis diuidi facilis & lubrico humore consuere: quod cum venenum esse conueniat, vt Minium, temerarium eius vsum esse vult in Medicina: præter
quam ad sanguinem sistendum, illitum capiti & ventri, dum
ne quid prætereat in viscera, & vulnus attingat. Argentum
solum eo inaurari, cum & in Aera simili modo duci debeat.
Hæc Plinius. Dioscorides sub Hydrargyro Græce appellato
vtrunque accipit: non enim differre videntur nisi origine.
Inquit enim quoddam fieri ex Minio igne attollente fuliginem, quæ calyci superposito insidens refrigerata vertitur in
Hydrargyron. Inueniri etiam in tectis guttatim, vbi argentum conflatur. Alios esse qui tradiderint per se in metallis inueniri. Galenus nouit tantum id quod artificio paratur. Hodie ex Germania habetur. Foditur eius vena in
monte Hydria prope Goritiam lapis est fragilis ad rubedinem tendens ponderosus instar Plumbi, minutis guttis argenti viui splendens: vnde etiam sponte emanant aliquando eius riuuli dum a fossoribus eruitur. Lapidem appellant
Cinnabrium natiuum. Gigni etiam tradunt in lapide sub-
albido liuescente, aut simili Calci. Extrahunt autem argentum viuum igne super fictilia venam continentia, vt per
eorum oscula descendat in subiecta vasa sub humo condita,
rimis optime clausis. Aiunt ex fæce quæ remansit fieri lapidem fusibilem, quam Marcassitam argenteam vocant, colore argenti, de quo diximus in stanno. Vidi per se argentum
viuum Pisis inter saxa, dum fundamenta vetera excauaren-
tur. Testantur præcipue prouenire in locis vliginosis, vbi
nebulæ quædam crassæ ante Solis ortum attolluntur in Ve-

Bb   re, sed

re, sed ob grauitatem non altius : arbores eius loci, & si vi-
reant, frugiferas tamen non esse : ac tardius germinare : his
signis artifices loca scrutari, vbi proueniat argentum viuum.
Hæc significant eius materiam esse admodum vaporosam,
fumosam vero adeo exiguã vt non sufficiat ad eius coagula-
tionẽ. Eius euaporatio perniciosa est, adeo vt fossores quanquam vesicis ori applicitis caueant, breui tamen intereant,
aut Phthisi, aut Asthmate, aut Palpitatione cordis, aut Pa-
ralysi. Dioscorides tribuit argento viuo enecandi vim,
nam potu erodit interna suo pondere. Et Galenus idem recenset inter Deleteria toto genere 5. Simpl. 19. quæ sunt
erodentia, quamuis testetur alibi, nunquam se vidisse eius
experimentum. Sed hic controuersiæ apud recentiores afferentes, non genere deleterium esse, sed sola quantitate : frigidum enim & humidum statuunt in quarto gradu, & ob id
putrefacere extinto calore innato. Afferunt experimenta :
quendam fortuito bibisse argentum viuum in magna copia,
qui cõgelatus paulo mox interijt, repertum sanguinem congelatum prope cor. Propinari præterea sine noxa pondere
scrupuli vnius ægre parturientibus vltimo remedio. Sunt
qui infantibus exhibeant magnitudine duorum granorum
Milij ad vermes necandos citra vllam molestiam. Paulus
Aegineta testatur, combustum & in cinerem redactum a quibusdam misceri cum alijs speciebus, ac propinari Colicis, &
Iliosis. Quod autem Dioscorides inquit : suo pondere corro-
dere interanea, Auicenna minime confirmat. Præparatur
hodie cum aqua acuta coctum, donec in cinerem redigatur,
qui siccatus in igne colorem rubicundum contrahit, Præcipitatum vocant : Quod imponitur vlceribus putridis præcipue pudendi ex morbo Gallico : nam exterit & siccat sine vehementi morsu. Exibetur quoque intus ad trahendos humores crassos, & Melancholicos vice lapidis Armeni, sed
præcipue in morbo Gallico : videtur enim argentum viuum
luem illam delere : mouet per superiora, & inferiora. Sed
satius est more lapidis Armeni diutius abluere cum aqua

simplici,

simplici, postea cum rosacea, vltimo puluerem exsiccatum
vino irrigare aut succo citoniorum adiecto Gummi Arabi-
co: huius hoc modo præparati exhibent grana quatuor, aut
quinq. & vsq. ad duodecim cum Mastiches scrupulo vno, &
Sacchari rosacei drachmis duabus post assumptionem fercu-
li. Alij nobilius faciunt, Aurum soluentes in argento viuo, &
simul coquentes in oleo sulphuris, postea per se, donec puluis
croceus fiat, cuius exhibent pondus denarij Veneti cũ oleo
Amygdalarum dulcium: purgat enim omnes humores sine
noxa. Nam aurum corrigit eius nocumenta, vt Dioscorides
testatur: exhibens auri scobem tenuissimam ad epotum argentum viuum singulari præsidio. Quod autem per sublimationem præparatur cum sale Armeniaco, ascendente in igne
vtriusque substantia, & congelata in similitudinem sacchari, quod vulgo Sublimatum vocant, venenum est acerrimum
exedens: vtuntur tamen eo mulieres temperato cum Cerussa ad faciem dealbandam. Ipsum autem argentum viuum
cum saliua, aut axungia comminutum vt non appareant eius
guttæ, quod extinctum vocant, illitum pediculos, & lendes
enecat: scabiem malignam sanat, & vlcera praua, nam vehementer repellit, & siccat. Sed mirum, perunctis ex argento viuo cum axungia, brachiorum, & crurum articulis,
confluere magnam vim pituitæ ad os, vnde totum corpus
expurgetur in morbo Gallico: quo remedio dolores sanan-
tur diuturni, & vlcera exsiccantur: sed aliquando lingua ex
confluxu pituitæ adeo intumescit, vt contineri in ore nequeat: & processu temporis vt plurimum incidunt ægrotan-
tes in prauas distillationes, anhelationes, & cordis palpitationes. Sed vt ambiguitates soluantur circa eius temperamentum ortas, animaduertendum est argentum viuum
quandiu in sui natura est, frigidum esse, nec multum differre
a Plumbo, repellit enim influentes humores, & illitum capiti & ventri, sistit sanguinem, vt Plinius testatur. Vnde
non mirum si austum in magna quantitate calorem innatum
extinguat: eius vapor paralysim & conuulsionem faciat: ner-

Bb 2 uis

uis enim inimicum eſt frigidum . Si autem in exigua quantitate ſumatur,vt a calore animalis duci poſſit ad a&um, iam
non frigidum eſſe, ſed vehementer calidum & putrefacieas:
tunc enim corrodit interanea adiuuante pondere vt facit Lithargyrus potus . Eadem enim Symptomata parit apud
Dioſcoridem . Cum tamen Lithargyri temperamentum exterius applicati, Symmetrum ponatur a Galeno : non enim
exterius ducitur ad a&um vt interius . Pondus autem eorum
adiuuat ad impreſſionem inferendam . Quanquam facilius
elabatur argentum viuum , quia lubricum eſt, ideo ſine noxa
aliquando ſumitur, quia cito deſcendit . Differunt autem
vtraque a Plumbo, quia hoc nec intus nec extra vim corro-
dendi acquirit : piſæ enim Plumbeæ multis annis intra corpus latitare poſſunt pondere ſuo paulatim deſcendentes
abſque dolore aut eroſione. At Lithargyrus cum ſubſtantia
conſtet Plumbea, ob præparationem, & vſtionem vim erodendi acquiſiuit interius tantum . Argentum autem viuum
vel abſque præparatione interius erodit: Nam ob ſubſtantiæ
tenuitatem , & aeream naturam facilius duci poteſt ad a-
&um . Si autem præparetur, vt fiat præcipitatum , iam &
exterius erodit : omnium autem maxime Sublimatum . Circa caliditatem igitur & frigiditatem , hoc pa&o iudicandum
videtur argentum viuum . Circa paſſiuas autem qualitates,
qui ponunt humidum eſſe,decepti qualitate ſenſibili liquida
non animaduertunt omnia metallica naturæ humanæ appli-
eata ſicca eſſe , vt ſuperius explicatum eſt , ex Galeno . Quod
autem multam pituitam ducat per os, contingit , quia natura eius euaporabilis caput petens , liquefacit cerebri humiditatem , quæ ad palatum deſcendit, & aliquando prolabi-
tur ad aluum . Sed hæc amplius quam ex inſtituto noſtro
di&a ſunt .

CAP.

CAP. XII.

EXplicatis metallis reliqua abſoluamus, quæ ab ipſis egrediuntur. Quædam eorum oriuntur in fornacibus, in quibus venæ excoquuntur, aut ipſa metalla perficiuntur. Quædam extra. Extra fiunt rubigines de quibus primo loco dicendum eſt. Hæ ſunt veluti metallorum putredines, & ſordes quædam. Patiuntur autem id cum manent in loco humido, aut cum ſuſpenduntur ſuper vapores acutorum, vt ex aceto. Effloreſcunt autem quædam magis quædam minus. Solum aurum puriſſimum nullam ſentit rubiginem: impurum vero & argentoſum, atque argentum ipſum tardiſſimo tempore florent. Eſt eorum rubigo cærulei coloris, & hamæniſſimi, quam pictores præferunt cæruleo vltramarino. Putandum eſt eius vires eaſdem eſſe cum cæruleo, quod ſponte in fodinis reperitur ex vena eorum emanans. Ex ære autem effloreſcit Aeruguo, quod vulgo viride æris appellatur. Apud antiquos plures habet differentias. Quædam enim Raſilis appellatur, quia deraditur ex ipſo Aere, aut ex lapide æs continente in Cyprijs metallis, quem Plinius Chalcitim vocat, vnde æs coquitur. Hoc genus Ion Xyſton Græce dicitur. Alia Aerugo Scolecia ideſt vermicularis, quia ad ſimilitudinem vermiculorum coacta eſſet, quæ aut arte quadam ex Aere fiebat, aut ex lapide Aerario, ex quo Aes conflatur, ſponte habetur, quam foſſilem Scoleciam appellant. Tertium eſt etiam genus Aeruginis, Sáterna appellata, & Chryſocolla, ſeu aurificum ærugo, quæſita quondam ad aurum glutinandum, in cuius locum hodie ſucceſſit Borax. Quo autem facilius Aes floreret ſuper vapores aceti acerrimi collocabant vas Aeneum, aut laminas ne acetum attingerent, & vas eſſet optime obſtructum. Decimo enim quoque die colligitur ærugo quæ deraditur. Aut eaſdem laminas in vinaceis aceſcentibus condunt, aut ſcobem æris, & eiuſdem tenuiſſimas bracteas aceto perfundunt,

omni-

omnibus enim his modis ærugo nascitur rasilis. At scolecia
maiore apparatu perficitur: teritur enim acetum album in
mortario pistilloq. æris Cyprij, donec crassescat, additurq.
portio aluminis, & salis, aut nitri, teriturq. in sole æstiuo
sub cane, donec Aeruginis colorem contrahat, & concrescat
in speciem vermiculorum. Quidam addunt duas partes vrinæ veteris, & efficaciorem efficiunt, colorisque melioris.
Santerna eodem modo perficitur, sed pro aceto vrinam impuberis terunt addito nitro & Cypria ærugine, vt testatur
Plinius. Adulteratur Aerugo rasilis pumice admisto aut
marmore, aut atramento sutorio: Illa attritu digiti madefa-
cti aut dentium depræhenduntur: atramentum autem sutorium igne, rubescit enim: aut papiro galla madefacto, nam
contactu atramenti nigrescit: visu quoque maligne viret.
Scolecia quoque adulteratur rasili improba addito gummi
& formatis vermiculis, quod in totum damnatur. Omnibus præfertur Scolecia fossilis, secundo loco Rasilis, tertio
scolecia arte parata. Santerna æquiparatur Rasili. Habent
facultates Aeris combusti, sed efficaciores: acres enim sunt,
digerunt, mordent, liquant carnem non modo tenellam
sed & duram. Cum cerato cicatricem inducunt: tandem
vlceribus putridis, & fistulis maxime accommodantur. Hodie tantum rasilis in vsu est: alia verò genera non amplius
parantur: Vritur donec colorem fauillæ acquirat, vt Plinius
inquit: vel subcineritia fiat vt Dioscorides.

CAP. XIII.

FErrugo idest rubigo ferri ruffa est aut crocea ad fuscum
vergens, a Chimicis crocum ferri vocatur, quo & infectores vtuntur ad colorem croceum. Paratur eodem modo,
quo Aerugo rasilis: sed præstantior ex Scobe in aceto acerrimo, vt in patinis superemineat acetum quatuor digitis.
Nam flos eius ascendit olei modo ad superficiem instar telæ
Araneæ, colore croceo, quod per interualla colligitur & siccatur.

catur. Facultatem habet siccandi, & astringendi. Ea dicitur Achilles sanasse Telephum: pingitur enim eam decutiés gladio. Sistit profluuia fœminarum admota, sed potu præstat ne concipiant, vt testatur Dioscorides. Illinitur præterea Erisipelatis ex aceto & eruptionibus pustularum, & ad multa alia. Recentiores scribunt propinari pondere scrupulorum quinque cum vino calido aduersus antiquas Hepatis & Lienis obstructiones: sed sumptam in multa quantitate vomitum prouocare, & ducere ad necem, cuius remedium inquiunt esse aquam, in qua magnes maduerit, aut eius puluerem ex aqua propinatum: reprimere enim eius vim, & vomitum sistere. Tutius autem esse puto, non scrupulos quinque exhibere, sed scrupuli dimidium, cuius character aliquando decipit, cum idem sit cum numero quinario. Alij non rubiginem assumunt, sed ipsius ferri scobem, quam præparatione conuertunt in rubiginem, hoc modo. Eligunt puram Calybis scobem absq. vlla admixtione aut Aeris, aut Plumbi, aut vitri, nam hæc in potu lethalia sunt: cum irrorant aceto in vase mundo, operculo superposito: nam post dies septem inuenitur colore rubiginis, postea siccant, & terunt. Sunt qui abluant cum aqua & aceto, eam percolantes, & dimittunt sub dio, donec putrescat, deinde iterum abluunt cum aqua dulci, & siccatam reponunt: hoc enim pacto aufertur rubigo per ablutiones, & scobes purgata assumitur absque periculo. Datur Ictericis, corpus inpinguat.

CAP. XIIII.

CErussa, Græcè Phimmithion, est rubigo Plumbi colore candido, paratur simili modo vt Aerugo, laminis super vaporem aceti appensis: sed hic materia quæ soluitur, defluit in acetum, aut etiam deraditur: inde aceto transfuso & colato, crassamentum siccatum teritur, & cribratur: Quod non exit, iterum teritur, & cribratur, repetiturque
donec

donec fufficiat. Differentia eius eft. Nam quod primo exit,
præftantius eft, eligiturq. pro medicamentis oculorum : fe-
quentia pro ratione difcedunt a bonitate. Inde aceto acri
fubacta diuiduntur in paftillos, qui in Sole æftatis ficcantur :
ita enim Ceruffa candida fit, & efficax. Quod fi hyeme pa-
rare oporteat, fupra furnos, balnea, aut fornaces peragen-
dum eft, vt calore perficiatur. Leuiffima tantum ex omnibus ad candorem fœminarum adhibetur. Torretur autem
vno modo in fictili nouo cótinuè mouendo, donec cinereum
colorem traxerit. Alio modo in patinis ferulacea rude ver-
fando, donec colorem Sandarachæ acquirat, quam quidam
Sandycem vocant, vt Diofcorides inquit. Apud Plinium
vfta cafu reperta eft incendio Pyræ Ceruffa in Orcis cremata, qua Nicias Pictor primus vfus eft : optima nunc Afia-
tica habetur, quæ & purpurea appellatur : Fit & cremato Sile marmorofo, & reftincto aceto : fine vfta non fiunt
vmbræ. Eandem paulo inferius videtur Sandaracham
adulterinam vocare, quę fit ex Ceruffa non in fornace cocta:
color debet effe flammeus. Hæc fi torreatur æqua portione
rubrica admifta Sandycem facit: nec funt alij colores maioris ponderis. Et inter factitios eft & Syricum, quo Minium
adulteratur: fit autem Sinopide & Sandyce miftis. Hæc Plinius. At pigmentorum commiftiones, & nomina ab antiquis vfurpata non pertinent ad nos. Hodie Sandycem ideft
Ceruffam vftam eoufque vt colorem rubentem acquifierit,
vulgo Minium vocant, facultate longe diuerfum a Minio
antiquorum, quod Cinnabrium hodie vocatur vt alibi explicatum eft. Ceruffæ facultates refrigerandi, & occludendi, ideo a Galeno inter Emplaftica numeratur : quæ autem
per vftionem tranfijt in Sandycem, tantum reddita eft tenuior, fed nondum excalfaciens : vfurpatur a medicis frequenti vfu ad reprimendas fluxiones ex vlceribus, & partibus contufis illita ex cerato, quod vnguentum album vocant. Ex Sandyce autem paratur ceratum ad cicatricem in
parribus mollioribus inducendam, vocant vnguentum de
                                                    Minio.

Minio. Sed haufta Ceruffa, lethalis eft: nam occludendo
& refrigerando, vias fpirituum intercludit, & ficcando ex-
afperat. Forte & aliquid calidæ facultatis concipit, vt Ly-
thargyrus: fimili enim fubftantia conftat: & Plinius venenum hoc Lithargyro comparat: linguam aridam reddit, &
alia fymptomata a Diofcoride, Nicandro, & Auicenna tradita. Ob has Ceruffæ noxas verendæ funt aquæ per fiftulas
plumbeas tranfeuntes, aut detentæ in vafis non ftanno fed
Plumbo maiori ex parte illitis: nam ex ijs Ceruffa emanat
adeo vt aliquando aquam pernoctantem turbulentam reddat. Quæ etiam ex inftrumentis Plumbeis diftillantur, aquæ
non carent aliqua fufpitione, præfertim quæ acres aut acidæ
funt, quanquam defæcari facile poffunt ob Ceruffæ grauitatem. Stannum quo minus Plumbi habuerit admiftum, eo
difficilius floret: diximus id album Hifpaniæ vocari, candidius Ceruffa Plumbea: Alij Biaccam Alexandrinam vocant
mulieribus notam, & pictoribus.

CAP. XV.

EX durioribus metallis nempe Aere, ac ferro, cum poft
ignitionem malleo percutiuntur, aut cum extinguuntur in aqua decidit fquama, vt pote pars quædam in fuperficie exufta, quæ abfcedit a corpore. Id non patitur aurum,
& argentum ob naturam incombuftibilem: nec mollia vt
Plumbum & Stannum, nam quod ab ijs abfcedit in igne
nequaquam arefcit, fed corium quoddam mollius præ fe
fert. At duriora corpora, & magis terreftria non folum in
igne fed etiam vetuftate exficcata fcabrofa redduntur, ac
veluti leprofa, ideo fi percutiantur, aut etiam flectantur,
reddunt fquamam qnandam friabilem, & puluerulentam.
Hæc in Aere duorum generum eft. Vna flos æris appellatur,
altera fquama, Græcè Lepis: in ferro autem fquama tantum. Flos æris apud Diofcoridem fit, cum Aes fufum in

forna-

fornacibus delabitur in receptacula: ibique afperfa aqua, ob
repentinam congelationem expuitur ramentum quoddam,
qui flos appellatur, & a quibufdam Pfegma ideft immundi-
tia veterum clauorum: Optimus eft friabilis, in attritu ful-
uefcens, milij inftar numerofus, breuis, grauis modice fplendens, guftu aftringente, & qui fcobem Aeris non participet,
quaadulteratur, fed facile depræhenditur, dentibus dilata-
ta fcobe. Plinius Pfegma vocat: fit inquit, in Aerarijs officinis iam liquato Aere, & percocto, additis etiam num carbonibus, paulatimq. accenfis, ac repente vehementiore flatu expuitur æris palea quædam: folum, quo excipiatur, ftra-
tum effe debet: facile difcernitur a Diphryge aqua: nam
fupernatat. Squama apud Diofcoridem duorum generum
eft: Quædam ex Cyprijs metallis habetur, quæ melior eft,
dicta Helitis, ideft clauaris: altera ex Aere albo, tenuis, &
infirma. quæ improbatur. Seligitur craffa, & ruffa, & quæ
aceto afperfa contrahat Aeruginem. Plinius fquamam a
flore Aeris diftinguens inquit: fed & Aeris flos medicinæ
vtilis eft: fit Aere fufo, & in alias fornaces translato, vbi
flatu crebriores excutiuntur veluti milij fquamæ, quas vocant florem: cadunt autem cum panes Aeris aqua refrige-
rantur, rubentque. Similiter ex eis fit, quam vocant Lepi-
da, & fic adulteratur flos, vt fquama veneat pro eo. Eft autem fquama hæc decuffa vi clauis per quos panes ærei ferruminantur, in Cyprijs maxime officinis omnia. Differentia
hæc eft: quod fquama excutitur ictibus ijfdem panibus, flos
cadit fponte. Animaduertendum vero eft circa verbum Helitis, quod a clauis denominatum eft: Clauos Cyprios apud
Palladium fignificare Aes Cyprium, forte quia ex eo claui
optimi fierent quibus nauium compagem colligabant: ferrei
enim claui citius rubigine abfumuntur in aqua, expetebant-
tur autem ad æs vftum conficiendum huiufmodi claui vfu
attriti, magis quam aliud genus æris. Simili modo flos æris
ex veteribus clauis ferruminatis in panes colligebatur: &

fquama

squama Helitis ijsdem panibus malleo percuſſis : quæ ex
quocunque Aere veteri, id eſt collectaneo, & ex vſu coem-
pto, vt Plinius inquit, fieri poſſunt hoc enim attritu domi-
tum & conſuetudine nitoris manſuefactum condimentum
eſt æris noui. Non igitur neceſſe eſt florem Aeris, & ſqua
mam petere ex fornacibus, in quibus nouum æs conficitur,
ſed in quibuſcunque officinis, in quibus æs collectaneum
conflatur, & malleis dilatatur, dummodo Aes admiſtionem
non habeat Plumbi, aut ſtanni, aut Cadmiæ, quæ rubedinem Aeris aut in albedinem, aut in aureum colorem tranſ-
mutant. Improbatur enim a Dioſcoride ſquama ex Aere albo, ſignificans Helitim ex rubro haberi, ſiue nouum ſiue
collectaneum ſit, quale Cyprium eſt, & hodie in Germania
naſcitur, multiſque alijs locis. Flos quoque candidus reperitur, quem Dioſcorides laudat ad aurium grauitates. Illud
præterea notandum Milij ſimilitudinem in flore æris intelligi non de granis, ſed ſquamulis Milij, vt Plinius ſcribit.
Idcirco flos æris a ſquama tenuitate tantum, & breuitate
diſtinguitur. Squama enim craſſior eſt, & latior. Facultates autem eædem, nam aſtringunt, extenuant, & erodunt.
Sed flos tenuiorum partium eſt quam æs vſtum & ſquama,
vt Galenus teſtatur. Præterea tam flos quam ſquama vim
purgandi habet:nam Flos pondere quatuor obolorum datus
extrahit humorem craſſum : ſed ſquama ex aqua mulſa aut
in Catapotio aquam trahit ; lauatur autem diligenter, vt
docet Dioſcorides. Hodie hæc omnia a medicis deſpiciun-
tur, ſola ærugine vtentibus, ideo & multis vtilitatibus pri-
uantur, quas tum flos, tum ſquama præſtant in vlceribus:
cum tamen in officinis vtraque habeantur, in quibus vaſa
ænea conficiuntur : vendunt autem artifices tam florem
quam ſquamam figulis ad viridem colorem fictilibus præ-
ſtandum : ſed animaduertendum, apud ærarios artifices duplex genus ſquamæ oriri, vnum quod ſponte abſcedit, cum
æs ignitum extinguunt in aqua frigida, alterum cum poſt-

quam refrigeratum eſt, ictibus dilatant. Contra autem in his accidit, quam quod ſcribit Dioſcorides. Quod enim ſponte abſcedit in aquam, craſſius eſt & latius: quod autem ictibus decutitur, longe tenuius eſt inſtar ſquamularum milij, quo quidam experientia ducti vlcera pudendi exedentia abſque vllo morſu ſanant longe felicius qnam præcipitato: omnia vero hæc iterum conflari poſſunt in æs.

CAP. XVI.

EX ferro & Calybe ſquama decuſſa a Dioſcoride Stomoma appellari videtur. Inquit enim: Squamæ Stomomatis virtus eadem eſt, quæ ſquamæ æris: lauatur ſimili modo, & reconditur, ſed ad mouendam alui deiectionem inefficacior eſt. Sic quoque Plinius accipit verbum Stomoma, cum inquit. Squamæ eſt alterum genus ſubtilius, ex ſumma ſcilicet lanugine decuſſum, quod vocant Stomoma: nec dubium eſt ab alio metallo haberi, quam ſit æs, cum dicat Dioſcorides eandem vim habere cum ſquama æris. Si igitur nullum aliud ſquamam gignit, quam ferrum, profecto dicendum eſt hoc genus ſquamæ ex ferro eſſe. At Galenus 9. Simpl. verbum Stomoma non pro ſquama accipit, ſed pro Calybe, quæ acies Latinis dicitur, inquiens: ſquama alia eſt Aeris, medicamen vtiliſſimum, alia ferri & Stomomatis. Et paulo inferius: maiorem obtinet aſtrictionem ſquama ferri, & hac etiam maiorem Stomomatis: quamobrem ad contumacia vlcera meliores ſunt, quam ſquama æris. Ex quibus manifeſtum eſt, Stomoma apud ipſum ſignificare aciem. Dioſcorides forte ſquamam ferri appellauit Stomoma, quia præferretur ex Calybe, ex quo mucrones fiunt vt Helitis ex ære clauorum.

CAP.

IN fornacibus autem, in quibus metalla excoquuntur, primo gignuntur scoriæ, quæ veluti recrementa sunt venæ quæ excoquitur, vulgo Loppas vocant. Plinius inquit: Quæ è Catino iactatur spurcitia in omni metallo, vocatur Scoria. Supernatat hæc metallo olei modo, tenax, & lenta, quandiu fusa est, frigefacta autem congelatur, fragilisque redditur vt vitrum. Dum vero aliquid retinet humoris metallici, grauis est. At superato per ignem omni humore, leuis redditur, & liquidior & pura: cuius humiditas ob viscositatem non euaporat, nec comburitur, quia quodcumque combustibile erat, in igne euanuit, remansit autem quædam humiditas fusionem præstans. Ideo inseruit artificious ad venas agrestiores fundendas: admiscent enim tritam, vt cum ea citius fundantur: defendit etiam metallum ab igne ne extenuetur in vapores: innatans enim metallo, fit veluti operculum, quod præ sui densitate nihil transmittit, vt vitrea vasa faciunt. Sunt varij coloris, nullæ tamen translucidæ. Ex Are & ferro plerunque nigræ, & sordidæ, spongiosæque, sed cum in igne magis purgatæ fuerint, quæ ex Aere nascitur, rubedinem acquirit, appellaturque Diphryges: quæ ex ferro, cærulei coloris euadit. Ex Plumbo Lutea: ex argento varia, Hæ solæ recipiuntur a Medicis. De Scoria æris inquit Dioscorides: lauatur vt æs vstum, & eandem vim habet, sed imbecilliorem. De Diphryge autem appellato, quia bis coctum sit, tria genera inquit esse. Vnum fossile, quod ex luto quodam fit in Cypro sola, eruto ex specu: hoc in Sole siccari, dein sarmentis vri. Alterum veluti sedimentum & fæcem æris perfecti, inueniri sublato ære post refrigerationem in fundo fornacis adhærens, astringenti gustu, & sapore æris. Tertium fieri ex Pyrite cremato per multos dies in camino vt calx, donec colorem rubricæ contraxerit,

traxerit, quod reponunt. Præterea quosdam esse, qui tradant ex solo lapide de quo æs perficitur, Diphrygem haberi in hunc modum. Torreri eum in areolis, mox in scobres translatum percoqui, & per oram earum ferruminari ambitu, quo detracto Diphrygem esse, quod superest. Præfertur quod saporem æris reddit, æruginisque, astringens, & vehementer linguam siccans : quod nequaquam inest in Ochra vsta, quæ pro Diphryge venditur. Vim habet astringendi, & purgandi, & extergendi : ideo cohibet excrescentia, & vlcera serpentia, & maligna sanat. Galenus testatur se vidisse Diphrygem proiectum a Metallicis tanquam rem inutilem : in medicina tamen multas vtilitates præstantem : valde enim siccat, & modice mordet. Plinius eadem ferme habet quæ Dioscorides. De secundo autem genere, quod ipse tertio loco numerat, inquit : fieri in fornacibus æris fæce subsidente : differentia est quidem, quod æs ipsum in catino defluit, Scoria extra fornaces, Flos supernatat, Diphryges remanet. Alius modus subiungitur ex aliorum sententia : In fornacibus globos lapidis, qui coquantur, ferruminari, circa hunc æs feruere, ipsum verò non percoqui nisi translatum in alias fornaces, & esse nodum quendam materiæ. Id quod excocto supersit, Diphryga vocant. Hodie fusores metallorum alio modo vtuntur : Cum enim venam fundunt, ne quid in fornace remaneat illiquatum, admiscent venam plumbi aut plumbum ipsum & scorias, quæ facilem fusionem præstent : cumque vniuersa materia liquata fuerit, & egressa in catinum, auferunt supernatantem Scoriam, quæ prius refrigerata coit, crustis per vices abscedentibus, donec subsidens metallum appareat : quanuis alij aptant orificium, vt prius exeat metallum quam Scoria. Huius præterea metalli pars superior, quæ æris est prius coagutur, quam inferior, quæ est pars Plumbosa & argentea, aut aurea, si ijs vena participauerit. Auferunt igitur crustam superiorem, quæ prius coagulatur, deinde alteram, atque

alteram,

alteram, donec totum æs separatum fuerit ab inferiori metallo. Vtrunq; genus metalli imperfectum adhuc est, & rude ac frangibile. Ideo secundis fornacibus indigent vt percoquantur, & inuicem separentur alienigena. Aes igitur illud rude, si suspicentur continere adhuc aliquid argenti, aut auri. Iterum cum plumbio, aut vena plumbi fundunt, separantes crustas vt prius: Plumbum enim abluit, & secum ducit aurum, & argentum. Cum igitur sufficienter ablutum existimant, vt plumbi reliquias extrahant, ignem temperatum adhibent, quo plumbum inexistens fundatur, & descendat: Aes autem nequaquam: sic enim redditur veluti lapis spongiosus, qui in sua fornace fusus, & percoctus, in æs purgatum vertitur: cuius Scoria Diphryges est, purgatior quam quæ in primis fornacibus exijt, colore rubro: similis reperitur. & in cæteris fusionibus æris, sed in minori quantitate: hanc officinæ vendunt figulis Raminam appellantes, magis ponderosam quam squama & flos. Quanuis autem Scoria Metallo supernatet, egresso tamen prius metallo, remanet Scoria in fundo lahærens ob viscositatem. Nam idem contingere testatur Aristoteles 4. Meteo. cap. 6. ferro fuso, subsidet enim, inquit, in inferiori parte Scoria. De Scoria igitur Aeris, & Diphryge hæc sufficiant.

CAP. XVIII.

EX ferro scoria largior habetur, quam ex Aere, terrestrius enim est, & impurius. Abscedit autem non solum a vena fusa in fornacibus, sed & ab ipsomet ferro, & acie, cum in igne mollificantur, quod non accidit Aeri, nisi enim fundatur, scoriam non gignit, eamque si fundatur admodum modicam: sed refrigeratione multam reddit squamam, & florem, magis quam ferrum. At ferrum fusum, cum sit acies multam gignit scoriam, ideo metalli diminutio insignis succedit, vt Aristoteles testatur. Purgatior autem est

ex

ex acie, hæc enim cætuleum colorem contrahit, qualem aliquando videmus in mucronibus ex optima acie, prius quam
fuerint abſterſi. Dioſcorides huic vim tribuit eandem, quæ
rubigini, ſed imbecilliorem: opitulari potam ex aceto mul-
ſo aduerſus Aconitum. Galenus inquit. Scoria omnis admodum reſiccat, potiſſimum ferri. Siquidem ad Læuorem
redigens ipſam ex aceto quam acerrimo, poſteaque dequo-
quens, ad aures, quæ longo iam tempore pure fluxerunt, ea
vtor, medicamento maxime exſiccatorio, adeo vt mirentur
qui præparantem me vident, & ante rei periculum, fidem
non habent, aures tale poſſe ferre medicamentum. Arabes
laudant in potu ad ſtomachum diſſolutum, & ad fluxum vrinæ, & menſtruorum. Vnde recipitur in confeĉtione Tri-
pheræ minoris, & in altera apud Raſim de Scoria ferri, quam
idem iubet præparari fundendo in aceto per ſeptem dies, poſtea torreri. Alij per quinque dies nutriunt aceto acerrimo,
ſingulis diebus innouando acetum poſtea torrefaciunt ſuper
laminam ferream ignitam, deinde terunt in puluerem te-
nuiſſimum. Quod medicamentum longe tutius eſt, quam
rubigo ferri, aut eiuſdem ſcobes præparata, qua hodie vtuntur dimiſſa ſcoria.

CAP. XIX.

EX argento habetur Scoria, tantum dum a vena ſua purgatur, nam purgatum ſi fundatur, nullum emittit recrementum, ideo non eſt ſine ſcoria Plumbi, cum non excoqua-
tur ſine Plumbo: Hæc priuatim Helcyſma appellata eſt, quia
eius ſubſtantia tenax viſci modo trahitur, dum fuſa eſt, vitro ſimilis, colore nigricante, ſed in fracturis ſplendorem
quendam aureum præ ſe fert: aliquando varijs coloribus cæruleo, ac viridi conſtat. Dioſcorides inquit, vim Molybdænæ habere, addi emplaſtris fuſcis ad cicatricem obducen-
dam, aſtringit enim & extrahit.

CAP.

C A P. X X.

PLumbi Scoria diftat a cæteris, quia minime lapidofa eft, fed lenta ob mollitiem metalli, non fragilis vt reliquæ ideo contumax frangi traditur a Diofcoride. Inquit enim, optimam effe, quæ Ceruffam repræfentat, lenta, fractu contumax, & quæ plumbi nihil habet, ad luteum colorem accedens, & quadam vitri fimilitudine, ideft fplendore quodam vitri. Eadem poteft, quæ plumbum vftum, fed magis aftringit: lauatur autem diuerfo modo quam cæteræ Scoriæ. Nam cum facile ob mollitiem, eius fubftantia foluatur in aqua, toties abluitur, donec Scoria abfumatur, reddit autem in aqua colorem luteum, finiturque vt defidat eius craffamentum, quod affufa aqua digeritur in paftillos. Non habetur pura, cum excoquitur vena cum cæteris metallis. Gignitur in qualibet fuffione Plumbi inftar corij nigri, aut cinerei, fed nifi amplius percoquatur, non contrahit colorem luteum fplendentem.

C A P. X X I.

AD Scoriam Plumbi reduci poffe videtur fpuma argenti, Græcè Lithargyros: oritur enim ex Plumbo in fornace diutius percocto, donec conuertatur in fubftantiam quandam olei modo liquidam, quæ frigefacta concrefcit in fimilitudinem fpumæ. Ab argento autem nomen habet, quia oritur dum argetum purgatur in fecundis fornacibus, quanuis & fine argento fieri poffit ex folo Plumbo, aut vena plumbi, vt Diofcorides tradit. Cum enim fine plumbo argentum purgari non poffit; dum feruet miftura, plumbum paulatim vi ignis extenuatum leuitatem acquirit argento fupernatás, cum prius eidem ob naturalem grauitatem fubfideret: Fit igitur veluti Scoria, quæ iactatur ad latera, vnde artifices exitum parant; appellant autem Ghettam vulgò, qua vtuntur figuli cum harena vitri, aut cum cinere ftanni ad cruftam

Dd   vitream

vitream fictilibus inducendam. Fusionem enim facilem præstat corporibus. Dioscorides tria genera facit. Quædam, inquit, gignitur ex harena plumbaria in fornacibus, donec perfecte vratur. Altera ex argento, tertia ex Plumbo. Præfertur Attica, secunda Hispaniensis: has sequitur quæ fit Puteolis, Baijs, in Campania, & Sicilia: nam plurima in his locis gignitur e Plumbeis laminis fiagrantibus. Quæ flauo colore splendet, Chrysitis appellatur omnium optima: Quæ in Sicilia Argyritis: Quæ ex argento Calabritis. Hæc Dioscorides. Plinius tria genera hoc modo distinguit. Optima, quam Chrysitim vocant, secunda quam argyritim, tertia quam Molybditim: & plerunque omnes hi colores in eisdem tubulis inueniuntur. Chrysitis ex ipsa vena fit. Argyritis ex argento, Molybditis Plumbi ipsius sufura, quæ fit Puteolis. Omnis autem fit ex cocta sua materia, ex superiori Catino defluens in inferiorem, ex eo sublata veruculis ferreis, atque in ipsa flamma conuoluitur veruculo, vt sit modici temporis. Est autem, vt ex nomine ipso intelligi potest, feruentis, & futuræ materiæ spuma: Distat a Scoria, quo potest spuma distare a fæce. Alterum purgantis se materiæ, alterum purgatæ vitium est. Hæc Plinius. Hodie duo tantum genera faciunt colore distincta: aureum & argenteum: Putant aureum ex aliqua mistione æris fieri, quod ab argento secernitur cum Plumbo. Argenteum, cum solum Plumbum ab argento separatur: Hoc candidius est, ad cinereum vergens, primum veluti ex squamis compactum videtur lucentibus colore flauo: alterum minutioribus scintillis constat colore magis diluto, vtrumque ponderosum, vnde iterum conflari Plumbum possit, vt ex Cerussa, & Scoria & Plumbo vsto. Vim habet, vt Dioscorides tradit astringendi, molliendi: explet caua: reprimit excrescentia in carne: ad cicatricem ducit: refrigerat, & occludit. Præparatur autem vstione, & lotione, qua dealbatur. Galenus inquit. Deficcat veluti omnia alia metallica, lapidea, terrenaque medicamenta: sed omnium moderatissimè, & secundum alias tum

quali-

qualitates, tum facultates quodammodo in medio eft, neq.
manifefte excalfaciens, neque refrigerans, modica tamen
aftringendi, abftergendique facultas ei ineft. Quamobrem
inferior eft & farcotcis medicamentis, quæ mediocriter ex-
tergunt, & contrahentibus atque aftringentibns: vtilis ad
intertrigines femorum. Iure itaque medij ordinis in metallicis habetur. Proinde ea frequenter vtimur ceu materia,
mifcentes ijs, quæ valentem facultatem obtinent. Hæc Go-
lenus. Illud peculiare huic inter metallica: nam cum olea
foluitur, vt non fit opus cera ad Emplaftri confiftentiam. Intus verò affumpta venenum eft, quod aliquando fuo pondere inteftina exulcerat, vt Diofcorides teftatur. Cur verò
exlerius refrigeret, interius exulceret, explicauimus in argento viuo.

CAP. XXII.

NOn abfimilis natura videtur effe Molybdænæ, ideft
Plumbaginis, quę & Galena appellata eft, de qua Diofcorides inquit. Optima eft flaua Lithargyro fimilis modice fplendens, cum teritur, ruffa: cocta in oleo Hepatis colorem trahit: vitiofa, quæ colore aerem præ fe fert, aut Plumbum. Gignitur ex auro, & argento. Eft & foffilis ad Seba-
ftiam & Corycum inuenta, quo in genere probatur, quæ
non lapidofa eft, nec Scoriam refert: flaua, & fcintillans.
Vim habet Lithargyri, & Scoriæ Plumbi. Vritur, & lauatur eodem modo. Galenus multam fe confpexiffe teftatur
in via proiectam ab artificibus. Eius temperamentum paulum quid recedit ad frigidum, in cæteris fimilem vim Lithargyro poffidet. Manifefte tameu differre ponitur a Plinio. Inquit enim: quidam duo genera faciunt fpumæ argenti, Sterelytida, & Pneumenem appellantes, quafi vnam fo-
lidam, alteram inanem, tertium Molybdenam in Plumbo
dicendam: de qua poftea inquit. Eft & Molybdena, quam
alibi Galenam vocauimus, plumbi, & argenti vena communis. Melior hæc, quanto magis aurei coloris, quantoq.

minus plumbofa, friabilis, & modicè grauis. Coǎa cum
oleo Iecinoris colorem trahit. Adhæret, & auri, & argenti
fornacibus : & hanc metallicam vocant, laudatiffima, quæ
in Zephyrio fiat. Probantur minime terrenæ, minimeque
lapidofæ, & reliqua vt Diofcorides. Alibi de Galena inquit. Excoqui non poteſt argentum, niſi cum Plumbo nigro, aut cum vena plumbi: Galenam vocant, quæ iuxta argenti venas plerumque reperitur. Eius qui primus fluit in
fornacibus liquor Stannum appellatur, qui fecundus argentum, qui remanſit in fornacibus Galena, quæ portio eſt tertia addita venæ. Hæc rurſus conflata, dat nigrum plumbum
deduǎis partibus duabus. Ex his colligere licet, Molybdæ
nam in primis fornacibus oriri ex vena communi. At Lithargyrus non niſi in fecundis oritur, vt diǎum eſt. Vnde
non mirum, ſi vnà cum Scoria proijciatur, vt ex Galeno habemus. Hæc igitur in fornacibus oritur. Foſſilis autem ea
fuerit, quam Plinius inquit, plerunque iuxta argenti venas
reperiri, venam quandam Plnmbi aut communem colore
ſimili Lithargyro. Quæ oritur iu fornacibus, ſquamis conſtat quaſi auripigmenti, denſa: Foſſilis autem minutis granulis, pumicofa.

C A P. X X I I I.

EXigit ratio, vt hic de vitro agamus, fubſtantia enim ſimilis eſt Scorijs metallorum, cum fuſionem habeat ſi-
miiem : & cum fuſum eſt, adhæreat, & trahatur inſtar viſci: refrigeratum autem fragile reddatur : oppoſito modo
quam metalla: nam hæc fuſa nullis corporibus adhærent niſi
ſibi ipſis fuſis, vt aqua aquæ, nec trahi poſſunt, fed diuiduntur in guttas : cum antem coagulata fuerint, non franguntur, fed dilatari, & fieǎi poſſunt, exceptis quibufdam vt vi-
ſum eſt. Teſtatur autem Plinius, Principe Tiberio excogi-
tatum vitri temperamentum, vt flexibile eſſet : & totam eius
officinam abolitam, ne æris, argenti, auri metalllis præcia

detra-

detraherentur. Sed eam famam diu crebriorem quam cer-
tiorem fuiſſe. Niſi enim reſtituatur humiditas metallica,im-
poſſibile eſt flecti, at illa nulli iungitur niſi ſibi ipſi. Antiquiorem autem fuiſſe ſcoriarum inuentionem ad vaſa for-
manda, quam vitri, indicant Obſidiana vitra, quæ non ex
alia materia,quam ex ſcorijs metallorum conſtare videntur.
Appellata verò ſunt Obſidiana ob ſimilitudinem lapidis ab
Obſidio inuenti nigerrimi coloris. Teſtatur enim Plinius
antiquiorem materiæ Obſidianæ originem eſſe, quam vitri:
repertam nanq. in Aegypto Obſidianam imaginem Mene-
lai: Reperta quoque ſunt fragmenta vaſorum nigerrima duritie gemmas imitantia, quod Scoriæ faciunt, præſertim argenti. Varijs quoque coloribus Scoriæ reperiuntur, vnde
forte & Murrhina vaſa ab Oriente inuecta maximi præcij a-
pud Romanos Imperatores ex hac materia côſtabant.Splen-
dor his ſine viribus, nitorque verius quam ſplendor, ſed in
præcio varietas colorum ſubinde circumagentibus ſe maculis in purpuram candoremque, & tertium ex vtroque igne-
ſcentem, veluti per tranſitum coloris purpura rubeſcente,
aut lacte candeſcente. Sunt qui maxime in his laudent extremitates,& quoſdam colorum repercuſſus,quales in cęleſti
arcu ſpectantur. His maculæ pingues placent: tranſlucere
quicquam aut pallere vitium eſt. Item ſales verrucæq. non
eminentes, ſed vt in corpore etiam plerunque ſeſſiles. Aliqua & in odore commendatio eſt. Inueniuntur in pluribus
locis maxime Parthici Regni pręcipuè tamen in Carmania.
Humorem putant ſub terra calore denſari, amplitudine nuſquam paruos excedunt abacos, craſſitudine, quanta vaſi
potorio ſatis ſit. Expetita etiã ſunt vaſis eſcarijs.Hæc Plinius
de Murrhinis. Dicta autem videntur a Myrrha, quia illam
redolerent, vt lapis Myrrhites. Vitri autem origo caſu reperta eſt, vt idem memoriæ mandauit. Cum mercatores
nitri naue appulſa, in littore pararent eſcas in Syriæ Phæni-
ce, & pro lapidibus, quorum non erat copia, glebas nitri
foco ſubdidiſſent ad ignem parandum: ecce liquato nitro,

                                                   & cum

& cum harenis commisto visi sunt riui fluxisse translucentes nobilis liquoris, & hanc fuisse tradunt originem vitri. Sed postea, vt est astuta & ingeniosa solertia, non solum nitrum admiscebant, sed & Magnetem lapidem, quia creditur trahere liquorem vitri vt ferrum. Nec solum ex harenis illis, sed etiam ex alijs calculis splendentibus, & Conchis, & harena fossili confici ceptum est. In India autem e Crystallo fracta, ideo nullum comparari Indico. Denique ex omni lapide, qui fundatur saltem ingenti igne, vt sunt Silices, addito nitro, quod humorem liquabilem ex lapidis crassitie extrahit, fit vitrum. Hodie aliud genus vitri conficiunt aptius ad id opus, ex cinere herbæ cuiusdam salsæ, quam Arabes Cali voeant, quod genus nitri Sodam vulgò appellant. Pro Magnete autem addunt Pseudomagnetem, quam Magnesiam vocat Albertus, vulgò autem Manganese. Hic certa mensura additus vitrum clarius reddit, si amplius purpureum. Ex harena & nitro fit massa, quam Plinius Hammonitrum appellat, hodie Fritta dicitur. Hæc in fornace funditur in vitrum. Non quælibet autem harena ad id apta est, sed alba & aspera: aut lapides in genere silicis comminuti. Summa laus vitri est in candore translucente proxima Crystalli similitudine, appellantque hoc genus Crystallum. Tingitur autem vitrum omni colore, nam fit in tincturæ genere Obsidianum, & ad escaria vasa totum rubens atq. non translucens Hæmatinon appellatum: fit album & Murrhinum, aut Hyacinthos Sapphirosq. imitatum, & omnibus alijs coloribus, vt nulla alia sit materia, qua melius adulterentur Gemmæ. Nam si ad lapidem Crystallinum comminutum in farinam pro nitro addatur triplum Sandycis, quod Minium vulgo appellant, funditur in vitrum Smaragdo tam simile, vt etiam peritos decipiat. Summa tamen ratio deprehendendi adulteratas gemmas est tactu linguæ: frigidiores enim syncerę sentiuntur. Vitri vsus præsertim Crystallini ad vasa potoria pepulit argenti & auri metalla: nullus odor nec sapor ex eo communicatur: a nullo vincitur liquore, ni-

re,nihilq. tranſpirat: ideo alia nulla aptior materia ad liquores continendos. Solum repentino frigore aut calore frangitur, & ictu. Galenus, & Arabes ad medicinæ vſum tran-
ſtulerunt. Nam Serapio de illo inquit: vnum lapidoſum eſſe, alterum harenarium, Liquari cum Magnete: aſſumere
omnes colores, vnde ſtulto aſſimilatur: facile in igne liquari, in ambiente autem citiſſimè congelari in lapidem. Cryſtallum præterea eſſe vitri ſpeciem ſed foſſilem: vitri temperamentum eſſe calidum in primo gradu, ſiccum in ſecundo:
excipi in multis collirijs: tollere porriginem & furſures, lenes capillos & barbam efficere: aſſumptum cum vino tenui
calculos veſicæ valenter confringere: conferre pulmoni &
caſui capillorum. Galenus vitrum cum Ophite coniungit.
Habet, inquit, Ophites vim abſtergendi confringendique,
ceu etiam vitrum. Hoc enim ex vino albo ac tenui epotum,
lapides veſicæ admodum conterit, atque confringit: verum
ipſum in lapidibus quiſpiam forte non numeret. Videtur autem per Ophitem intelligere non genus marmoris, quod a-
pud Dioſcoridem habetur, non enim conueniunt facultates: ſed Murrhinum a Plinio vocatum, quod paulo ante re-
cenſuimus: coloris enim varietate, ac maculis ſerpentes
æmulatur. Nec prohibet Murrhinum quidem effodi, vitrum
autem arte parari. Nam incendijs ſubterraneis eadem fieri
poſſunt,quæ in fornacibus fiunt: Murrhinum autem eſſe humorem calore denſatum ſub terra teſtatur Plinius. Vtrum
verò Serapio veram cryſtallium gemmam vitrum foſſile exi-
ſtimauerit, an illi ſimilé vitri modo fuſibilem incompertū eſt.
De vitro Auicenna inquit, valentius eſſe, ſi aduratur, ſic enim
exhiberi ad lapidem frangendū, vnde conficitur electuarium
de cineribus ad vſum prædictum. Sed modus vrendi per difficilis eſt, nam in igne nō comburitur liquor huiuſmodi. Ideo
recentiores modū hunc obſeruarunt faciliorem: Illinunt pice
liquida, deinde inter carbones vrunt, donec ignitum appareat, poſtea exemptum extinguunt in aqua, & abluunt, quod
opus ſepties repetunt: ſic enim in cinerem facile cōminuitur.

CAP.

CAP. XXIIII.

Vm excoquuntur metalla, pars quidem terreſtrior &
fęculenta abit in ſcorias, de quibus dictum eſt, pars verò aerea & exhalabilis ſublimatur, quæ ſi adhæreat parietibus, aut partibus ſuperioribus fornacum, concreſcit inſtar
fuliginis in Cadmiam, Pompholygem, & Spodium, de quibus ſupereſt, vt dicamus. Cadmia oritur in primis fornacibus, in quibus venæ excoquuntur Aeris aut argenti. Eſt
autem ſubſtantia lapidoſa agglomerata ſecundum cruſtas,
aut racematim. Dioſcorides quatuor genera tradit. Optima Cypria Botryitis appellata, quaſi racemoſa, denſa, modice gſauis & in leuitatem declinans, ſuperficie racemoſa,
colore exterius cinereo, interius, ſi frangatur, cinerulenta,
& Aeruginoſa. Proxima habetur foris cærulea, intus candidior intercurſantibus venis Onychite ſimilibus: tales enim
ſunt, quæ ex veteribus metallis habentur: hæc Onychitis vocatur. Tertia Placodes, ideſt cruſtoſa dicitur, ſegmentis
quibuſdam quaſi Zonis cincta, vnde & Zonitis appellata eſt.
Quarta Oſtracitis nominatur, macilenta, & magna ex parte
nigra, terreſtris, ſuperficie teſtacea, improbatur candida.
Duæ priores ad oculorum medicamenta vtiles, reliquæ ad
Emplaſtra, & pulueres, quæ cicatricibus inducendis inſper-
guntur: ad quæ probatur Cypria: nam quæ ex Macedonia,
Thracia, & Hiſpania deferuntur, damnantur. Oriri hæc
genera idem Dioſcorides tradit ex Aere in fornacibus candente fuligine egeſta flatu, & adhærente lateribus, came-
riſq. fornacum: ferreis quoque rudibus inhærere, & cum ſpiſ-
ſius inſident, in corpus concreſcere, vnde modo vnum genus, modo duo, modo omnia perfici. Fieri & in argenti fornacibus candidiorem, ac minus ponderoſam, ſed viribus non
comparandam Aerariæ. Parari etiam in Cypro ex Pyrite lapide cremato. Reperiri quoque foſſilem: lapidem in fodinis ſimilem Cadmiæ, ſed ſine viribus. Dignoſci leuitate,

nam

nam hic leuior Cadmia, nullo sapore alieno, manducatus
dentes offendit, at Cadmia cedit, esum non respuit, in farinam detrita, & aceto subacta, & in Sole siccata coit, quod
lapidi non contingit. In igne quoque depræhendi: nam
lapis detritus prosilit, & sumum igni similem edit: Cadmia
verò quieta manet, fuliginemq. luteo colore aut Aereo splē-
dentem expuit vario Zonarum discursu. Item lapis ignitus
& refrigeratus colorem mutat, ac leuior multo fit. Cadmia
nihil horum patitur, nisi multis diebus cremetur. De
hoc lapide diximus in Pyrite. Vritur autem Cadmia, vt
præparetur, obruta carbonibus donec lucida fiat, & bullas attollat, vt ferri scoria: mox extinguitur vino Ami-
næo, quo modo ad Emplastra præparatur: alioqui ex aceto
ad Psoras. Repetunt alij vstiones in fictili, donec prorsus in
cinerem redigatur sine vlla scabritia, qua vice Spodij vtuntur. Lauatur autem trita in mortario & aqua effusa, donec
nihil sordis remaneat, dein siccata cogitur in pastillos. Hæc
apud Dioscoridem. Plinius Cadmias fornacum hoc modo
distribuit. Quædam tenuissima est in ipso fornacum ore, qua
flammæ eructantur, appellata Capnitis, exusta, & nimia
leuitate similis fauillæ. Interior optima cameris dependens,
& ab eo argumēto Botryitis cognominata: ponderosior hæc
priore, leuior porrò secuturis. Duo eius colores. Deterior
cinereus, puniceus melior, friabilis, oculorumque medicamentis vtilissima. Tertia est in lateribus fornacium, quæ
propter grauitatem ad cameras peruenire non potuit. Hæc
dicitur Placitis, & ipsa ab argumento, crusta verius quam
Pumex, intus varia, ad Psoras vtilior, & ad cicatrices tra-
hendas. Fluunt ex ea duo alia genera: Onychitis extra pene Cærulea, intus Onychis maculis similis. Ostracitis tota
nigra, & cæterarum sordidissima, vulneribus maxime vtilis.
Plinius igitur præter quatuor genera a Dioscoride tradita,
addit Capnitim, quæ potius ad Pompholygem redigenda
est vt inferius patebit. Galenus Cadmiam vnam fossilem
esse tradit, repertam in Cypro lapidosam, omni alia Cad-

E e   mia

mia præstantiorem: duas in fornacibus Botryitim & Placitim, illa in editioribus domorum partibus collectam: Placitim verò in inferioribus. Ideo Botryitim tenuiorum partium esse, crassiorum verò Placitim. Vtranque vi desiccandi præditam & mediocriter extergendi. Attamen quæ in fornacibus colligitur, igneæ facultatis aliquid habere, meritò itaq. lauantes eam medicamentum efficere mediocriter tum desiccans tum extergens absque mordicatione, vtile ad vlcera impletionem carnis exposcentia, & in oculis, & in toto corpore. At cùm Galenus non meminerit Onychitis, quæ inter præstantes ponitur a Dioscoride, suspitionem affert, ne hanc per fossilem intellexerit, quam cæteris præstantiorem repertam scribit. Forte & Dioscorides innuit hanc fossilem esse, cum inquit: huiusmodi enim sunt, quæ ex veteribus metallis effodiuntur, idest fodinis antiquis: quod si per vetera metalla, intellexisset æs collectaneum, cum iterum conflatur: non dixisset effodi, sed parari aut effici per sublimationem. Lapidem hodie habemus vel potius terram lapidosam, grauem, colore candido cum pallore quodam: Calaminam, seu lapidem calaminarem vocant, vulgo Giallaminam, quam fusores Aeri admiscent, vt aurichalcum fiat: funditur enim cum eo, colorat, & pondus adauget, cum per se non fundatur, sed comburitur, & euanescit in fumum, qui noxius est, stuporem inferens, paralysim, & spirandi difficultatem. Oritur in Germania iuxta fodinas Plumbi, & in Italia prope Comum, & alibi. Quamuis incertum est an hic lapis in Cypro oriretur, quia tamen candorem Onychis habet non absurdum fuerit si Onychitis Cadmia censeatur: cæruleus autem color, quem in superficie habere testatur Dioscorides, forte in fornacibus acquiritur, vt duplici ratione ex eadem materia Cadmiam habeamus, fossilem vt pote rudem, & in fornacibus sublimatam. Nam & Plinius lapidem ex quo æs conflatur Cadmiam vocat fusuris necessariam, vnde rursus in fornacibus aliam sui nominis originem recipit. Aliam Cadmiam fossilem habemus testaceam, & nigram,

gram, de qua inter Pyritas diximus vocari a Plinio Pyritem viuum : Sic & Oſtracitis inter foſſiles fuerit. Vtrum verò Galenus hoc tulerit e Cypro, vt ſcribit, an lapidem Calaminarem, non eſt quod perquiramus. Arabes Ciimian vocant, tradentes & foſſilem, & fornacum : Auicenna Botryitim vocat Climiam auri, reliquas argenti. Affertur hodie Cadmia fornacum ſub nomine Tutiæ Alexandrinæ ſimilis corticibus arborum, intus lenis ſublutea, exterius granuloſa inſtar racemi admodum minutis granulis cinerei coloris, aliquando ad cæruleum vergentis, grauis, & ſonora : ex forma autem cognoſcitur adhæſiſſe ferreis haſtis : hæc pro Botryite accipitur, alia porrò affertur cruſtoſa, aſpera, & nigrior, quæ improbatur.

CAP. XXV.

POmpolyx autem & Spodium differunt a Cadmia ſubſtantiæ tenuitate, non enim condenſantur in ſolidum corpus, vt Cadmia, ſed in tenuem farinam parietibus adhærentem. Oriuntur ex eadem materia non in primis fornacibus, ſed vbi æs perficitur, aut vbi Cadmia crematur, aut vtrumque. Differunt inter ſe Pompholyx, & Spodium, vt tenuior Cadmia a craſſiore diſtabat. Pompholyx enim vtpote conſtans ex leuiori, ac tenuiori fuligine, circa ſummas fornacis partes hæret, & aliquando agglutinatur primo inſtar bullarum, vnde nomen accepit, deinde facto incremento ad ſimilitudinem velleris, ſubſtantia pingui adeoq. leui vt euolare in auram poſſit : colore candido, aut ad cæruleum vergente. Spodium autem ſeu Spodos, dicta quaſi Cinerula, vt pote grauior, circa imas partes, & in ipſo pauimento, quod fornaci ſuperſtat, colligitur in puluerem colore nigricante. Dioſcorides de ijs inquit. Pompholyx ſpecie diſtat a Spodio : ſiquidem hoc nigricat, & plerumq. ponderoſius eſt, intermiſtis paleis, piliſq. quaſi purgamentum quoddam. quod a pauimentis & fornacibus artifices Aerarij euerrunt, Pompholyx autem pinguis eſt, & candida, vſq. adeo leuis vt

in auras euolare poſſit:cuius duo genera,vnum ad aeris colorem vergens, ſubpingue : alterum magnopere candidum,
ſummamq. leuitatem nactum.Candida fit Pompholyx,quo-
ties fabri in ære perficiendo detritam Cadmiam cumulatius
inſperſerint:candidiſſima enim fauilla, quæ effertur ab ea,
in Pompholygem tranſit . Non ſolum autem ex æris coctione, & artificis induſtria paratur, ſed etiam ex Cadmia per
ſe follibus perflata in furno, & domo ad id opus conſtru-
ctis . Pars enim tenuis, & leuis in ſummam domum euolat
& parietibus, tectis, fornaciq. adhæreſcit, conſtituens inter
initia veluti bullas aquarum, poſtea incremento facto, velut glomuſcula vellerum . Ponderoſius autem in ima loca ſe
recipit, partim fornacibus adhærens, partim in domus pauimento,quod deterius exiſtimatum eſt altero tenuiori,quia
multum terræ collegerit ex aceruata immunditia.Optimum
creditur Cyprium, quod accepto aceto halitus æris præſtat
colore aliquantum piceo, ſapore cœni horrido: & ſi fraudem
non eſt expertum, flagrāti carboni impoſitum aeris colorem,
contrahit . Antedictis autem notis diligenter attendendum
eſt : ſiquidem in nonnullis adulteratur glutine taurino, pul-
mone Ouillo, aut marino,aut groſſis crematis, & alijs ſimili-
bus:quod facile deprehenditur,quia nulla ex prędictis ſignis
apparent . Fit quoq. Spodium ex auro,& argento, & Plumbo . Poſt Cyprium autem Plumbeum maximè commēdatur .
Fiunt & Antiſpodia diuerſa , quæ Spodij vice aſſumuntur ex
crematis Myrthi folijs cum floribus & fructibus immaturis,
aut ex oleæ germinibus cum floribus: aut Oleaſtro, malis co-
toneis,Gallis, linteolis laceratis, moris immaturis candidis
in Sole ſiccatis , & alijs multis, modum præterea lauandi in
communi tradit , & vires,nunc Pompholygem vocans,nunc
Spodon,pro eodē accipiens vtrumq. nomen,vt patet legen-
ti .Intentio autem eſt in lotione ſeparare, & harenoſam ſubſtantiam,quæ non ſoluitur in aqua, ſed ſuo pondore ſidit, &
pilos,& paleas quæ ſupernatant,vt tantum limoſa ſubſtantia
aſſumatur, & pinguis, quam ſiccatam recondunt . Hanc ſi
                                                          libeat

libeat torrere, diligenter tritam, & irrigatam aqua, colligi
iubet in paſtillos, fictilique nouo ſubiectis leuibus prunis or-
biculos continuo verſari, donec ſiccati fuluefcant. Vires autem habere aſtiingendi, refrigerandi, explendi, abſtergendi, obſtruendi, & aliquantum exſiccandi: numerari inter medicamenta, quæ leuiter cruſtas obducunt. Galenus eunde.n
generádi modum Pompholygis, & Spodij ſe vidiſſe teſtatur
in Cypro. Excipi fauillam camera incurua nuſquam pertuſa,
quæ in Pompholygem tranſibat: at quod reflectens in pauimentum recidebat, Spodon eſſe, quam vocant: quæ plurima
colligi ſolet, vbi æs in fornacibus vritur: quidam Spodium
neutro genere pronunciant: cui ſimilem facultatem habet
Antiſpodium. At ſe nunquam vſum eſſe ſpodio nec Antiſpo-
dio, cum Pompholygis copia large ſuppeteret. Eſt autē Pompholyx medicamentum prope omnium preſtantiſſimum, quę
citra morſum deſiccant, ſi lota fuerit. Plinius de ijs varias affert ſententias: nam primo inquit. Oriri in Aerarijs quæ vocant Pompholygem & Spodion. Differentia, quod Pompholyx lotura paratur, Spodios illota eſt. Deinde recenſet quæ
a Dioſcoride traduntur. Tandem de Spodio Cypria inquit.
Fit liqueſcentibus Cadmia, & Aerario lapide: leuiſſime hæc
efflatur, & ocyus, euolatq. e fornacibus, & tectis adhęreſcit, a
fuligine diſtans candore. Quod minus candidum ex ea, im-
maturæ fornacis argumentum, hoc quidam Pompholygem
vocant: quod vero rubicundum ex ijs inuenitur, acriorē vim
habet, exulceratque, adeo vt cum lauatur, ſi oculos attingat
excęcet. Eſt & mellei coloris Spodios, in qua plurimum æris
intelligitur. Sed quodcumq. genus lauando ſit vtilius. Et alibi inquit: fieri ſpodium ex plumbo eodem modo, quo ex Cyprio Aere dictum eſt, lauaturq. ſimili modo. Arabes Tutiam
vocant, quod nomē hodie vulgo retinetur etiam iʂ Cadmia.
At Serapio affert quoddam genus foſſile. Inquit enim: ex ea
quædam eſt, quæ inuenitur in fodinis, alia verò fit in fornacibus, in quibus æs tingitur luteo colore, & colligitur, & reponitur vt Cadmia. Foſſilis tres ſunt ſpecies: nam quædam eſt
alba